# Think Bayes

## 파이썬을 활용한 베이지안 통계 2판

| 표지 설명 |

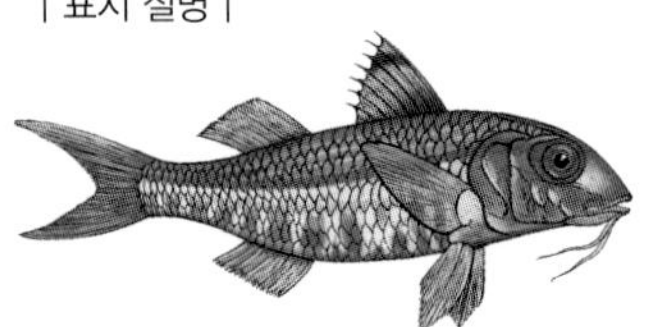

표지의 동물은 붉은 줄무늬 숭어(학명: *Mullus surmuletus*)다. 촉수류 물고기로 유럽산 종이라 국명이 따로 없다. 숭어과와는 무관하다. 노랑촉수류에 속하는 이 종은 지중해, 북태평양 동부 연안, 흑해에서 발견된다. 등지느러미로 구분할 수 있으며, 유사한 종이지만 등 지느러미에 줄무늬가 없는 노랑촉수류인 붉은 숭어(학명: *Mullus barbatus*)와 함께 별미로 알려져 있다. 하지만 붉은 줄무늬 숭어를 더 고급으로 평가하며 맛은 굴과 비슷하다고 한다.

고대 로마인들은 연못에서 이들을 기르고, 돌보고, 가꾸고, 심지어는 종을 울리면 먹이를 준다는 것을 가르치기까지 했다. 이 물고기들은 농장에서 기를 경우 보통 약 1kg 정도 무게가 나가는데, 이 무게만큼의 은을 받고 팔리기도 했다.

자연산 촉수류는 심해어로 바다 밑 지표면에서 먹이를 찾는 아랫입술에 두 개의 갈라진 수염이 있다. 붉은 줄무늬 숭어는 모래나 돌로 된 바닥을 얕게 파서 먹이를 찾는데, 이 때 사용하는 수염은 붉은 숭어의 수염만큼 섬세하게 찾지는 못한다.

표지 그림은『메이어 클라인스 렉시콘Meyer Kleines Lexicon』에서 흑백으로 인쇄한 캐런 몽고메리Karen Montgomery의 그림이다.

**파이썬을 활용한 베이지안 통계(2판)**

동전 던지기부터 월드컵까지 다양하게 배우는 데이터 분석

**초판 1쇄 발행** 2014년 7월 31일
**2판 1쇄 발행** 2023년 1월 20일

**지은이** 앨런 B. 다우니 / **옮긴이** 권정민 / **펴낸이** 김태헌
**펴낸곳** 한빛미디어(주) / **주소** 서울시 서대문구 연희로2길 62 한빛미디어(주) IT출판2부
**전화** 02-325-5544 / **팩스** 02-336-7124
**등록** 1999년 6월 24일 제25100-2017-000058호 / **ISBN** 979-11-6224-573-6 93000

**총괄** 송경석 / **책임편집** 서현 / **기획 · 편집** 안정민
**디자인** 표지 박정우 내지 박정화 / **전산편집** 이경숙
**영업** 김형진, 장경환, 조유미 / **마케팅** 박상용, 한종진, 이행은, 고광일, 성화정 / **제작** 박성우, 김정우

이 책에 대한 의견이나 오탈자 및 잘못된 내용에 대한 수정 정보는 한빛미디어(주)의 홈페이지나 아래 이메일로 알려주십시오. 잘못된 책은 구입하신 서점에서 교환해드립니다. 책값은 뒤표지에 표시되어 있습니다.

**한빛미디어 홈페이지 www.hanbit.co.kr / 이메일 ask@hanbit.co.kr**

# Think Bayes

## 파이썬을 활용한 베이지안 통계 2판

O'REILLY® 한빛미디어 Hanbit Media, Inc.

## 지은이 · 옮긴이 소개

지은이 **앨런 B. 다우니** Allen B. Downey

올린 공과대학의 전산학과 교수다. 웰즐리 대학, 콜비 대학, 캘리포니아 대학교 버클리에서 전산학을 가르쳤다. 캘리포니아 대학교 버클리에서 전산학과 박사 학위를 받았으며, 매사추세츠 공과대학교에서 학사 및 석사 학위를 받았다. 저서로는 『Think Python』, 『Think Stats』, 『Think DSP』 등이 있으며, '아마도 지나친 생각Probably Overthinking It'이라는 블로그를 운영하고 있다.

옮긴이 **권정민** cojette@gmail.com

세상은 데이터로 이뤄져 있다고 생각하며, 이를 잘 활용하고자 목표를 가지고 다양한 데이터 분석 및 활용 방안을 만들고 연구하고 있다. 카이스트 및 포항공과대학교에서 산업공학과 전산학을 전공했으며, 다양한 산업군에서 데이터 분석을 수행하고 있다. 저서로는 『데이터 분석가의 숫자유감(골든래빗, 2021)』이 있고, 역서로는 『빅데이터 분석 도구 R 프로그래밍(에이콘출판사, 2021)』, 『딥러닝과 바둑(한빛미디어, 2020)』 등이 있으며 『딥러닝 레볼루션(한국경제신문사, 2019)』 등을 감수했다.

## 이 책에 대하여

이 책을 비롯한 (원서 기준) 'Think X' 시리즈는 독자가 이미 프로그래밍을 할 줄 알고, 이를 사용해서 다른 주제를 배울 수 있다고 전제한다.

베이지안 통계를 다루는 대부분의 책은 수학 기호를 사용해서 미적분 같은 개념을 표현한다. 이 책에서는 대신 파이썬 코드를 사용하고, 수학에서 연속 개념 대신 이산적 가정을 사용한다. 따라서 수학책에서 적분으로 나왔던 것은 합으로 표현하고, 확률 분포에서의 연산은 반복문이나 행렬 연산으로 나타낸다.

이렇게 나타내는 게 프로그래밍을 할 줄 아는 사람들에게는 더 이해하기 쉬우리라 생각한다. 또한 우리가 모델링 관련 판단을 할 때 모델이 수학 분석에 적합한 지 심각하게 걱정하지 않고 가장 적절한 모델을 선택할 수 있다. 게다가 단순한 예제로부터 실제 적용까지 자연스럽게 이어질 수 있다.

### 대상 독자

이 책을 읽기에 앞서 여러분은 파이썬에 익숙해야 한다. 넘파이Numpy와 판다스Pandas에 능하다면 도움이 되겠지만, 무엇이 필요할 지는 앞으로 설명하겠다. 미적분학이나 선형대수학을 알 필요는 없다. 통계 지식을 미리 알아둘 필요도 없다.

1장에서는 '확률'이 무엇인지 정의하고 베이즈 정리의 기초가 되는 연속확률을 소개한다. 3장에서는 베이지안 통계의 기초가 되는 확률 분포를 설명한다.

뒤에서는 이항분포, 지수분포, 포아송분포, 베타분포, 감마분포, 정규분포 등 다양한 이산분포 및 연속분포를 사용한다. 하지만 우리는 사이파이SciPy를 사용하므로, 각 분포의 특성을 알 필요는 없다.

## 모델링

이 책 대부분 장은 실생활 문제를 사용하다 보니 모델링에 다소 난이도가 있다. 베이지안 방법론(혹은 다른 분석 방법)을 적용하기 전에 모델에 실생활의 어떤 부분을 반영하고 어떤 부분을 단순화할 지 판단해야 한다.

예를 들어 8장에서 사용하는 문제는 축구 경기의 승자 예측이다. 여기서는 점수를 매기는 데 포아송 프로세스로 모델링하면서 골이 게임의 어떤 시간대나 동일하게 들어갈 수 있다고 가정했다. 이는 완전히 맞는 말은 아니지만, 대부분의 목적에 충분히 부합한다.

문제 해결 과정에서 모델링을 보이는 곳에 배치하는 것은 중요하다. 이런 과정을 통해 모델링에서 발생할 수 있는 오류(모델에서 사용하는 가정 및 단순화로부터 기인하는 오류)를 고민할 수 있다.

이 책의 다양한 방법론은 이산분포를 기반으로 하기 때문에 일부 사람들은 수치 오차를 걱정한다. 하지만 실제 상황에서 수치 오차는 모델링에서 발생하는 오차보다 대부분 적다.

게다가 이산적 접근은 종종 더 나은 모델을 고르게 해준다. 나쁜 모델로부터 정확한 해답을 얻기보다 좋은 모델로 근사치의 해답을 얻는 것이 낫다.

## 코드 돌려보기

이 책을 읽기만 해서 얻을 수 있는 것에는 한계가 있다. 제대로 이해하려면 코드를 직접 돌려보아야 한다. 이 책의 원래 형태는 주피터Jupyter 노트북 묶음이었다. 각 장을 읽은 후 주피터 노트북을 열어서 예제를 직접 돌려봤으면 한다. 도움이 필요하다면 만들어놓은 해답을 참고하면 된다.

주피터 노트북을 실행하는 방법은 다음과 같다.

- 컴퓨터에 파이썬과 주피터 노트북이 설치되어 있다면 노트북을 내려받아서 돌려보면 된다.
- 주피터 노트북을 실행할 수 있는 프로그래밍 환경이 갖춰져 있지 않다면 아무것도 설치할 필요 없이 웹 브라우저에서 주피터 노트북을 바로 실행할 수 있는 코랩Colab을 사용하면 된다.

코랩에서 주피터 노트북을 사용하려면 모든 링크가 있는 사이트(*https://oreil.ly/downey_thinkbayes*)에 들어가자.

파이썬과 주피터 노트북이 설치되어 있다면 ZIP 파일로 내려받을 수 있다(*https://oreil.ly/downeyBayesNotebooks*).

### 주피터 설치하기

만약 컴퓨터에 파이썬과 주피터 노트북이 설치되어 있지 않다면 필요한 모든 파이썬 패키지가 들어있는 무료 파이썬 배포판인 아나콘다Anaconda를 설치하는 것을 추천한다. 아나콘다는 설치하기 쉽다. 기본적으로 아나콘다는 홈 디렉터리에 설치되므로 관리자 권한이 필요하지 않다. 아나콘다는 사이트(*https://www.anaconda.com/products/individual*)에서 내려받을 수 있다.

아나콘다에는 이 책의 코드를 실행하는 데 필요한 대부분의 패키지가 포함되어 있다. 하지만 몇 가지 패키지는 추가로 더 설치해야 한다.

여기까지 필요한 환경이 (적합한 버전으로) 모두 갖춰져 있다면 콘다Conda 환경을 설정하는 것이 가장 좋다. 콘다 환경설정 파일을 사이트(*https://oreil.ly/AHjzl*)에서 내려받아 아래 명령어를 실행하면 'ThinkBayes2'라는 환경이 만들어진다.

```
$ conda env create -f environment.yml
$ conda activate ThinkBayes2
```

만약 이 책 전용 환경을 만들고 싶지 않다면 콘다에서 필요한 것만 설치하면 된다. 다음 명령어를 사용해서 원하는 패키지를 설치할 수 있다.

```
$ conda install python jupyter pandas scipy matplotlib
$ pip install empiricaldist
```

아나콘다를 사용하지 않는다면 다음과 같은 패키지가 필요하다.

- 주피터 노트북: *https://jupyter.org*
- 기본 산술 연산을 위한 넘파이: *https://numpy.org*
- 과학 연산을 위한 사이파이: *https://scipy.org*
- 데이터 처리를 위한 판다스: *https://pandas.pydata.org*
- 시각화를 위한 맷플롯립: *https://matplotlib.org*
- 분포 표현을 위한 empiricaldist: *https://pypi.org/project/empiricaldist*

모두 자주 사용되는 패키지지만, 모든 파이썬 설치 파일에 포함되어 있고 특정 환경에서는 설치가 다소 어려울 수도 있다. 만약 설치가 어렵다면 아나콘다 및 이 패키지들을 포함하는 다른 파이썬 배포판 사용을 권한다.

### 연습 문제

연습 문제의 해답은 이 책의 홈페이지(*https://allendowney.github.io/ThinkBayes2/*)에서 확인할 수 있다.

# CONTENTS

CONTENTS

## CHAPTER 3 분포



## CHAPTER 4 비율 추정



## CHAPTER 5 수량 추정

# CONTENTS

## CHAPTER 8 포아송 과정



## CHAPTER 9 의사결정분석

## CHAPTER 10 검정



## CHAPTER 11 비교

# CONTENTS

## CHAPTER 14 생존 분석



## CHAPTER 15 표식과 재포획

## CONTENTS

### CHAPTER 16 로지스틱 회귀



### CHAPTER 17 회귀

## CHAPTER 18 켤레사전분포



## CHAPTER 19 MCMC

# CONTENTS

## CHAPTER 20 근사 베이지안 계산

CHAPTER 1

# 확률

베이지안 통계의 기본은 베이즈 이론이고, 베이즈 이론의 기본은 조건부확률이다.

이 장에서는 우선 조건부확률로 시작해서 베이즈 이론을 도출하고, 이를 실제 데이터셋을 사용해서 살펴본다. 다음 장에서는 베이즈 이론을 사용해서 조건부확률과 관련된 문제를 풀어보자. 이후 장에서는 베이즈 이론을 베이지안 통계로 전환하고, 이 차이에 대해서 설명한다.

## 1.1 은행원 린다

조건부확률을 소개하기 위해, 트버스키Tversky와 카너먼Kahneman이 실험에서 사용한 유명한 질문[1]을 사용하도록 하겠다.

> 린다는 31살이고, 독신이고, 솔직하며 매우 밝은 성격을 가지고 있다. 린다는 철학을 전공했다. 학창 시절에 린다는 차별과 사회적 정의 문제에 심취해 있었으며, 반핵 시위에도 참여했다. 이 때 다음 린다를 설명하는 문장 중 더 가능성 있는 말은 무엇일까?
>
> 1. 린다는 은행원이다.
> 2. 린다는 은행원이고 페미니즘 운동에 적극적이다.

1 옮긴이_ *https://oreil.ly/iggYX*, 대니얼 카너먼, 『Thinking, Fast and Slow』 참고

많은 사람이 아마도 두 번째 설명이 더 일치한다고 생각하여 두 번째를 답으로 선택한다. 린다가 **그저** 은행원이기만 한다면 특색이 없어보인다. 린다가 페미니스트여야 더 말이 되는 것처럼 보인다.

하지만 두 번째 답은 질문이 요구하는 것처럼 '더 가능성이 있을' 수 없다. 우리가 린다의 설명에 부합하는 1,000명의 사람을 찾아서 그 중 10명이 은행원이라고 해보자. 이 중 페미니스트는 몇 명일까? 많아 봐야 10명 전부. 이런 경우, 두 가지 답은 **동일하게** 가능하다. 만약 페미니스트가 10명보다 적다면, 두 번째 답은 가능성이 낮다.

만약 두 번째 답을 고르려고 했다면, 이 책을 읽을 이유가 충분하다. 생물학자인 스티븐 굴드Stephen J. Gould는 다음과 같이 말했다.

> 나는 이 예제를 특히 좋아한다. 나는 '두 번째' 답이 가능성이 낮다는 것을 알지만, 머릿속의 작은 호문쿨루스[2] 가 여전히 뛰어다니면서, "하지만 린다는 단순한 은행원이 아니야. 설명을 보라고"라고 말하고 있기 때문이다.

여전히 여러분 머릿속에 있는 사람이 뭔가 불만족스러워한다면, 이 장이 아마 도움이 된다.

## 1.2 확률

우선 '확률probability'에 대해 정의를 하고 진행하면 좋겠지만, 확률에 대한 정의[3]는 의외로 까다롭다. 시작하자마자 막힐 수는 없으니, 일단 간단히 정의하고 나중에 좀 더 다듬도록 하자. **확률**은 유한한 집합에서의 비율이다.

예를 들어, 1,000명의 사람들에 대해 설문조사를 했는데, 이 중 20명이 은행원이었다면, 은행원의 비율은 0.02 혹은 2%다. 이 1,000명의 사람 중에 임의로 한 사람을 골랐을 때, 그 사람이 은행원일 확률은 2%다. 여기서 '임의로'라는 말은 이 데이터셋의 모든 사람이 선택될 가능성이 같다는 말이다.

---

**2** 옮긴이_ *https://oreil.ly/OGUSt*. '플라스크 속 작은 인간'이란 뜻으로, 유럽의 연금술사가 만들 수 있다고 전해져 오는 일종의 인조인간이다. 『파우스트』 등의 책에서도 등장하며, 대뇌 피질이 다른 신체에 미치는 영향을 호문쿨루스를 이용해서 표현하면서 '머릿속의 사람' 같은 모티브로도 사용된다.

**3** *https://oreil.ly/bPMVj*

적절한 데이터셋에서 이 정의를 사용하면 간단한 계산으로 확률을 구할 수 있다. 이를 설명하기 위해 제너럴 소셜 서베이General Social Survey(GSS)[4] 데이터셋을 사용하도록 하겠다.

판다스를 사용해서 데이터를 읽고 데이터프레임DataFrame에 데이터를 저장한다.

```
import pandas as pd
gss = pd.read_csv('gss_bayes.csv', index_col=0)
gss.head()
```

| Caseid | year | age | sex | polviews | partyid | indus10 |
|---|---|---|---|---|---|---|
| 1 | 1974 | 21.0 | 1 | 4.0 | 2.0 | 4970.0 |
| 2 | 1974 | 41.0 | 1 | 5.0 | 0.0 | 9160.0 |
| 5 | 1974 | 58.0 | 2 | 6.0 | 1.0 | 2670.0 |
| 6 | 1974 | 30.0 | 1 | 5.0 | 4.0 | 6870.0 |
| 7 | 1974 | 48.0 | 1 | 5.0 | 4.0 | 7860.0 |

데이터프레임은 한 명 당 한 행, 각 변수 별 한 열로 나타난다.

각 열은 다음과 같다.

- caseid: 응답자의 ID(테이블의 인덱스가 된다)
- year: 설문 연도
- age: 응답자의 설문 당시 나이
- sex: 성별
- polviews: 진보부터 보수까지의 범위 내에서의 정치적 성향
- partyid: 정당 소속. 민주당, 공화당, 혹은 무소속
- Indus10: 응답자가 일하는 산업 분야

Indus10을 필두로 변수들을 좀 더 자세히 살펴보자.

4 *http://gss.norc.org*

## 1.3 은행원의 비율

'은행 및 관련 분야' 코드는 6870이므로, 다음과 같이 은행원을 찾을 수 있다.

```
banker = (gss['indus10'] == 6870)
banker.head()
```

```
caseid
1 False
2 False
5 False
6 True
7 False
Name: indus10, dtype: bool
```

결과는 True와 False의 불리언 값을 갖는 판다스의 시리즈Series 타입으로 나타난다.

이 시리즈에 sum()을 사용하면, True는 1로, False는 0으로 취급하므로, 이 시리즈의 합은 은행원의 수와 같다.

```
banker.sum()
```

```
728
```

이 데이터셋에는 728명의 은행원이 있다.

은행원의 **비율**을 계산하려면, 이 시리즈의 True 값의 비율을 구하는 mean()을 사용할 수 있다.

```
banker.mean()
```

```
0.014769730168391155
```

전체 응답자 중 약 1.5%가 은행에서 일하므로, 만약 우리가 이 데이터셋에서 한 사람을 임의로 골랐을 때 그 사람이 은행원일 확률은 약 1.5%다.

## 1.4 확률함수

앞에서 본 불리언 시리즈를 넣으면 확률을 결괏값으로 내는 코드를 만들어보자.

```
def prob(A):
"""주어진 A의 확률을 구함."""
return A.mean()
```

이 때 은행원의 비율은 다음과 같이 구할 수 있다.

```
prob(banker)
```

```
0.014769730168391155
```

이번엔 이 데이터셋의 다른 변수를 살펴보자. Sex 열의 값은 다음과 같이 기록되어 있다.

```
1 남성
2 여성
```

이를 사용해서 여성 응답자의 경우 True로 표기하고 아닌 경우 False로 표기하는 이항변수 시리즈를 만들 수 있다.

```
female = (gss['sex'] == 2)
```

그리고 이를 사용해서 여성인 응답자의 비율을 다음과 같이 구할 수 있다.

```
prob(female)
```

```
0.5378575776019476
```

GSS에서는 감옥이나 군대의 사람은 대상에 포함하지 않았고, 이렇게 포함하지 않은 기구에는 남성이 보다 많다.[5] 이 데이터셋에서 여성의 비율은 실제 미국 인구 중 여성 인구 비율보다 높다.

## 1.5 정치관과 정당

다음 볼 변수는 응답자의 정치관을 나타내는 polviews와, 소속 정당을 나타내는 partyid다.

polviews의 값은 1부터 7까지의 범위로 만들어진다.

```
1 매우 진보적
2 진보적
3 조금 진보적
4 중립
5 조금 보수적
6 보수적
7 매우 보수적
```

liberal이라는 변수는 응답자가 '매우 진보적', '진보적', '조금 진보적'이라고 한 경우 True라고 나타낸 값이다.

```
liberal = (gss['polviews'] <= 3)
```

응답자가 진보 성향인 비율은 다음과 같이 구할 수 있다.

```
prob(liberal)
```

```
0.27374721038750255
```

이 데이터셋에서 임의로 한 사람을 선택한 경우, 그 사람이 진보 성향일 확률은 약 27%다.

5 *https://gss.norc.org/faq*

partyid의 값은 다음과 같다.

```
0 적극적 민주당원
1 보통 민주당원
2 무소속이나 민주당 지지
3 무소속
4 무소속이나 공화당 지지
5 보통 공화당원
6 적극적 공화당원
7 다른 정당원
```

democrat이란 변수는 '적극적 민주당원'이거나 '보통 민주당원'인 응답자를 포함한다.

```
democrat = (gss['partyid'] <= 1)
```

이 때 민주당원이라고 응답한 사람의 비율은 다음과 같이 구한다.

```
prob(democrat)
```

```
0.3662609048488537
```

## 1.6 논리곱

앞서 확률을 정의하고 이를 계산하는 함수를 만들었으니, 이제 논리곱conjunction으로 넘어가자.

'논리곱'은 AND 논리 연산자의 다른 이름이다. 두 개의 명제[6] A와 B가 있을 때, A와 B 모두가 참이면 A와 B의 논리곱은 참이고, 아닌 경우는 거짓이다. 두 개의 이항 시리즈에 & 기호를 적용하면 두 시리즈의 논리곱을 구할 수 있다. 우리는 앞에서 응답자가 은행원일 확률을 구했다.

6 *https://oreil.ly/LPFCW*

```
prob(banker)
```

```
0.014769730168391155
```

그리고 응답자가 민주당원일 확률도 구했다.

```
prob(democrat)
```

```
0.3662609048488537
```

그럼 응답자가 은행원이며 민주당일 확률을 구할 수 있다.

```
prob(banker & democrat)
```

```
0.004686548995739501
```

예상할 수 있겠지만, 모든 은행원이 민주당인 것은 아니므로 prob(banker & democrat)는 prob(banker)보다 작다.

또한 논리곱은 교환 가능하다는 것도 예상할 수 있다. 즉, A & B는 B & A와 같다. prob(democrat & banker)를 직접 계산해서 확인해보자.

```
prob(democrat & banker)
```

```
0.004686548995739501
```

예상했던 것처럼, 값은 동일하다.

## 1.7 조건부확률

조건부확률은 조건에 따른 확률이지만, 이는 딱 와닿는 정의는 아니다. 다음의 예를 살펴보자.

- 한 응답자가 진보적이라고 했을 때, 이 응답자가 민주당원일 확률은 얼마인가?
- 한 응답자가 은행원일 때, 이 응답자가 여성일 확률은 얼마인가?
- 한 응답자가 여성일 때, 이 응답자가 진보적일 확률은 얼마인가?

첫 번째 질문의 경우, "모든 진보 성향 응답자 중, 민주당원의 비율은 얼마인가?"로 치환 가능하다.

이 질문에 대해 다음의 두 단계에 걸쳐 확률을 구할 수 있다.

1. 모든 진보 성향 응답자를 골라낸다.
2. 이 중 민주당원의 비율을 구한다.

다음과 같이 대괄호 []를 사용해서 진보 성향 응답자를 골라낸다.

```
selected = democrat[liberal]
```

selected 변수는 진보 성향 응답자에 대한 democrat의 값을 가지므로, prob(selected)는 진보 성향 응답자 중 민주당원의 비율을 계산한다.

```
prob(selected)
```

```
0.5206403320240125
```

진보 성향인 사람 중 반 조금 넘는 사람들이 민주당원이다. 이 값이 예상보다 낮다면, 다음 사실을 고려하자.

1. '민주당원'이라는 말을 엄격하게 정의하여, 민주당 '지지자'는 제외했다.
2. 이 데이터셋에는 1974년의 응답자까지 포함한다. 수집 기간 중 초기에는 오늘날에 비해 정치관과 정당 참여 정도가 덜 일치했다.

그럼 두 번째 문제로 넘어가보자. "한 응답자가 은행원일 때, 이 응답자가 여성일 확률은 얼마인가?" 이 문제는 "모든 은행원 중 여성의 비율은 얼마인가?"라고 해석할 수 있다.

다시, 대괄호를 사용해서 은행원만을 골라낸 후 prob를 적용해서 이 중 여성의 비율을 구하자.

```
selected = female[banker]
prob(selected)
```

```
0.7706043956043956
```

이 데이터셋의 은행원 중 약 77%가 여성이다.

이 계산 과정을 함수로 만들자. 두 개의 이항 시리즈 proposition과 given을 받아서, given이 주어졌을 때 proposition의 조건부확률을 구하는 conditional이라는 함수를 다음과 같이 정의할 수 있다.

```
def conditional(proposition, given):
    return prob(proposition[given])
```

이렇게 만들어진 conditional을 사용해서 응답자가 여성임이 주어졌을 때 이 사람이 진보 성향일 확률을 구할 수 있다.

```
conditional(liberal, given=female)
```

```
0.27581004111500884
```

여성 응답자 중 약 28%가 진보 성향이다.

앞의 코드에서 female 변수에 given이라는 키워드를 명시해 줌으로써 코드의 가독성을 높였다.

## 1.8 조건부확률은 교환 가능하지 않다

앞에서 논리곱은 교환 가능하다는 것을 확인했다. 즉 prob(A & B)는 prob(B & A)와 항상 같다. 하지만 조건부확률은 교환 가능하지 않다. conditional(A, B)는 conditional(B, A)와 같지 않다.

예를 보면 금방 이해할 수 있다. 앞서, 응답자가 은행원일 때 이 사람이 여성일 확률을 구했다.

```
conditional(female, given=banker)
```

```
0.7706043956043956
```

이를 보면 대부분의 은행원은 여성임을 알 수 있다. 이는 응답자가 여성일 때, 은행원일 확률과 같지 않다.

```
conditional(banker, given=female)
```

```
0.02116102749801969
```

약 2%의 여성 응답자만이 은행원이었다.

이 예제를 보고 조건부확률의 교환 불가를 확실히 이해할 수 있을 것이라 믿는다. 물론, conditional(A, B)와 conditional(B, A)는 많이들 헷갈려 한다. 뒤에 이어 몇 가지 예제를 더 살펴보도록 한다.

## 1.9 조건과 논리곱

이제 조건부확률과 논리곱을 조합할 수 있다. 예를 들어, 응답자가 진보 성향의 민주당원일 때 여성일 확률을 구해보자.

```
conditional(female, given=liberal & democrat)
```

```
0.576085409252669
```

진보 성향 민주당원 중 약 57%가 여성이다.

은행원 중 진보 성향의 여성의 비율은 다음과 같다.

```
conditional(liberal & female, given=banker)
```

```
0.17307692307692307
```

은행원 중 17%가 진보 성향 여성이다.

## 1.10 확률 법칙

이 절에서는 논리곱과 조건부확률 간의 세 가지 관계를 도출한다.

- 정리 1 : 논리곱을 사용한 조건부확률 계산
- 정리 2 : 조건부확률을 사용한 논리곱 계산
- 정리 3 : `conditional(A, B)`를 사용한 `conditional(B, A)` 계산

정리 3은 베이즈 정리Bayes's theorem라고 알려져 있다.

이 정리들을 확률 관련 수학 기호를 사용해서 나타내 보겠다.

- $P(A)$은 명제 $A$에 대한 확률이다.
- $P(A\ and\ B)$는 $A$와 $B$의 논리곱의 확률이다. 즉, $A$와 $B$ 모두 참일 확률이다.
- $P(A|B)$는 $B$가 주어졌을 때 $A$가 참일 확률이다. $A$와 $B$ 사이 세로선은 '기븐given'[7]으로 읽는다.

이제 정리 1을 살펴보자.

7 옮긴이_ '주어진'이라는 뜻

### 1.10.1 정리 1

은행가 중 몇 %나 여성일까? 이를 어떻게 계산하는 지는 이미 앞에서 살펴봤다.

1. 중괄호를 써서 은행가를 골라낸 후,
2. mean 함수를 사용해서 은행가 중 여성의 비율을 구한다.

이 단계는 다음과 같이 나타낼 수 있다.

```
female[banker].mean()
```

```
0.7706043956043956
```

혹은 conditional 함수를 사용해서 동일하게 구할 수 있다.

```
conditional(female, given=banker)
```

```
0.7706043956043956
```

하지만 두 확률의 비율을 구해서 조건부확률을 구하는 방법도 있다.

1. 응답자 중 여성 은행원의 비율을 구하고,
2. 응답자 중 은행원의 비율을 구한다.

다시 말해, 전체 은행원 중, 여성 은행원의 비율은 얼마나 되는지를 구하는 것이다.

```
prob(female & banker) / prob(banker)
```

```
0.7706043956043956
```

결과는 동일하다. 조건부확률과 논리곱을 결합하여 일반적인 규칙을 도출하기 위해 이 예시를 사용해 보았다. 이를 수식으로 나타내면 다음과 같다.

$$P(A|B) = \frac{P(A\ and\ B)}{P(B)}$$

여기까지가 정리 1이다.

### 1.10.2 정리 2

정리 1의 양쪽에 P(B)를 곱하면 정리 2가 나온다.

$$P(A\ and\ B) = P(B)P(A|B)$$

이 식은 논리곱을 구하는 또 다른 방식을 보여준다. & 기호를 사용하는 대신 두 확률을 곱하면 된다.

liberal과 democrat에 적용해보자. &를 사용하면 다음과 같다.

```
prob(liberal & democrat)
```

```
0.1425238385067965
```

정리 2를 사용하면 다음과 같다.

```
prob(democrat) * conditional(liberal, democrat)
```

```
0.1425238385067965
```

두 결과는 같다.

### 1.10.3 정리 3

앞서 논리곱은 교환 가능하다는 것을 살펴보았다. 이를 수학 기호로 나타내면 다음과 같다.

$$P(A\ and\ B) = P(B\ and\ A)$$

여기에 정리2를 양쪽에 적용하면 다음 식을 얻을 수 있다.

$$P(B)P(A|B) = P(A)P(B|A)$$

이는 다음과 같이 해석할 수 있다. 만약 A와 B의 논리곱을 확인하고 싶다면, 다음 중 한 가지 방법을 사용할 수 있다.

1. $B$를 먼저 확인하고 $B$의 조건일 때 $A$를 살펴본다.
2. $A$를 먼저 확인하고 $A$의 조건일 때의 $B$를 살펴본다.

이를 $P(B)$로 나누면, 정리 3을 얻을 수 있다.

$$P(A|B) = \frac{P(A)P(B|A)}{P(B)}$$

이것이 베이즈 정리다.

진보 성향의 은행원의 비율을 구하면서 이 수식이 어떻게 작동하는지 살펴보자. 우선 `conditional`을 사용하자.

```
conditional(liberal, given=banker)
```

```
0.2239010989010989
```

다음으로 베이즈 정리를 사용해보자.

```
prob(liberal) * conditional(banker, liberal) / prob(banker)
```

```
0.2239010989010989
```

두 결과는 같다.

### 1.10.4 전체확률의 법칙

앞의 세 정리 외에도, 베이지안 통계를 사용하려면 한 가지 정리가 더 필요하다. 바로 전체확률의 법칙이다. 이는 수학 기호로 다음과 같이 나타낼 수 있다.

$$P(A) = P(B_1 \ and \ A) + P(B_2 \ and \ A)$$

이를 풀어보면, $A$의 전체확률은 두 확률의 합이다. $B_1$과 $A$의 논리곱이 참이거나 $B_2$와 $A$의 논리곱이 참인 경우다. 이 때 $B_1$과 $B_2$는 다음을 만족해야 한다.

- 상호 배제, 이는 전체 $B$ 중 하나만 참인 경우다.
- 전체 포괄, 이는 전체 $B$ 중 하나는 반드시 참이다.

응답자가 은행원일 확률을 여기에 적용해보자. 우리는 다음과 같이 바로 확률을 구할 수 있다.

```
prob(banker)
```

```
0.014769730168391155
```

그럼 남성 은행원과 여성 은행원을 따로 계산했을 때도 동일한 값이 나오는 지를 살펴보자.

이 데이터셋에서 모든 응답자는 남성 아니면 여성으로 입력하도록 만들어졌다. 최근 GSS협의회에서는 설문지에서 성별 질문 시 범위를 넓힐 것임을 공표했다(이 문제와 결정사항에 대해서는 *https://oreil.ly/onK2P*에서 자세히 살펴볼 수 있다).

앞서 이미 여성 응답자일 경우 True로 기록한 이항 시리즈를 만들었다. 다음은 이의 나머지 경우인 남성 응답자에 대한 시리즈다.

```
male = (gss['sex'] == 1)
```

이제 다음과 같이 banker의 전체확률을 구할 수 있다.

```
prob(male & banker) + prob(female & banker)
```

```
0.014769730168391155
```

male과 female은 상호 배제 및 전체 포괄(MECE[8])이므로, banker의 확률을 직접 계산한 것과 동일한 결과를 얻을 수 있다.

정리 2를 적용하면, 전체확률의 법칙을 다음과 같이 쓸 수 있다.

$$P(A) = P(B_1)P(A \mid B_1) + P(B_2)P(A \mid B_2)$$

그리고 위의 예에 대해 이를 확인해 볼 수 있다.

```
(prob(male) * conditional(banker, given=male) +
prob(female) * conditional(banker, given=female))
```

```
0.014769730168391153
```

조건이 2개 이상인 경우, 전체확률의 법칙은 다음과 같이 총 합으로 표기해 주는 것이 보다 간결하다.

$$P(A) = \sum_i P(B_i)P(A \mid B_i)$$

다시 설명하지만, 여기서 조건 $B_i$는 상호 배제 및 전체 포괄임을 명심하자. 한 예로, 다음과 같이 7개의 다른 값을 갖는 polviews를 살펴보자.

```
B = gss['polviews']
B.value_counts().sort_index()
```

```
1.0 1442
2.0 5808
3.0 6243
4.0 18943
5.0 7940
6.0 7319
7.0 1595
```

8 옮긴이_ Mutually Exclusive(상호 배제) and Collectively Exhaustive(전체 포괄) 의 약자.

```
Name: polviews, dtype: int64
```

이 척도에서, 4.0은 '중도'를 나타낸다. 그럼 중도 성향의 은행원의 확률은 다음과 같이 구할 수 있다.

```
i = 4
prob(B==i) * conditional(banker, B==i)
```

```
0.005822682085615744
```

그리고 sum()과 제너레이터 표현식generator expression[9] 을 사용해서 합을 다음과 같이 나타낼 수 있다.

```
sum(prob(B==i) * conditional(banker, B==i)
for i in range(1, 8))
```

```
0.014769730168391157
```

이는 앞과 같은 값임을 알 수 있다.

이 예제에서, 전체확률의 법칙을 사용하는 것은 각 확률을 구하는 것보다 손이 더 많이 가지만 이 이론 자체는 분명 나중에 도움이 되리라 확신한다.

## 1.11 요약

지금까지 다음과 같은 내용을 살펴보았다.

**정리 1**은 논리곱을 사용해서 조건부확률을 구하는 방법이다.

9 *https://oreil.ly/pSYq8*

$$P(A|B) = \frac{P(A\ and\ B)}{P(B)}$$

**정리 2**는 조건부확률을 사용해서 논리곱을 구하는 방법이다.

$$P(A\ and\ B) = P(B)P(A|B)$$

베이즈 정리로도 알려진 **정리 3**은 $P(A|B)$나 $P(B|A)$가 주어졌을 때 원래의 확률을 찾는 방법이다.

$$P(A|B) = \frac{P(A)P(B|A)}{P(B)}$$

**전체확률의 법칙**은 각각의 확률을 더해서 전체확률을 구하는 방법이다.

$$P(A) = \sum_i P(A_i)P(A|B_i)$$

여기까지 보고서, "그래서 어쩌라고?"라고 물어볼 수도 있다. 만약 우리에게 모든 데이터가 있다면, 필요한 확률을 그냥 구하면 된다. 굳이 논리곱, 조건부확률 같은 것 필요 없이 그냥 세면 된다. 굳이 이런 식들이 필요 없다.

맞는 말이다. 만약 우리에게 모든 데이터가 있다면 말이다. 하지만 그렇지 않을 때 이 공식, 특히 베이즈 정리는 매우 유용하다. 다음 장에서 이를 확인할 수 있다.

# 1.12 연습 문제

## 문제 1-1

이 장에서 배운 내용을 토대로 린다 문제의 변형을 풀어보자.

> 린다[10]는 31살에 독신이며 매우 밝고 솔직한 성격이다. 그녀는 철학을 전공했다. 학창 시절에 그녀는 차별과 사회적 정의 문제에 심취해 있었으며, 반핵 시위에도 참여했다. 이 때 다음 중 더 린다일

10 옮긴이_ 린다가 여성이라고 명시되지는 않았으나 원문에서는 'She'로 표현하고 있으므로 여성이라고 고려한다.

가능성이 있는 말은 무엇일까?

1. 린다는 은행원이다.

2. 린다는 은행원이고 본인이 진보 성향의 민주당원이라고 생각한다.

다음을 구해서 이 질문에 답해보자.

- 린다가 여성 은행원일 확률
- 린다가 진보 성향의 여성 은행원일 가능성
- 린다가 진보 성향의 여성 은행원이며 민주당원일 가능성

## 문제 1-2

`conditional()`을 사용해서 다음 확률을 구하자.

- 응답자가 민주당원일 경우 진보 성향일 확률은 얼마인가?
- 응답자가 진보 성향일 경우 민주당원일 확률은 얼마인가?

`conditional()`을 사용할 때 인수의 순서에 주의하자.

## 문제 1-3

청년층, 노년층, 진보 성향, 보수 성향에 대한 다음과 같은 유명한 격언[11]이 있다.

당신이 25살에 진보 성향이 아니라면, 당신은 심장이 없는 사람이다. 35세인데 보수 성향이 아니라면, 당신은 뇌가 없는 사람이다.

이 말에 동의하든 하지 않든, 우리는 이 문장에서 연습 문제로 쓸 만한 몇 가지 확률을 구해 볼 수 있다. 정확한 나이인 25세와 35세 대신, 30 이하인 경우를 young으로 정의하고 65세 이상을 `old`라고 정의하자.

---

11 *https://oreil.ly/Tuwq9*

```
young = (gss['age'] < 30)
prob(young)
```

```
0.19435991073240008
```

```
old = (gss['age'] >= 65)
prob(old)
```

```
0.17328058429701765
```

이는 대략 20%와 80%에 해당하는 숫자를 고른 조건이다. 여러분의 나이에 따라 'young(젊다)'와 'old(늙다)'라는 정의에 동의할 수도, 아닐 수도 있다.

`conservative`라는 변수는 정치적 관점에 '보수적', '조금 보수적', '매우 보수적'이라고 답한 사람들로 정의한다.

```
conservative = (gss['polviews'] >= 5)
prob(conservative)
```

```
0.3419354838709677
```

`prob()`와 `conditional()`을 사용해서 다음 확률을 구해보자.

- 임의로 고른 응답자가 젊은 진보 성향일 확률은 얼마인가?
- 젊은 사람이 진보적일 확률은 얼마인가?
- 응답자가 늙고 보수 성향일 확률은 얼마인가?
- 보수 성향의 사람들이 늙었을 확률은 얼마인가?

각각의 경우, 이 내용이 논리곱인지, 조건부확률인지, 모두인지를 잘 생각해보자.

조건부확률의 경우, 인수 순서에 주의하자. 만약 마지막 문제의 답이 30%가 넘게 나왔다면 다시 확인해보자.

CHAPTER 2

# 베이즈 정리

앞 장에서 다음과 같이 베이즈 정리를 도출했다.

$$P(A|B) = \frac{P(A)P(B|A)}{P(B)}$$

종합 사회 조사 기관General Social Survey(GSS)의 데이터를 사용해서 여러 조건부확률을 구하는데 베이즈 정리를 사용했다. 하지만 우리가 문제를 해결하는 데에 완벽한 데이터를 가지고 있다면, 베이즈 정리는 필요가 없다. 수식 왼쪽의 계산을 직접 하는 것이 훨씬 쉽고, 오른쪽을 굳이 계산하려면 복잡하다.

하지만 완전한 데이터를 항상 가질 수는 없으므로, 이럴 때 베이즈 정리는 더욱 유용하다. 이 장에서는 베이즈 확률을 사용해서 조건부확률과 연관된, 보다 까다로운 몇 가지 문제를 풀어보도록 하겠다.

## 2.1 쿠키 문제

우선 항아리 문제[1]의 축약형 문제를 살펴보자.

1 https://oreil.ly/9lfxX

쿠키 그릇 두 개가 있다고 가정해보자.

- 첫 번째 그릇(그릇 1)에는 바닐라 쿠키 30개와 초콜릿 쿠키 10개가 들어있다.
- 두 번째 그릇(그릇 2)에는 바닐라 쿠키와 초콜릿 쿠키가 20개씩 들어있다.

어떤 그릇인지 확인하지 않고 임의로 그릇을 하나 골라서 거기에서 쿠키를 하나 집었다고 하자. 그 때 그 쿠키가 바닐라 쿠키였다면, 이 바닐라 쿠키가 1번 그릇에서 나왔을 확률은 얼마일까?

이 때 우리에게 필요한 것은 바닐라 쿠키를 꺼냈다는 전제 조건이 주어졌을 때 이게 그릇 1에서 나온 것인지를 구하는 조건부확률 $P(B_1|V)$이다.

하지만 이 서술에서 얻을 수 있는 것은 다음과 같다.

- 그릇 1이라는 조건 하에서 바닐라 쿠키를 꺼낼 조건부확률 $P(V|B_1)$
- 그릇 2라는 조건 하에서 바닐라 쿠키를 꺼낼 조건부확률 $P(V|B_2)$

이 값들이 어떻게 연관되어 있는지 베이즈 정리를 사용해서 확인할 수 있다.

$$P(B_1|V) = \frac{P(B_1)P(V|B_1)}{P(V)}$$

왼쪽 값이 우리가 구하고자 하는 값이다. 오른쪽 값은 다음과 같다.

- $P(B_1)$: 어떤 쿠키를 골랐던지 상관없이 그릇 1을 골랐을 확률이다. 문제에서는 그릇을 임의로 선택했으므로 $P(B_1) = 1/2$라고 가정하자.
- $P(V|B_1)$: 그릇 1에서 바닐라 쿠키를 고를 확률로, 3/4 이다.
- $P(V)$: 각 그릇에서 바닐라 쿠키를 고를 확률이다.

$P(V)$ 는 전체확률의 법칙을 사용해서 구한다.

$$P(V) = P(B_1)P(V|B_1) + P(B_2)P(V|B_2)$$

이 식에 숫자를 대입하면 다음과 같다.

$$P(V) = (1/2)(3/4) + (1/2)(1/2) = 5/8$$

이 값도 다음과 같이 직접 계산할 수 있다.

- 각 그릇을 고를 확률은 동일하고 그릇에는 쿠키가 동일한 개수로 있으므로, 각 쿠키를 고를 확률은 동일하다.

- 두 그릇에는 총 50개의 바닐라 쿠키와 30개의 초콜릿 쿠키가 있으므로, $P(V)=5/8$이다.

이제 베이즈 정리를 이용해서 그릇 1의 사후확률을 구하면 다음과 같다.

$$P(B_1 | V) = (1/2)(3/4)/(5/8) = 3/5$$

이 예제는 베이즈 정리의 한 가지 활용법을 보여준다. $P(B|A)$를 통해서 $P(A|B)$를 구하는 것이다. 베이즈 정리의 왼쪽 항보다 오른쪽의 항을 구하기가 더 쉬운 경우 이를 유용하게 사용할 수 있다.

## 2.2 통시적 베이즈

베이즈 이론을 다른 각도에서 볼 수 있는 방법이 있다. 데이터 일부 $D$가 주어졌을 때, 가설 $H$의 확률을 갱신하는 방법으로 사용하는 것이다. 이런 식의 해석을 '통시적'이라고 한다. '통시적'이란 '시간에 따라 변한다'는 뜻으로, 가설의 확률이 새로운 데이터를 접하게 되면 변한다는 것이다.

베이즈 정리를 $H$와 $D$를 사용해서 쓰면 다음과 같다.

$$P(H | D) = \frac{P(H)P(D | H)}{P(D)}$$

이 해석 상에서 각각의 기호는 다음과 같은 이름을 가진다.

- $P(H)$는 데이터를 확인하기 전에 구한 가설의 확률로, **사전확률**이라고 한다.
- $P(H|D)$는 데이터를 확인한 후의 가설 확률로, **사후확률**이라고 한다.
- $P(D|H)$는 가설 하에서 해당 데이터가 나올 확률로, **가능도(우도)**라고 한다.
- $P(D)$는 어떤 가설에서든 해당 데이터가 나올 확률로, **데이터의 전체확률**이다.

간혹 배경 지식을 기반으로 사전확률을 구할 수 있기도 하다. 예를 들어, 쿠키 문제에서는 동일한 확률로 그릇을 선택한다고 명시하고 있다.

반면 사전확률은 주관적일 수도 있다. 이런 경우, 서로 다른 배경지식을 적용하거나 동일한 정보를 서로 다르게 해석할 수 있기 때문에, 지각 있는 사람들이라면 이를 반대한다.

가능도는 보통 여기서 가장 구하기 쉬운 부분이다. 쿠키 문제에서, 각 그릇의 쿠키의 개수는 주어져 있기 때문에, 각 가설에서 데이터의 확률을 쉽게 구할 수 있다.

데이터의 전체확률을 구하는 것은 다소 까다로울 수 있다. 이는 어떤 가설에서든 해당 데이터를 볼 수 있는 확률이지만, 이에 대한 정확한 의미를 파악하기는 어려울 수도 있다.

보통은 다음과 같은 성격의 가설 집단을 정의해서 내용을 단순화한다.

- 상호 배제: 집합 중 하나의 가설만 참인 경우
- 전체 포괄: 집합 중 하나 이상의 가설이 참인 경우

이 조건이 만족되면, 전체확률의 법칙을 사용해서 $P(D)$를 구할 수 있다. 예를 들어, $H_1$과 $H_2$라는 두 개의 가설이 있는 경우, 다음을 만족한다.

$$P(D) = P(H_1)P(D|H_1) + P(H_2)P(D|H_2)$$

이를 가설의 개수에 상관없는 보다 일반적 형태로 나타내면 다음과 같다.

$$P(D) = \sum_i P(H_i)P(D|H_i)$$

이 장에서 데이터와 사전확률을 사용해서 사후확률을 구하는 과정을 **베이즈 갱신**Bayesian Update이라고 한다.

## 2.3 베이즈 테이블

베이즈 갱신을 보다 편리하게 할 수 있는 도구로 베이즈 테이블이 있다. 베이즈 테이블은 종이에 직접 쓰거나 스프레드시트를 써서 만들 수도 있지만, 여기서는 판다스 데이터프레임을 사용한다.

우선 한 행에 하나의 가설이 들어갈 빈 데이터프레임을 만들어보자.

```
import pandas as pd
table = pd.DataFrame(index=['Bowl 1', 'Bowl 2'])
```

이제 사전확률을 나타내는 열을 추가한다.

```
table['prior'] = 1/2, 1/2
table
```

| | prior |
|---|---|
| Bowl 1 | 0.5 |
| Bowl 2 | 0.5 |

다음은 가능도에 대한 열이다.

```
table['likelihood'] = 3/4, 1/2
table
```

| | prior | likelihood |
|---|---|---|
| Bowl 1 | 0.5 | 0.75 |
| Bowl 2 | 0.5 | 0.50 |

이 방식이 앞에서 했던 방식과 얼마나 다른지 살펴보자. 우리는 그릇 1만이 아니라 양쪽의 경우에 대한 모든 가능도를 계산했다.

- 그릇 1에서 바닐라 쿠키를 집을 확률은 3/4이다.
- 그릇 2에서 바닐라 쿠키를 집을 확률은 1/2이다.

혹자는 전체 가능도의 합이 1이 아니라는 것을 알아챘을 수도 있다. 이는 상관없다. 각각의 확률은 서로 다른 가설 하에서의 확률이다. 따라서 더해서 1이 될 필요가 전혀 없다.

다음 단계는 베이즈 정리에서 보았던 것과 비슷하다. 이제 가능도에 사전확률을 곱하자.

```
table['unnorm'] = table['prior'] * table['likelihood']
table
```

| | prior | likelihood | unnorm |
|---|---|---|---|
| Bowl 1 | 0.5 | 0.75 | 0.375 |
| Bowl 2 | 0.5 | 0.50 | 0.250 |

결과의 변수명을 unnorm이라고 한 이유는, 이 값이 '표준화되지 않은unnormalized 사후확률'이기 때문이다. 각 값은 사전확률과 가능도의 곱이다.

$$P(B_1)\,P(D|B_1)$$

이는 베이즈 정리의 분자다. 여기서의 결과를 더하면 다음과 같다.

$$P(B_1)\,P(D|B_1)+P(B_2)P(D|B_2)$$

이는 베이즈 정리의 분모인 $P(D)$다.

그럼 다음과 같이 전체확률을 구할 수 있다.

```
prob_data = table['unnorm'].sum()
prob_data
```

```
0.625
```

결과는 5/8로, $P(D)$를 직접 구한 값과 동일하다는 것을 알 수 있다. 그리고 다음과 같이 사후확률을 구할 수 있다.

```
table['posterior'] = table['unnorm'] / prob_data
table
```

| | prior | likelihood | unnorm | posterior |
|---|---|---|---|---|
| Bowl 1 | 0.5 | 0.75 | 0.375 | 0.6 |
| Bowl 2 | 0.5 | 0.50 | 0.250 | 0.4 |

그릇 1의 사후확률은 0.6으로, 베이즈 정리로 구한 값과 같다. 추가로, 그릇 2의 사후확률은 0.4다.

표준화되지 않은 사후확률을 더한 값으로 각 사후확률 값을 나눠서 구한 사후확률을 더하면 1이 되는 것을 알 수 있다. 이 과정을 '표준화normalization'라고 하고, 이 때 데이터의 총 확률을 '표준화 상수normalizing constant'라고 한다.

## 2.4 주사위 문제

베이즈 테이블은 두 개 이상의 가설을 가진 문제를 해결하는 데도 도움이 된다. 다음의 예를 보자.

> 육면체, 팔면체, 십이면체 주사위가 든 상자가 있다고 가정하자. 이 중 주사위 하나를 임의로 집어서 굴렸더니 1이 나왔다. 이 경우 육면체 주사위를 골랐을 확률은 얼마일까?

이 예제에는 동일한 사전확률을 가지는 세 가지 가설이 있다. 데이터는 주사위를 굴린 결과가 1이 나왔다는 것뿐이다.

만약 육면체 주사위를 골랐다면, 최종 값의 확률은 1/6이다. 팔면체 주사위를 고른 경우라면 확률은 1/8이고, 십이면체 주사위를 골랐다면 확률은 1/12이다.

다음은 자연수를 사용해서 이 가설을 나타내는 베이즈 테이블이다.

```
table2 = pd.DataFrame(index=[6, 8, 12])
```

다음에서는 사전확률과 가능도를 분수로 나타낸다. 이렇게 하면 소숫점 이하 숫자를 반올림할 필요가 없다.

```
from fractions import Fraction
table2['prior'] = Fraction(1, 3)
table2['likelihood'] = Fraction(1, 6), Fraction(1, 8), Fraction(1, 12)
table2
```

| | prior | likelihood |
|---|---|---|
| 6 | 1/3 | 1/6 |
| 8 | 1/3 | 1/8 |
| 12 | 1/3 | 1/12 |

사전확률과 가능도를 구했다면, 나머지 단계는 늘 같으므로 이 과정을 함수로 만든다.

```
def update(table):
    """사후확률을 계산함"""
    table['unnorm'] = table['prior'] * table['likelihood']
    prob_data = table['unnorm'].sum()
    table['posterior'] = table['unnorm'] / prob_data
    return prob_data
```

이 함수는 다음과 같이 호출한다.

```
prob_data = update(table2)
```

최종 베이즈 테이블은 다음과 같다.

```
table2
```

| | prior | likelihood | Unnorm | Posterior |
|---|---|---|---|---|
| 6 | 1/3 | 1/6 | 1/18 | 4/9 |
| 8 | 1/3 | 1/8 | 1/24 | 1/3 |
| 12 | 1/3 | 1/12 | 1/36 | 2/9 |

육면체 주사위일 사후확률은 4/9로, 이는 다른 주사위의 사후확률인 3/9나 2/9보다 조금 크다. 육면체 주사위에서 1이 나올 가능도가 가장 크다고 알고 있으므로 직관적으로 육면체 주사위라고 생각할 수 있다.

## 2.5 몬티 홀 문제

이번에는 확률에서 가장 논쟁적인 문제 중 하나를 베이즈 테이블로 풀어보자.

몬티 홀 문제는 '거래를 하자Let's Make a Deal'이라는 게임 쇼에서 왔다. 당신이 쇼에 참가했다고 가정했을 때, 다음과 같은 일이 일어난다.

- 진행자 몬티 홀은 당신에게 1, 2, 3이라고 번호가 붙은 세 개의 문을 보여주고, 각 문 뒤에 상품이 있다고 한다.
- 한 가지 상품은 비싼 것(보통 자동차다), 나머지 두 상품은 덜 비싼 것(보통 염소다)이다.
- 게임의 목적은 어떤 문 뒤에 자동차가 있는 지를 맞추는 데 있다. 만약 제대로 맞추면, 자동차를 가질 수 있다.

만약 1번 문을 선택했다고 하자. 당신이 고른 문을 열기 전에, 몬티는 3번 문을 열어 염소가 있다는 것을 보여줄 것이다. 그 후 몬티는 그대로 원래의 선택을 고수할 지, 열리지 않은 나머지 문으로 바꿀 것인지를 다시 묻는다.

자동차를 얻을 기회를 극대화하고자 할 때, 1번 문을 그대로 고수할 것인가, 2번 문으로 바꿀 것인가?

이에 답하려면, 진행자의 행동에 대해 몇 가지를 가정해야 한다.

1. 몬티는 언제나 문을 열고 선택을 바꿀 기회를 준다.
2. 몬티는 당신이 고른 문이나 자동차가 있는 문을 열지 않는다.
3. 당신이 고른 문 뒤에 차가 있는 경우에는 나머지 문을 임의로 연다.

이 가정 하에서는 선택을 바꾸는 것이 좋다. 만약 결정을 고수했을 때는, 1/3의 확률로 차를 맞출 것이다. 하지만 바꾼다면, 2/3의 확률로 차를 고를 수 있다.

만약 이 문제를 처음 본다면, 이 답이 신기할 수 있다. 하지만 이런 사람이 당신뿐이진 않다. 많은 사람이 선택을 고수하든지 바꾸든지 상관 없다는 강한 믿음을 가지고 있다. 사람들은 보통 문이 두 개 남았으므로, 1번 문 뒤에 차가 있을 확률은 50%라고 말한다. 하지만 그렇지 않다.

베이즈 테이블을 사용하면 이유를 파악하기 좋다. 우선 다음의 세 가지 가설을 세우고 시작하자. 차는 문 1, 2,3 중 하나의 뒤에 있다. 문제의 정의에 따라, 각 문에 대한 사전확률은 1/3이다.

```
table3 = pd.DataFrame(index=['Door 1', 'Door 2', 'Door 3'])
table3['prior'] = Fraction(1, 3)
table3
```

| | prior |
|---|---|
| Door 1 | 1/3 |
| Door 2 | 1/3 |
| Door 3 | 1/3 |

몬티가 3번 문을 열어 염소를 보여주었다는 데이터가 있다. 그럼 각 가설 하에서 이 데이터의 확률을 다음과 같이 고려할 수 있다.

- 만약 차가 문 1 뒤에 있다면, 몬티는 문 2나 3 중의 하나를 임의로 고를 것이므로, 몬티가 3번 문을 열 확률은 1/2다.
- 만약 차가 문 2 뒤에 있다면, 몬티가 문 3번을 열었으므로, 이 가설 하에서 데이터의 확률은 1이다.
- 만약 차가 문 3 뒤에 있다면, 몬티는 이 문을 열 수 없다. 따라서 이 가설 하에서 데이터의 확률은 0이다.

가능도는 다음과 같다.

```
table3['likelihood'] = Fraction(1, 2), 1, 0
table3
```

| | prior | likelihood |
|---|---|---|
| Door 1 | 1/3 | 1/2 |
| Door 2 | 1/3 | 1 |
| Door 3 | 1/3 | 0 |

이제 사전확률과 가능도를 구했으니, `update`를 사용해서 사후확률을 구할 수 있다.

```
update(table3)
table3
```

|  | prior | likelihood | Unnorm | Posterior |
|---|---|---|---|---|
| Door 1 | 1/3 | 1/2 | 1/6 | 1/3 |
| Door 2 | 1/3 | 1 | 1/3 | 2/3 |
| Door 3 | 1/3 | 0 | 0 | 0 |

문 1에 대한 사후확률은 1/3이고, 문 2에 대한 사후확률은 2/3이다. 그러므로 1번 문에서 2번 문으로 바꾸는 것이 낫다.

이 예제에서도 알 수 있듯이, 확률에 대한 우리의 직관은 항상 믿을 만하지는 않다. 이럴 때 베이즈 이론을 통해 다음과 같은 분할-정복divide-and-conquer 전략을 사용하면 도움이 된다.

1. 가설과 데이터를 정리한다.
2. 사전확률을 구한다.
3. 각 가설 하에서의 데이터의 가능도를 구한다.

나머지는 베이즈 테이블에게 맡기자.

## 2.6 요약

이 장에서는 베이즈 테이블과 베이즈 정리를 명시적으로 사용해서 쿠키 문제를 풀었다. 이 둘 사이에는 실질적 차이는 없으나, 베이즈 테이블은 데이터에 대한 전체확률의 법칙을 구해서 문제를 보다 쉽게 풀 수 있도록 해준다. 특히 두 개 이상의 가설을 사용하는 경우에는 더욱 유용하다.

그 다음은 다음 장에서 다시 살펴볼 주사위 문제와, 다시는 보고 싶지 않을 몬티 홀 문제를 풀었다.

만약 몬티 홀 문제때문에 마음의 상처를 입었다면, 그런 사람이 본인만이 아니란 것에 위안을 가지자. 하지만 이 문제를 살펴보면서, 까다로운 문제를 푸는 데에 베이즈 정리를 분할-정복 전략으로 사용하는 게 얼마나 강력한 지를 알게 되었을 것이라고 생각한다. 또한 여기에서 **왜** 답이 그렇게 나오는 지에 대한 어떤 통찰을 얻을 수 있었기를 바란다.

몬티가 문을 열면서, 우리에게 차의 위치에 대한 믿음을 갱신할 수 있는 정보를 제공한다. 이 정보 중 어떤 부분은 당연하다. 그가 3번 문을 열면, 우리는 차가 3번 문 뒤에 없을 것이라는 것을 안다. 하지만 일부 정보는 다소 미묘하다. 2번 문 뒤에 차가 있다면 3번 문을 열 것이고, 1번 문 뒤에 있다면 3번 문을 열었을 가능성이 좀 더 적다. 그러므로 이 데이터는 2번 문에 좀 더 유리한 증거가 된다. 우리는 이후 장에서 증거의 이런 방향에 대해 더 살펴볼 것이다.

다음 장에서는 쿠키 문제와 주사위 문제를 확장해서, 기본 확률에서 베이지안 통계까지 들여다보자.

하지만 그 전에 일단 연습 문제를 풀자.

## 2.7 연습 문제

### 문제 2-1

상자에 두 개의 동전이 있다. 하나는 앞뒷면으로 이루어진 일반적인 동전이고, 한 동전은 양쪽이 모두 앞면인 이상한 동전이다. 만약 이 두 동전 중 하나를 임의로 꺼내서 한 면을 살펴보았더니 앞면이었다. 이 때 이상한 동전을 골랐을 확률은 얼마인가?

### 문제 2-2

누군가를 만나서 그 사람의 자녀가 둘이라는 것을 알았다. 한 자녀가 딸인지 물었더니 맞다고 했다. 그렇다면 두 자녀 모두 딸일 가능성은 얼마인가?

**HINT** 4개의 동일한 가설에서 시작하자.

## 문제 2-3

몬티 홀 문제에는 많은 변형[2]이 있다. 예를 들어, 몬티가 가능한 한 2번 문을 열고, 어쩔 수 없을 때(차가 2번 문 뒤에 있을 때)만 3번 문을 연다고 하자.

만약 1번 문을 골랐는데 몬티가 2번 문을 열었다면, 차가 3번 문 뒤에 있을 확률은 얼마인가?

만약 1번 문을 골랐고 몬티가 3번 문을 열었다면, 차가 2번 문 뒤에 있을 확률은 얼마인가?

## 문제 2-4

M&M은 여러 색의 설탕이 입혀진 작은 초콜릿이다. M&M을 만드는 마즈Mars 사에서는 때때로 색의 조합을 바꿔왔다. 1995년에는 파란 M&M을 출시했다.

- 1994년에는 기본 M&M 봉지 안의 색 조합은 갈색 30%, 노랑 20%, 빨강 20%, 녹색 10%, 주황 10%, 황갈색 10%였다.
- 1996년에는 파란색 24%, 녹색 20%, 주황 16%, 노랑 14%, 빨강 13%, 갈색 13%였다.

한 친구가 M&M을 두 봉지 샀고, 이 중 한 봉지는 1994년에 생산되었고 다른 하나는 1996년에 생산되었다고 알려주었다. 그는 어느 게 무엇인지는 말해주지 않고, 각 봉지에서 M&M을 하나씩 꺼냈다. 이 때 하나는 노랑이고 하나는 녹색이었다. 이 때 노랑 초콜릿이 1994년에 생산된 봉지에서 나왔을 확률은 얼마일까?

**HINT** 이 문제는 가설과 데이터를 꼼꼼히 정의하는 부분이 까다롭다.

---

2 *https://oreil.ly/AgF9q*

CHAPTER 3

# 분포

앞서 베이즈 정리를 이용해서 쿠키 문제를 풀어보았다. 그리고 베이즈 테이블을 이용해서 다시 한 번 풀어보았다. 이 장에서는, 여러분의 인내심을 시험하게 될 위험을 무릅쓰고, 이번에는 '확률질량함수probability mass function (PMF)'를 나타내는 Pmf 객체를 사용해서 이 문제를 한 번 더 풀어보자. 이와 함께 이 객체가 무엇을 의미하고, 이것이 왜 베이지안 통계에서 유용한 지를 설명한다.

이후 Pmf 객체를 사용해서 보다 흥미로운 문제를 해결하고 베이지안 통계로 한 발짝 더 가까이 접근하자. 하지만 일단 분포부터 시작하자.

## 3.1 분포

통계에서 **분포**distribution는 가능한 결괏값과 각 값에 대한 확률의 집합이다. 예를 들어, 동전을 던졌을 때, 두 개의 결과가 대략 동일한 확률로 나타날 것이다. 육면체 주사위를 굴린 경우, 가능한 숫자의 집합은 1부터 6까지이고, 각 결괏값에 해당하는 확률은 1/6이다.

여기서는 분포를 나타내기 위해 empiricaldist라는 라이브러리를 사용한다. '경험적empirical' 분포란 이론적 분포에 대치되는 개념으로, 데이터에 기반한 개념을 말한다. 이 책 전반에 걸쳐서 이 라이브러리를 사용한다. 이 장에서는 이 라이브러리의 기본 요소를 소개하고 이후 추가적 내용을 더 살펴보자.

## 3.2 확률질량함수

분포 결과가 이산적인 경우 이 분포를 확률질량함수로 나타낼 수 있다. Pmf는 각 가능한 결괏값에 각각의 확률을 연결해 주는 함수다.

empiricaldist는 확률질량함수를 나타내는 Pmf라는 클래스를 제공한다. Pmf를 사용할 때는 다음과 같이 호출하면 된다.

```
from empiricaldist import Pmf
```

다음 예제는 동전을 던졌을 때 어떤 면이 나오는 지에 대한 결과를 Pmf를 사용해서 나타낸 것이다.

```
coin = Pmf()
coin['heads'] = 1/2
coin['tails'] = 1/2
coin
```

| | probs |
|---|---|
| heads | 0.5 |
| tails | 0.5 |

Pmf()는 어떤 결괏값도 들어있지 않은 빈 Pmf 객체를 생성한다. 그 후 대괄호를 사용해서 새 결괏값을 지정할 수 있다. 여기서는 문자열로 두 결괏값을 나타내고, 거기에 각각 0.5씩 동일한 확률을 할당한다.

Pmf에는 가능한 결괏값의 시퀀스를 만들 수도 있다.

다음 예제에서는 Pmf.from_seq()를 사용해서 육면체 주사위의 확률값을 나타내는 Pmf를 만든다.

```
die = Pmf.from_seq([1,2,3,4,5,6])
die
```

| | probs |
|---|---|
| 1 | 0.1666667 |
| 2 | 0.1666667 |
| 3 | 0.1666667 |
| 4 | 0.1666667 |
| 5 | 0.1666667 |
| 6 | 0.1666667 |

이 예제에서 시퀀스의 모든 결괏값은 한 번 나타나므로, 모두 동일하게 1/6의 확률을 갖는다.

보다 일반적으로 결괏값이 한 번 이상 나타나는 경우는 다음과 같다.

```
letters = Pmf.from_seq(list('Mississippi'))
letters
```

| | probs |
|---|---|
| M | 0.090909 |
| i | 0.363636 |
| p | 0.181818 |
| s | 0.363636 |

11자로 이루어진 단어에서 M은 1번 나오므로, 이 글자의 확률은 1/11이다. i는 4번 등장하므로 4/11의 확률을 가진다.

문자열의 글자는 임의의 과정에서 나온 결과가 아니므로, 여기서는 Pmf의 값에 대해 보다 일반적인 단어인 '비중'이라고 표현하겠다.

Pmf 클래스는 판다스의 시리즈를 상속받으므로, 시리즈에서 할 수 있는 것은 Pmf에서도 할 수 있다.

예를 들어, 대괄호를 사용해서 이 값에 해당하는 비중을 확인할 수 있다.

```
letters['s']
```

```
0.36363636363636365
```

'Mississippi'라는 단어 중 's'는 약 36%를 차지한다.

하지만, 이 단어에 속해있지 않은 단어의 비중을 이 방식으로 확인하려고 하면 `KeyError`를 접하게 된다.

`Pmf`를 함수처럼 사용하는 것도 가능하다. 문자를 소괄호 안에 넣어서 실행해보자.

```
letters('s')
```

```
0.36363636363636365
```

문자열 안에 있는 글자의 비중의 경우, 결과는 동일하다. 하지만 이 글자 분포 안에 없는 경우, 결과가 오류가 아닌 0이 나온다.

```
letters('t')
```

```
0
```

괄호 안에 숫자 시퀀스를 넣어 확률의 시퀀스 얻기도 가능하다.

```
die([1,4,7])
```

```
array([0.16666667, 0.16666667, 0. ])
```

`Pmf`에서 비중은 판다스 시리즈의 인덱스로 저장된 문자열, 글자, 숫자 등 여러 형태에 대해서

넣을 수 있다. 이미 판다스에 익숙하다면 Pmf 객체를 다루기가 쉬울 것이다. 하지만 이를 계속 사용하기 위해 무엇을 더 알아야 하는 지를 설명하도록 하겠다.

## 3.3 다시 만난 쿠키 문제

이 장에서는 Pmf를 사용해서 2.1절 '쿠키 문제'의 문제를 풀 것이다. 문제 정의를 다시 살펴보자.

> 쿠키 그릇 두 개가 있다고 가정해보자.
>
> - 첫 번째 그릇(그릇 1)에는 바닐라 쿠키 30개와 초콜릿 쿠키 10개가 들어있다.
> - 두 번째 그릇(그릇 2)에는 바닐라 쿠키와 초콜릿 쿠키가 20개씩 들어있다.
>
> 어떤 그릇인지 확인하지 않고 임의로 그릇을 하나 골라서 거기에서 쿠키를 하나 집었다고 하자. 그 때 그 쿠키가 바닐라 쿠키였다면, 이 바닐라 쿠키가 1번 그릇에서 나왔을 확률은 얼마일까?

다음은 이 두 가설과 사전확률을 나타내는 Pmf다.

```
prior = Pmf.from_seq(['Bowl 1', 'Bowl 2'])
prior
```

| | probs |
|---|---|
| Bowl 1 | 0.5 |
| Bowl 2 | 0.5 |

각 가설에 대한 사전확률을 가지고 있는 이 분포는 **사전확률분포**prior distribution라고 한다.

새로운 데이터(바닐라 쿠키)에 대한 분포를 갱신하려면, 가능도에 사전확률을 곱하면 된다. 그릇 1에서 바닐라 쿠키를 꺼낼 가능도는 3/4고 그릇 2에서 꺼낼 확률은 1/2다.

```
likelihood_vanilla = [0.75, 0.5]
posterior = prior * likelihood_vanilla
posterior
```

| | probs |
|---|---|
| Bowl 1 | 0.375 |
| Bowl 2 | 0.250 |

결괏값은 표준화되지 않은 사후확률로, 더해서 1이 되지 않는다. 더해서 1이 되게 하려면, Pmf에서 제공하는 normalize()를 사용하면 된다.

```
posterior.normalize()
```

```
0.625
```

normalize()의 결괏값은 데이터에 대한 전체확률로, 5/8이다.

posterior는 각 가설의 사후확률을 가지고 있는 사후확률분포라고 한다.

```
posterior
```

| | probs |
|---|---|
| Bowl 1 | 0.6 |
| Bowl 2 | 0.4 |

사후확률분포에서 그릇 1에 대한 사후확률을 가져올 수 있다. 값은 0.6이다.

```
posterior('Bowl 1')
```

```
0.6
```

Pmf 객체를 사용했을 때 한 가지 좋은 점은 더 많은 데이터에 대해 갱신하는 것이 쉽다는 점이다. 예를 들어, 꺼냈던 쿠키를 다시 넣고(그릇 안의 쿠키 상태는 그대로다), 같은 그릇에서 쿠키를 꺼냈을 때 이 쿠키가 역시 바닐라라면, 다음과 같이 갱신을 할 수 있다.

```
posterior *= likelihood_vanilla
posterior.normalize()
posterior
```

| | probs |
|---|---|
| Bowl 1 | 0.692308 |
| Bowl 2 | 0.307692 |

이제 그릇 1의 사후확률은 거의 70%가 되었다. 하지만 다시 이와 동일한 행동을 했고 이번엔 초콜릿 쿠키가 나왔다.

새로운 데이터에 대한 가능도는 다음과 같다.

```
likelihood_chocolate = [0.25, 0.5]
```

그리고 이를 다음과 같이 갱신한다.

```
posterior *= likelihood_chocolate
posterior.normalize()
posterior
```

| | probs |
|---|---|
| Bowl 1 | 0.529412 |
| Bowl 2 | 0.470588 |

그릇 1의 사후확률은 약 53%이다. 두 개의 바닐라 쿠키와 한 개의 초콜릿 쿠키를 꺼낸 후, 사후확률은 50/50에 보다 가깝게 되었다.

## 3.4 101개의 쿠키 그릇

이번에는 101개의 쿠키 그릇 문제를 풀어보자.

- 그릇 0에는 바닐라 쿠키가 0% 있다.
- 그릇 1에는 바닐라 쿠키가 1% 있다.
- 그릇 2에는 바닐라 쿠키가 2% 있다.

그리고 이런 식으로,

- 그릇 99에는 바닐라 쿠키가 99% 있다.
- 그릇 100에는 바닐라 쿠키만 있다.

앞의 버전과 마찬가지로, 여기에는 바닐라와 초콜릿 쿠키 두 종류만 있다. 따라서 그릇 0에는 초콜릿 쿠키만 있다. 그릇 1에는 초콜릿 쿠키가 99% 있고, 그 뒤도 마찬가지다.

여기서 그릇을 임의로 골라서, 쿠키를 임의로 꺼냈는데, 이 쿠키가 바닐라 쿠키였다. 이 때 각 값 $x$에 대해, 그릇 $x$에서 쿠키가 나왔을 확률은 얼마일까?

여기서는 `np.arange()`를 사용해서 0부터 100까지의 101개의 가설을 나타낼 배열을 만든다.

```
import numpy as np
hypos = np.arange(101)
```

이 배열을 사용해서 사전확률분포를 만들 수 있다.

```
prior = Pmf(1, hypos)
prior.normalize()
```

```
101
```

이 예제처럼 Pmf에 두 개의 매개변수를 사용해서 초기화할 수 있다. 첫 번째 매개변수는 사전확률이고, 두 번째는 쿠키 수에 대한 시퀀스다.

이 예제에서 확률은 모두 동일하므로, 이 중 하나의 값만 넣어주면 된다. 그러면 이 값은 모든 가설에 '전파'된다. 모든 가설이 동일한 사전확률을 가지게 되므로, 이 분포는 균등uniform하다.

다음은 앞의 몇 개의 가설과 확률이다.

```
prior.head()
```

| | Probs |
|---|---|
| 0 | 0.009901 |
| 1 | 0.009901 |
| 2 | 0.009901 |

데이터의 가능도는 각 그릇에 있는 바닐라 쿠키의 비율로, 이는 hypos를 사용해서 구한다.

```
likelihood_vanilla = hypos/100
likelihood_vanilla[:5]
array([0. , 0.01, 0.02, 0.03, 0.04])
```

이를 사용하면 일반적인 방법으로 사후확률분포를 구할 수 있다.

```
posterior1 = prior * likelihood_vanilla
posterior1.normalize()
posterior1.head()
```

| | probs |
|---|---|
| 0 | 0.000000 |
| 1 | 0.000198 |
| 2 | 0.000396 |

다음 그림은 바닐라 쿠키를 하나 뽑은 후의 사전확률분포와 사후확률분포를 나타낸다.

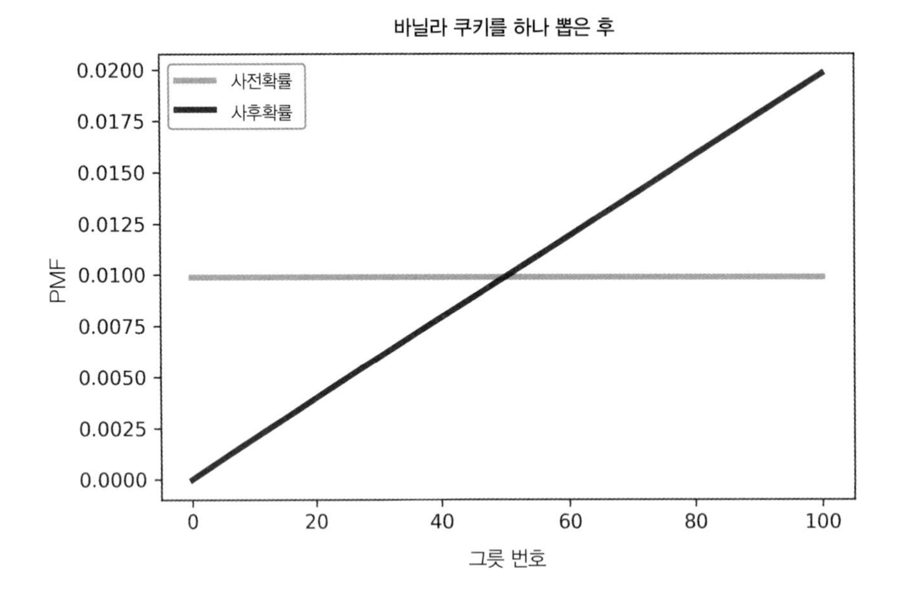


그릇 0에는 바닐라 쿠키가 하나도 없으므로 사후확률은 0이다. 그릇 100번에 바닐라 쿠키가 가장 많이 들어 있으므로 이 그릇의 사후확률이 가장 높을 것이다. 이 두 사후확률값의 사이에서 사후확률의 가능도는 그릇의 번호에 비례하므로 사후확률분포는 선형으로 나타난다.

집은 쿠키를 다시 돌려놓고, 동일한 그릇에서 한 번 더 뽑았을 때 또 바닐라 쿠키가 나왔다고 해보자. 다음은 두 번째 쿠키에 대해 갱신한 결과다.

```
posterior2 = posterior1 * likelihood_vanilla
posterior2.normalize()
```

이 때 사후확률은 다음과 같이 나타난다.

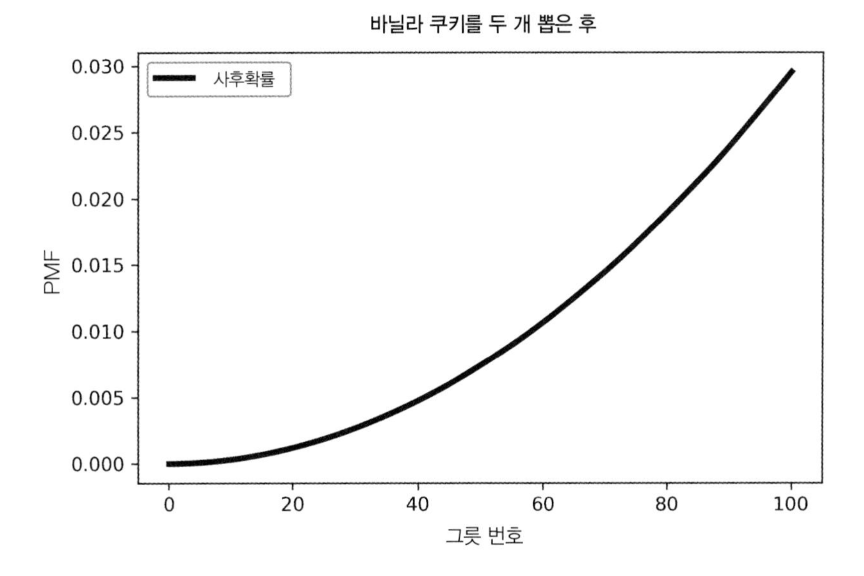


두 개의 바닐라 쿠키를 확인한 후, 가장 큰 번호의 그릇에 바닐라 쿠키가 가장 많으므로 이 그릇의 사후확률이 가장 크고, 가장 작은 번호의 그릇의 사후확률이 가장 작다.

하지만 쿠키를 다시 선택했을 때 초콜릿 쿠키가 나왔다면, 갱신 결과는 다음과 같다.

```
likelihood_chocolate = 1 - hypos/100
posterior3 = posterior2 * likelihood_chocolate
posterior3.normalize()
```

그리고 이 때의 사후확률은 다음과 같다.

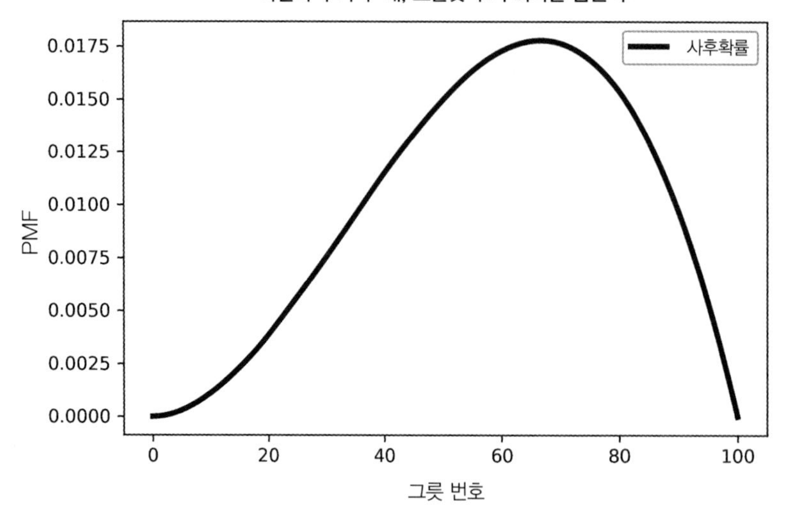


여기서는 그릇 100번의 확률값은 사라졌다. 그릇 100번에는 초콜릿 쿠키가 없기 때문이다. 하지만 초콜릿 쿠키보다 바닐라 쿠키를 더 많이 확인했기 때문에, 높은 번호의 그릇의 사후확률은 낮은 번호의 그릇보다 여전히 높다.

사실, 사후확률분포의 꼭대기는 그릇 67번으로, 이 그릇의 바닐라 쿠키 비율은 2/3이다.

사후확률분포에서 가장 큰 확률값은 MAP이라고 하며, 이는 '최대 사후확률maximum a posteori probability(MAP)'을 뜻한다('a posteori'는 사후posterior의 라틴어로, 잘 사용하지 않는다).

MAP을 구하기 위해, 시리즈의 메소드 `idxmax()`를 사용해보자.

```
posterior3.idxmax()
```

```
67
```

`Pmf`에는 동일한 기능의 보다 기억하기 쉬운 이름의 함수가 있다.

```
posterior3.max_prob()
```

```
67
```

아마도 눈치 챘겠지만, 이 예제에서 실제로 그릇은 별로 중요하지 않다. 이는 비율 추정의 문제다. 쿠키가 든 그릇 하나가 있다고 해보자. 이 그릇 안에 바닐라 쿠키가 어느 정도 들었는지는 모른다. 하지만 아마 0부터 1 사이의 어느 정도의 비율로 들었다. 만약 여기서 세 개의 쿠키를 꺼냈는데 그 중 두 개가 바닐라였다면, 이 그릇의 바닐라 쿠키의 비중은 어느 정도라고 생각할까? 우리가 구한 사후확률분포는 사실 이에 대한 답이다.

비율 추정은 다음 장에서 다시 다룬다. 그 전에 Pmf를 사용해서 주사위 문제를 풀어보자.

## 3.5 주사위 문제

앞 장에서 베이즈 테이블을 사용해서 주사위 문제를 풀어봤었다. 이 문제의 정의는 다음과 같다.

> 육면체, 팔면체, 십이면체 주사위가 든 상자가 있다고 가정하자. 이 중 주사위 하나를 임의로 집어서 굴렸더니 1이 나왔다. 이 경우 육면체 주사위를 골랐을 확률은 얼마일까?

Pmf를 사용해서 이를 풀어보자. 자연수를 사용해서 이 가설을 나타내보자.

```
hypos = [6, 8, 12]
```

이에 대한 사후확률분포는 다음과 같이 만들 수 있다.

```
prior = Pmf(1/3, hypos)
prior
```

| | probs |
|---|---|
| 6 | 0.333333 |
| 8 | 0.333333 |
| 12 | 0.333333 |

전 예제와 마찬가지로, 사전확률은 모든 가설에 '전파'된다. Pmf 객체에는 두 가지 속성이 있다.

- qs는 분포에 포함되는 원소다.
- ps는 이에 해당하는 확률이다.

```
prior.qs
```

```
array([ 6, 8, 12])
```

```
prior.ps
```

```
array([0.33333333, 0.33333333, 0.33333333])
```

이제 갱신할 준비가 되었다. 다음은 각 가설에 대한 데이터의 가능도다.

```
likelihood1 = 1/6, 1/8, 1/12
```

갱신 내용은 다음과 같다.

```
posterior = prior * likelihood1
posterior.normalize()
posterior
```

| | probs |
|---|---|
| 6 | 0.444444 |
| 8 | 0.333333 |
| 12 | 0.222222 |

육면체 주사위의 사후확률은 4/9다.

이번에는 동일한 주사위를 굴려서 7이 나왔다. 이 때의 가능도는 다음과 같다.

```
likelihood2 = 0, 1/8, 1/12
```

육면체 주사위에서는 7이 나올 수 없으므로 이 경우의 육면체 주사위의 가능도는 0이다. 다른 두 주사위의 가능도는 이전 갱신 때와 동일하다.

이번의 갱신 내용은 다음과 같다.

```
posterior *= likelihood2
posterior.normalize()
posterior
```

| | probs |
|---|---|
| 6 | 0.000000 |
| 8 | 0.692308 |
| 12 | 0.307692 |

주사위를 굴려 1과 7이 나온 후, 팔면체 주사위의 사후확률은 약 69%다.

## 3.6 주사위 갱신

다음 함수는 앞서 살펴본 갱신을 좀 더 일반적인 형태로 만들었다.

```
def update_dice(pmf, data):
    """새로운 데이터를 기반으로 pmf를 갱신함"""
    hypos = pmf.qs
    likelihood = 1 / hypos
    impossible = (data > hypos)
    likelihood[impossible] = 0
    pmf *= likelihood
    pmf.normalize()
```

첫 매개변수는 Pmf로, 이 변수는 가능한 주사위와 각각의 확률이 들어간다. 두 번째 매개변수는 주사위를 굴렸을 때 나온 결괏값이다.

첫 번째 줄은 가설을 나타내는 Pmf에서 각 가설을 가져온다. 가설은 자연수이므로 이를 사용해서 가능도를 구할 수 있다. 주사위의 면이 n개면, 여기서 나올 수 있는 확률은 1/n이다.

우리는 불가능한 결과도 확인해 두어야 한다! 만약 결괏값이 가설에서 설정한 주사위의 값보다 크다면, 이런 결과가 나올 확률은 0이다.

impossible은 불가능한 각 결괏값에 대해 True로 나타나는 불리언 시리즈다. 여기서는 이를 likelihood에 인덱스처럼 사용해서 이에 대응하는 확률의 값을 0으로 지정한다.

그리고 마지막으로는 가능도에 pmf를 곱한 뒤 표준화한다.

다음은 이 함수를 사용해서 이전 절에서 구한 값을 갱신하는 방법이다. 우선 사전확률을 깔끔히 복사해 오는 것부터 시작하자.

```
pmf = prior.copy()
pmf
```

| | probs |
|---|---|
| 6 | 0.333333 |
| 8 | 0.333333 |
| 12 | 0.333333 |

여기에 update_dice()를 적용해서 갱신하자.

```
update_dice(pmf, 1)
update_dice(pmf, 7)
pmf
```

| | probs |
|---|---|
| 6 | 0.000000 |
| 8 | 0.692308 |
| 12 | 0.307692 |

결과는 동일하다. 이 함수에 대해서는 다음 장에서 더 살펴보자.

## 3.7 요약

이 장에서는 가설과 확률 집합을 나타내는 클래스인 `Pmf`를 제공하는 `empiricaldist`라는 모듈을 살펴보았다.

`empiricaldist`는 판다스를 기반으로 하고, `Pmf`는 판다스 시리즈 클래스를 상속받으며, 확률질량함수관련 추가 기능을 갖고 있다. 이 모듈과 클래스를 사용하면 코드를 보다 간단히 만들 수 있고 가독성도 높기 때문에, 이 책 전반에 걸쳐 `Pmf`와 `empiricaldist`의 다른 클래스를 활용한다. 하지만 판다스를 사용해서도 동일하게 구현할 수 있다.

여기서는 `Pmf`를 사용해서 앞 장에서 나왔던 쿠키 문제와 주사위 문제를 풀었다. `Pmf`는 여러 개의 분할된 데이터를 순차적으로 갱신하기 쉽다.

또한 쿠키 문제의 그릇 수를 2개에서 101개로 보다 일반화한 형태의 문제도 풀었다. 그리고 가장 높은 사후확률 값인 MAP를 구했다.

다음 장에서는, 유로 동전 문제를 소개하고 여기에 이항분포를 사용한다. 그리고 드디어 베이즈 정리 사용에서 베이지안 통계로 나아간다.

그 전에 일단 연습 문제를 살펴보자.

## 3.8 연습 문제

### 문제 3-1

육면체, 팔면체, 십이면체 주사위가 든 상자가 있다. 여기서 임의로 주사위 하나를 꺼내서 4번 굴렸을 때, 1, 3, 5, 7이 나왔다. 이 때 내가 고른 주사위가 팔면체일 확률은 얼마인가?

`update_dice()` 함수를 사용하거나 직접 갱신을 해도 된다.

## 문제 3-2

[문제 3-1]에서, 상자에는 주사위가 종류별로 하나씩 있으므로 각 주사위의 사전확률은 동일했다. 하지만 이번에는 상자에 사면체 주사위 하나, 육면체 주사위 두 개, 팔면체 주사위 3개, 십이면체 주사위 4개, 이십면체 주사위 5개가 있다. 이 중 주사위 하나를 골라서 던졌더니 7이 나왔다. 이 때 내가 팔면체 주사위를 골랐을 확률은 얼마일까?

**HINT** `Pmf()`에 두 개의 매개변수를 넣어 사전확률분포를 만들 수 있다.

## 문제 3-3

두 개의 양말 서랍이 있다. 서랍 하나에는 동일한 개수의 검은 양말과 흰 양말이 들어있다. 다른 서랍에는 동일한 개수의 빨간 양말, 녹색 양말, 파랑 양말이 들어있다. 내가 임의로 서랍 하나를 고른 후, 역시 임의로 두 짝의 양말을 골랐는데 짝이 맞았다. 이 때 이 양말이 흰색일 확률은 얼마일까?

문제를 간단히 하기 위해, 양 서랍에는 매우 많은 양말이 들어있어서 양말 한 짝을 꺼낸 후에도 확률 변화에 거의 영향을 미치지 않는다고 가정하자.

## 문제 3-4

다음은 『**Bayesian Data Analysis**』[1]에서 가져온 문제다.

> 엘비스 프레슬리에게 쌍둥이 형제가 있었다(태어날 때 사망). 엘비스 프레슬리가 일란성 쌍둥이일 가능성은 얼마인가?

**HINT** 엘비스 프레슬리가 태어난 1935년, 쌍둥이의 2/3 가량이 이란성이고 1/3이 일란성이었다.

1 *https://oreil.ly/kQyL4*

CHAPTER 4

# 비율 추정

앞 장에서 101개의 그릇 문제를 살펴보면서, 사실 이 문제는 어느 그릇에서 쿠키를 뽑았는지에 대한 것이 아닌 비율 추정의 문제라고 고백했다.

이 장에서는 유로 동전 문제를 풀면서 베이지안 통계에 한 발짝 더 다가간다. 이전과 같이 사전분포로 시작해서, 갱신하는 과정까지 수학적으로 동일하다. 하지만 이 과정에서 사전확률분포를 선택하고 미지의 값을 확률로 나타내는, 베이지안 통계를 정의하는 두 가지 원소를 소개함으로써 철학적으로 다르게 보일 것이다.

## 4.1 유로 동전 문제

**『정보 이론, 추론, 알고리즘 학습』**[1]에서 데이비드 맥케이David MacKay는 다음의 문제를 제안했다.

『가디언』[2] 2002년 1월 4일 금요일에 다음과 같은 통계 기사가 게재되었다.

> 벨기에 1유로 동전을, 축을 중심으로 250번 회전을 시켰는데, 앞면이 140회, 뒷면은 110회가 나왔다. 런던 경제 학교London School of Economics and Political Science (LSE) 통계학 교수 배리 브라이트Barry Blight

---

1 옮긴이_ Information Theory, Inference, and Learning Algorithm, David MacKay, Cambridge University Press, 2003. *http://www.inference.org.uk/mackay/itila/*

2 옮긴이_ 1821년 창간된 영국 신문

는 "매우 의심스럽다. 만약 동전이 한 쪽으로 기울어진 것이 아니라면, 결과가 이렇게 치우칠 확률은 7% 미만이다"라고 말했다.

하지만 이 데이터가 동전이 한 쪽으로 기울었다는 것의 증거가 될까?

이 질문에 대답하려면 두 단계를 거쳐야 한다. 첫 번째는 이항분포를 사용해서 7%가 어디서 나왔는지를 찾아본다. 다음으로 베이즈 정리를 사용해서 이 동전의 앞면이 나올 확률을 추정한다.

## 4.2 이항분포

만약 내가 동전이 '공정하다'라고 했다면, 앞면이 나올 확률이 50%라는 뜻이다. 동전을 두 번 돌렸다면, 여기에 해당하는 결과는 `HH`, `HT`, `TH`, `TT`[3] 4가지가 있다. 각각의 결과는 모두 동일하게 25%의 확률을 가진다.

여기서 앞면이 나온 횟수를 더해보면 0, 1, 2의 세 가지 결과가 가능하다. 0과 2의 경우 25%, 1일 경우는 50%의 확률을 가진다.

보다 일반적으로 앞이 나올 확률을 $p$라고 하고, 동전을 $n$회 돌렸다고 가정할 때, 앞면이 총 $k$회 나올 확률은 이항분포[4]에서 확인할 수 있다.

$$\binom{n}{k} p^k (1-p)^{n-k}$$

0부터 $n$ 사이(0, $n$ 포함)의 임의의 수에 대한 분포로, $\binom{n}{k}$ 는 이항계수[5]다. 이 분포는 직접 세서도 구할 수 있지만, 사이파이 함수 `binom.pmf()`를 사용해서도 구할 수 있다.

예를 들어, `n = 2`회 동전을 던졌고, 매 회 앞면이 나올 확률 `p = 0.5`라면, `k = 1`회 앞면이 나올 확률은 다음과 같다.

---

3 옮긴이_ H는 앞면(Head), T는 뒷면(Tail)이다.

4 *https://oreil.ly/JViRz*

5 옮긴이_ *https://oreil.ly/tQxkO* 영어에서는 n choose k 라고 읽는다(우리말에는 명시된 규칙이 없다).

```
from scipy.stats import binom

n = 2
p = 0.5
k = 1

binom.pmf(k, n, p)
```

```
0.5
```

binom.pmf()에 단일값 k 대신 여러 값의 배열을 사용할 수도 있다.

```
import numpy as np
ks = np.arange(n+1)

ps = binom.pmf(ks, n, p)
ps
```

```
array([0.25, 0.5 , 0.25])
```

결괏값으로 0, 1, 2회의 앞면이 나올 확률에 대한 넘파이 배열이 나온다. 이 확률을 Pmf()에 넣으면, 결괏값으로 주어진 n과 p에 대한 k의 분포를 얻을 수 있다.

방법은 다음과 같다.

```
from empiricaldist import Pmf

pmf_k = Pmf(ps, ks)
pmf_k
```

| | probs |
|---|---|
| 0 | 0.25 |
| 1 | 0.50 |
| 2 | 0.25 |

다음 함수는 주어진 n과 p에 대한 이항분포를 구하여 이를 나타내는 Pmf를 결괏값으로 반환하는 함수다.

```
def make_binomial(n, p):
    """이항 Pmf를 생성함."""
    ks = np.arange(n+1)
    ps = binom.pmf(ks, n, p)
    return Pmf(ps, ks)
```

n=250이고 p=0.5일 때의 결과는 다음과 같다.

```
pmf_k = make_binomial(n=250, p=0.5)
```

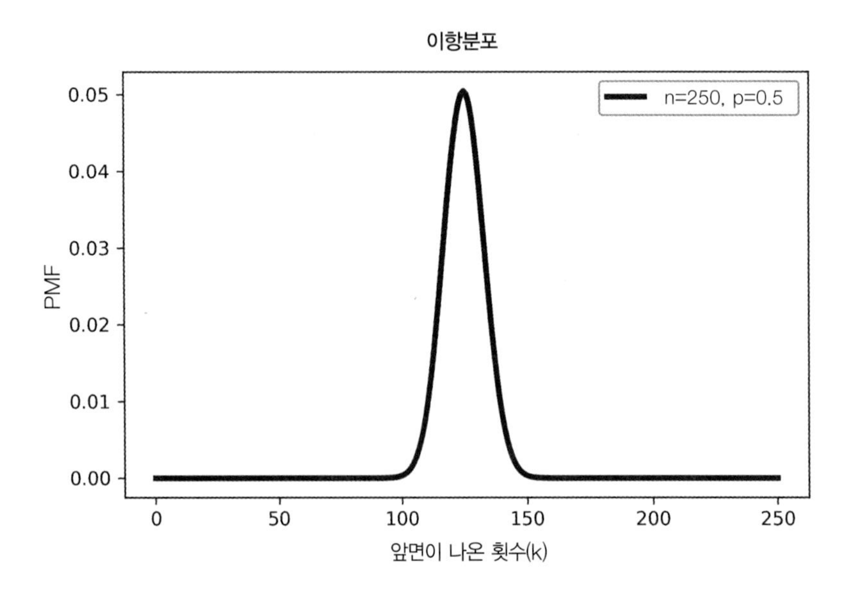


이 분포에서 가장 큰 확률을 가지는 값은 125다.

```
pmf_k.max_prob()
```

```
125
```

하지만 이 값의 확률이 가장 크다고 해도, 125회의 앞면이 나올 확률은 5% 정도밖에 안 된다.

```
pmf_k[125]
```

```
0.05041221314731537
```

맥케이의 문제에서는, 140회 앞면이 나왔었다. 이 값이 나올 확률은 심지어 125회보다도 작다.

```
pmf_k[140]
```

```
0.008357181724917673
```

맥케이가 언급한 내용에서, 통계학자는 "만약 동전이 한 쪽으로 기울어진 것이 아니라면, 결과가 이렇게 치우칠 확률은 7% 미만이다"라고 했다.

이항분포를 사용해서 통계학자가 말한 내용을 확인해 볼 수 있다. 다음 함수는 PMF를 취해서 threshold보다 크거나 같은 값이 갖는 전체확률을 구한다.

```
def prob_ge(pmf, threshold):
    """임계점보다 크거나 같은 값이 가지는 총 확률"""
    ge = (pmf.qs >= threshold)
    total = pmf[ge].sum()
    return total
```

140개 이상의 앞면이 나올 확률은 다음과 같다.

```
prob_ge(pmf_k, 140)
```

```
0.033210575620022706
```

Pmf를 사용해서도 동일하게 구할 수 있다.

```
pmf_k.prob_ge(140)
```

```
0.033210575620022706
```

결과는 약 3.3%로, 이는 언급된 7%보다 작다. 통계학자는 140'처럼 극단적인' 모든 값을 언급했으므로, 110보다 같거나 작은 경우 역시 포함했기 때문에 이런 차이가 발생했다.

이 값이 어디서 나왔는 지를 살펴보려면, 우선 앞면이 나올 횟수에 대한 기댓값이 125임을 기억하자. 140이 나온 경우라면 기댓값보다 15회 더 많다. 만약 110회 나왔다면, 기댓값보다 15회 적다.

다음 그림과 같이, 7%는 이 양쪽 '꼬리'를 합한 값이다.

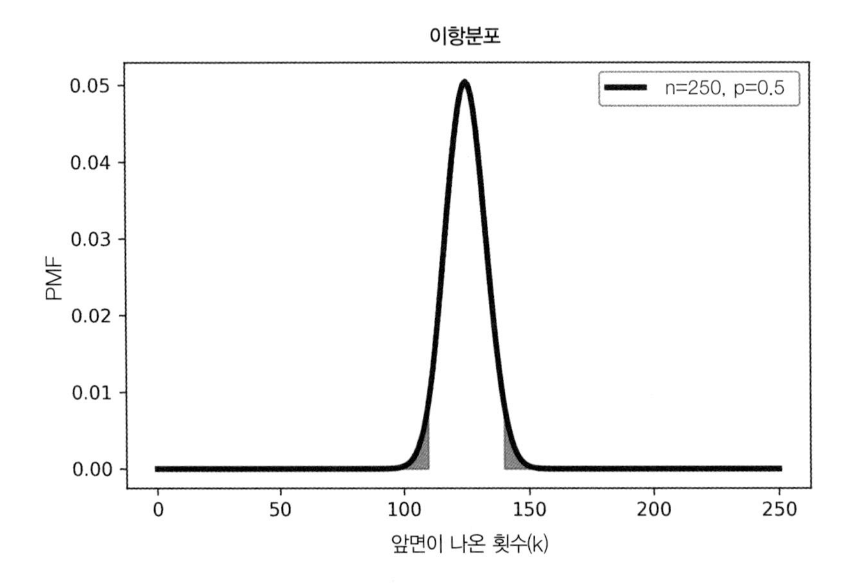


왼쪽 꼬리의 총 확률은 다음과 같이 구할 수 있다.

```
pmf_k.prob_le(110)
```

```
0.033210575620022706
```

결과가 110보다 작거나 같을 확률 역시 3.3%로, 140'처럼 극단적일' 총 확률은 6.6%다. 이 계산의 핵심은 코인이 공정하다면 극단적인 값은 나오지 않는다.

재밌는 사실이지만, 이것이 맥케이의 질문의 답은 아니다. 가능한 데까지 더 살펴보자.

## 4.3 베이지안 추정

어떤 동전이든 세워서 돌리면 앞면을 보이며 넘어질 확률을 가진다. 이 확률을 여기서는 x라고 하자. x는 무게 분산 등 물리적 특성에 영향을 받는다고 충분히 생각할 수 있다. 만약 동전의 무게가 완벽한 균형을 이루고 있다면 우리는 x가 50%에 근접하리라 생각하겠지만, 동전의 무게가 어느 한 쪽에 치우쳐 있다면, x는 이에 따라 달라진다. 여기에 이럴 때 베이즈 정리와 관측 데이터를 사용해서 x를 추정할 수 있다.

간단한 예로, 우선 x의 모든 값이 동일한 정도로 가능하다고 가정하는 균등분포를 사전분포로 두고 시작해보자. 이 분포는 별로 적당한 가정은 아니므로, 추후 다른 사전분포를 사용한다.

균등사전분포는 다음과 같이 만들 수 있다.

```
hypos = np.linspace(0, 1, 101)
prior = Pmf(1, hypos)
```

hypos는 0부터 1 사이의 값을 균일한 간격으로 나눈 행렬이다.

이를 사용해서 다음과 같이 가능도를 구할 수 있다.

```
likelihood_heads = hypos
likelihood_tails = 1 - hypos
```

갱신하기 쉽게 하기 위해 앞면과 뒷면의 가능도를 딕셔너리 형태로 만든다.

```
likelihood = {
    'H': likelihood_heads,
    'T': likelihood_tails
}
```

H를 140번 반복하고 T를 110번 반복해서 문자열을 만들어서 데이터를 표현해 보았다.

```
dataset = 'H' * 140 + 'T' * 110
```

다음은 갱신 함수다.

```
def update_euro(pmf, dataset):
    """주어진 H와 T의 문자열로 pmf 를 갱신함."""
    for data in dataset:
        pmf *= likelihood[data]

    pmf.normalize()
```

첫 번째 인자는 사전확률을 나타내는 Pmf다. 두 번째 인자는 문자열 시퀀스다. 반복문이 반복되면서 pmf에 문자열의 결괏값에 따른 가능도를 곱해나간다. H인 경우 앞면, T인 경우 뒷면에 대한 가능도다.

normalize()가 문자열 밖에 있다는 것을 기억해 두자. 사후확률분포는 끝에 한 번만 표준화된다. 동전을 돌리고 표준화하는 것보다 이 쪽이 훨씬 효율적이다(이로 인해 부동 소숫점 계산 문제가 발생하는데, 이에 대해서는 나중에 살펴보자).

다음은 update_euro()를 사용한 내용이다.

```
posterior = prior.copy()
update_euro(posterior, dataset)
```

사후확률분포는 다음과 같이 나타난다.

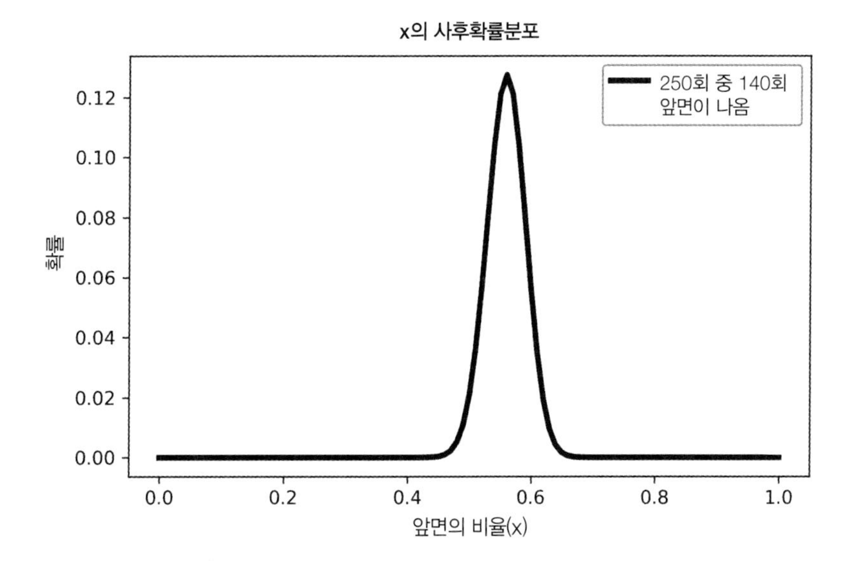


이 그림은 우리가 얻게 될 동전 앞면의 비율 x의 사후확률분포를 나타낸다.

사후확률분포는 데이터를 본 이후의 x에 대한 믿음을 나타낸다. 이 그림을 보면 0.4보다 작거나 0.7보다 큰 경우는 거의 없고, 0.5에서 0.6사이가 가장 가능성 있음을 알 수 있다.

실제로, 가장 가능성 있는 x의 값은 0.56으로, 이는 데이터에서 앞면의 비율로 나왔던 140/250이다.

```
posterior.max_prob()
```

```
0.56
```

## 4.4 삼각사전분포

앞서 균등사전분포를 다음과 같이 사용했다.

```
uniform = Pmf(1, hypos, name='uniform')
uniform.normalize()
```

하지만 우리가 동전에 대해 알고 있는 지식을 생각해보면 이는 그다지 합리적인 선택지는 아니었다. 만약 동전의 무게가 한 쪽으로 쏠려 있다면, x는 0.5에서 다소 벗어났을 수 있다. 그렇다고 해도 x가 0.1이나 0.9가 나올 정도로 벨기에 유로 동전이 비뚤어져 있을 것이라고는 생각하기 어렵다.

x의 값이 0.5에 가까울 수록 높고 극단적인 값으로 갈수록 낮은 확률을 갖는 사전분포를 선택하는 게 보다 합리적이다.

한 예로, 삼각형 형태의 사전확률을 고려해 볼 수 있다. 이를 만드는 방식은 다음과 같다.

```
ramp_up = np.arange(50)
ramp_down = np.arange(50, -1, -1)

a = np.append(ramp_up, ramp_down)

triangle = Pmf(a, hypos, name='triangle')
triangle.normalize()
```

```
2500
```

arange()는 넘파이 배열을 반환하므로, np.append()를 사용하여 ramp_up 뒤에 ramp_down을 붙일 수 있다. 그 후 a와 hypos를 사용해서 Pmf를 만든다.

다음 그림은 이 결과를 균등분포와 함께 나타낸다.

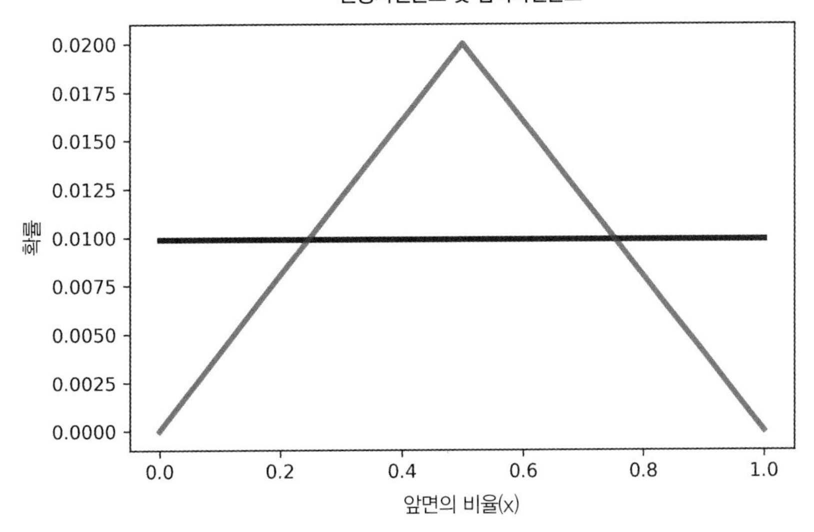


이제 동일한 데이터를 사용해서 양쪽 사전분포를 갱신할 수 있다.

```
update_euro(uniform, dataset)
update_euro(triangle, dataset)
```

사후확률은 다음과 같다.

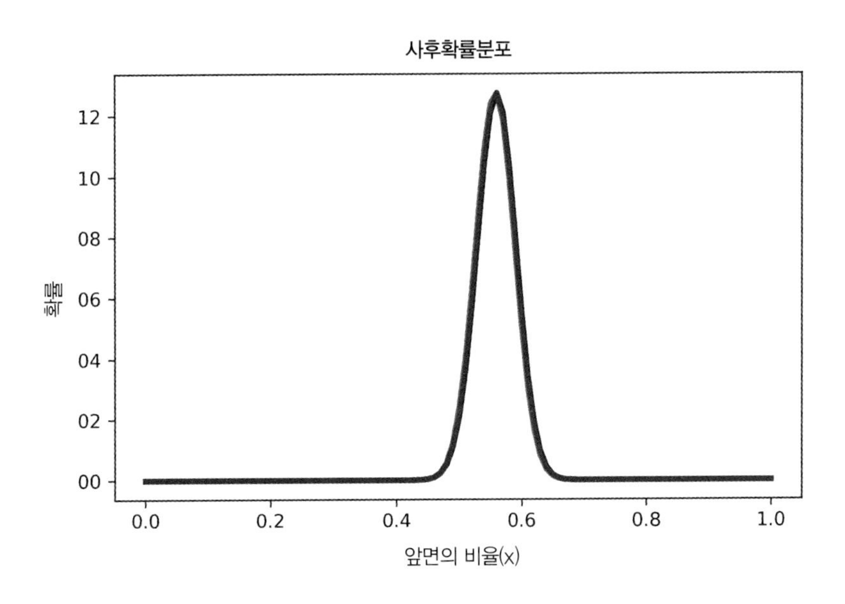

사후확률분포는 보기에 거의 차이가 나지 않고, 실제로 이 차이가 영향을 거의 미치지 않는다.

이는 좋은 일이다. 균등분포와 삼각분포 중 어느 사전확률이 더 나은지를 두고 싸우는 사람도 있을 지 모를 일이니까 말이다. 각자에게는 각자의 선호에 대한 이유가 있고, 다른 쪽이 설득해서 이를 바꿀 수는 없다.

하지만 그들이 데이터로 그들의 믿음을 갱신하는 데는 합의했다고 해보자. 그러면 서로가 구한 사후확률을 비교해 보고, 굳이 이런 걸로 말싸움할 이유가 없다고 깨닫게 된다.

이는 사전분포의 늪swamping the prior의 하나의 예다. 데이터가 충분하다면 서로 다른 사전확률로 시작한다고 해도 동일한 사후확률로 수렴하는 경향이 있다.

## 4.5 이항가능도함수

앞서 한 번 돌릴 때마다 확률을 갱신했으므로, 유로 동전 문제에서는 갱신을 250번 했다.

이에 대한 보다 효율적인 대안으로 전체 데이터셋의 가능도를 한 번에 계산하는 방법이 있다. x에 대한 각 가설 값에 대해, 250회 회전 후 140회 앞면이 나올 확률을 계산할 수 있다.

이를 어떻게 할 지 이미 알고 있을 것이다. 이 문제에 대한 답은 바로 이항분포 사용이다. 앞면이 나올 확률이 $p$일 때, $n$회 돌려서 앞면이 $k$번 나올 확률은 다음과 같다.

$$\binom{n}{k} p^k (1-p)^{n-k}$$

그리고 사이파이를 사용해서 이를 구할 수 있다. 다음 함수는 사전분포를 나타내는 Pmf와 데이터를 나타내는 정수형 튜플을 사용한다.

```
from scipy.stats import binom

def update_binomial(pmf, data):
    """이항분포를 사용해서 pmf를 갱신함."""
    k, n = data
    xs = pmf.qs
    likelihood = binom.pmf(k, n, xs)
```

```
    pmf *= likelihood
    pmf.normalize()
```

데이터는 문자열 대신 k와 n에 대한 튜플 형태를 사용한다. 갱신 과정은 다음과 같다.

```
uniform2 = Pmf(1, hypos, name='uniform2')
data = 140, 250
update_binomial(uniform2, data)
```

allclose()를 사용해서 매우 작은 소숫점 이하 부분은 반올림한 후 앞에서 구한 결과와 같은지를 확인할 수 있다.

```
np.allclose(uniform, uniform2)
```

```
True
```

결과는 같지만, 이 방법이 훨씬 더 효율적이다.

## 4.6 베이지안 통계

앞서 유로 동전 문제를 풀면서 3.4절의 '101개의 쿠키 그릇' 문제와 이 문제 사이에 공통점이 있다고 깨닫게 된다. 사전분포도 동일하고, 가능도도 동일하며, 심지어 데이터도 같아서 결과 역시 같다. 하지만 여기에는 두 가지 차이점이 있다.

첫 번째 차이점은 사전분포 선택이다. 101개의 쿠키 그릇 문제의 경우, 그릇 하나를 동일한 확률로 선택한다는 조건으로 균등분포가 문제 상에서 이미 주어졌다.

유로 동전 문제의 경우, 사전분포를 주관적으로 선택할 수 있다. 이에 대해서는 합리적인 사람들은 반발할 수 있다. 동전에 대해 서로 다른 정보를 가지고 있거나 동일한 정보도 다르게 해석할 수 있기 때문이다.

사전분포가 주관적임에 따라, 사후분포 역시 주관적이다. 그래서 몇몇 사람들은 이 방법이 문제가 있다고 생각한다.

다른 차이점은 추정 방식이다. 101개의 쿠키 그릇 문제에서는 그릇을 임의로 선택하므로, 각 그릇을 선택하는 확률을 구하기란 모순적이지 않다. 유로 동전 문제의 경우, 앞면의 비율은 주어진 동전의 물리적 속성이다. 특정 확률 해석의 경우 물리적 속성은 임의로 고려하는 것은 문제가 될 수 있다.

한 예로, 우주의 나이를 고려해보자. 현재, 가장 가능성 높은 추정치는 약 138억살이지만, 2천만년 정도 오차가 있을 수 있다.[6]

여기서 우주가 실제로 138억 천만년보다 오래되었을 확률을 구한다고 해보자. 특정 확률 해석하에서는 이 질문에 답할 수 없다. 우리는 "우주의 나이는 임의로 만들어진 것이 아니므로, 특정 값 이상일 확률 같은 건 없어요" 같은 식으로 말할 수 있을 뿐이다.

하지만 베이지안 방식의 확률 해석에 있어서는, 물리량을 임의의 상태로 두고 이에 대한 확률 계산은 의미 있고 유용하다. 그래서 사후확률을 활용해서 동전과 앞면의 비율에 대한 확률을 구할 수 있었다.

사전확률의 상대성과 사후확률의 해석은 베이즈 정리와 베이지안 통계 사용 사이의 중요한 차이점이다.

베이즈 정리는 확률에 대한 수학 공식으로, 어떤 사람도 여기에는 이견이 없다. 하지만 베이지안 통계는 놀라울 정도로 논란이 되고 있다. 역사적으로도, 많은 사람들은 베이지안 통계 특유의 상대성과 확률을 임의로 사용하지 않는다는 점을 불편해했다.

만약 이 역사에 대해 관심이 있다면, 샤론 버치 맥그레인의 책 『불멸의 이론』[7](휴먼사이언스, 2013)을 추천한다.

---

6 *https://oreil.ly/nzBbe*

7 *https://oreil.ly/YBdoB*

## 4.7 요약

이 장에서는 데이비드 맥케이의 유로 동전 문제를 제시하고, 이 문제를 풀었다. 주어진 데이터에 대해 앞면이 나올 확률 $x$의 사후확률분포를 구했다.

우리는 두 가지 다른 사전확률을 제시해서 이를 동일한 데이터로 갱신했고, 이 때 사후확률분포가 거의 동일한 것을 알아냈다. 이는 매우 반가운 소식으로, 두 사람이 서로 다른 믿음을 가지고 시작해도 데이터가 동일하다면 그들의 믿음이 수렴한다고 볼 수 있다.

이 장에서는 사후확률분포를 보다 효율적으로 구할 수 있는 이항분포를 소개했다. 그리고 101개의 그릇 문제에서 사용했던 베이즈 정리와 유로 동전 문제에서 사용한 베이지안 통계의 차이점에 대해서도 설명했다.

하지만 우리는 여전히 맥케이의 질문에는 대답하지 못했다. "하지만 이 데이터가 동전이 한 쪽으로 기울었다는 증거가 될까?" 이 질문은 좀 더 오래 남겨두겠다. 이에 대해서는 10장에서 다시 살펴보도록 하겠다.

다음 장에서는 기차, 탱크, 토끼 등을 세는 것에 대한 문제를 풀 것이다. 하지만 그 전에 일단 연습 문제를 풀어보자.

## 4.8 연습 문제

### 문제 4-1

메이저 리그에서, 대부분의 선수는 평균 .200에서 .330 정도 타율이다. 즉 선수들이 안타를 공을 칠 확률이 0.2에서 0.33 사이라는 뜻이다.

첫 경기에 등장한 선수가 3번의 시도에서 3번의 안타를 쳤다고 하자. 그러면 안타를 칠 확률에 대한 사후분포는 어떻게 될까?

## 문제 4-2

사람들에게 민감한 주제에 대해서 설문조사를 해야 하는 경우, 사회적 바람직성 편향[8]에 대해 다루게 된다. 사회적 바람직성 편향이란, 사람들이 자신을 가장 긍정적인 성향으로 나타내기 위해 답변을 조율하는 경향성을 말한다. 이를 피하고 답변의 정확도를 높이는 한 가지 방법은 답변을 무작위로 섞는 것이다.[9]

하나의 예로, 얼마나 많은 사람들이 탈세를 하는 지를 파악하고자 한다. 만약 사람들에게 이를 직접 물어본다면, 일부 탈세자는 거짓말을 한다. 이를 돌려서 물어본다면 보다 정확한 추정이 가능하다. 예를 들면 다음과 같다. 각 사람들에게 동전을 던지고, 그 결과를 공개하지 말고 다음 내용에 따르라고 한다.

만약 앞면이 나온다면, '네'라고 대답한다.

만약 뒷면이 나온다면, "탈세했나요?"라는 질문에 대답한다.

누군가 '네'라고 대답했다면, 우리는 그가 실제로 탈세를 했는지는 모른다. 그가 앞면이 나왔을 수도 있다. 이를 이해한다면, 사람들은 보다 솔직하게 대답할 수 있다.

이와 같은 방식으로 100명의 사람에게 설문을 했고, 80명이 '네'라고 했고 20명이 '아니요'라고 했다. 이 데이터에 따르면, 실제 탈세자 비율의 사후확률분포는 어떻게 될까? 사후확률이 가장 높은 탈세자 비율은 얼마일까?

## 문제 4-3

동전이 공정한지를 실험해 보고자 하지만, 이를 수백 번 돌리고 싶지는 않다. 그래서 자동으로 동전을 돌리는 기계를 만들었고 이미지 인식으로 결과를 파악하도록 했다.

하지만 기계가 늘 정확하지 않다는 사실을 알게 되었다. 실제 앞면이 나왔는데 뒷면이라고 기록되었거나, 실제 뒷면인데 앞면이라고 기록된 확률 $y = 0.2$라고 해보자.

만약 동전을 250회 돌렸고 기계가 앞면이 140회 나왔다고 했을 때, $x$의 사후확률분포는 어떻게 될까? $y$의 값을 바꾸면 어떻게 될까?

---

8 *https://oreil.ly/JREeB*

9 *https://oreil.ly/ZCcGm*

## 문제 4-4

외계인의 침공에 대비하여, 지구 방위 연맹Earth Defense League(EDL)은 우주 침략자를 쏘아 맞출 새로운 미사일을 개발해왔다. 물론, 몇몇 미사일은 다른 것보다 더 잘 설계되었다. 이 때 각 설계 별로 외계 우주선을 맞출 확률 x를 가정해보자.

이전 실험에 따르면, 각 설계별 $x$의 분포는 대략 0.1과 0.4 사이에서 균등분포를 이룬다.

이번에 새로운 설계안인 에일리언 블라스터 9000을 실험한다고 하자. 기사에 따르면 EDL 소장은 새 설계안으로 두 번 실험을 했고, 각 실험에서 두 번 발사했다. 실험 결과는 비밀이라 소장은 얼마나 많은 목표물을 격추했는지는 언급하지 않았으나, 기사에서 발표한 바로는 "두 번의 실험에서 동일한 수의 목표물이 격추되었으므로, 새 설계안은 일관성이 있다"고 했다.

이 데이터는 좋은가, 아니면 나쁜가? 즉, 이 데이터로 에일리언 블라스터 9000의 x에 대한 추정값이 증가하는가, 혹은 감소하는가?

CHAPTER 5

# 수량 추정

앞 장에서는 비율을 추정하는 문제를 풀었다. 유로 동전 문제에서는 동전이 앞면이 나올 확률을 추정했고, 연습 문제를 통해서 타율, 탈세자의 비중, 외계인 침략자를 쏘아 맞출 확률을 추정했다.

여기서 몇몇 문제는 다른 문제보다 현실적이고, 몇몇 문제는 다른 문제보다 유용하다.

이 장에서는 모수의 크기나 수량에 관련된 문제를 살펴보자. 여기서도 역시 몇몇 문제는 말이 안 되는 것 같겠지만, 독일 탱크 문제 같은 몇몇 문제는 실제로, 간혹 삶과 죽음을 시뮬레이션하는 데까지도 활용할 수 있다.

## 5.1 기관차 문제

프레드릭 모스텔러Frederick Mosteller의 『모스텔러의 고급 확률 문제 50선과 해답』[1]에는 다음과 같은 기관차 문제가 실려 있다.

> 각 철도에 이 위를 지나가는 기관차에 1부터 N까지의 순서로 번호를 붙인다. 하루는 60번 번호가 붙은 기관차를 보았다. 이 때 이 철도에는 몇 개의 기관차가 지나가는지 추정해보자.

1 옮긴이_ Fifty Challenging Problems in Probability with Solutions, Dover Publications, 1987(*https://oreil.ly/Dy3RM*)

관측 결과에 따르면, 이 철도에는 60개 이상의 기관차가 있다는 사실을 알 수 있다. 하지만 얼마나 더 많을까? 베이지안 추론에 따르면, 이런 문제는 두 단계로 나누어 볼 수 있다.

- 데이터를 보기 전에 *N*에 대해서 무엇을 알고 있는가?
- 주어진 모든 *N*값에 대해서, 관측한 데이터(60호 기관차)의 가능도는 어떻게 되는가?

첫 번째 질문의 답은 사전확률이고, 두 번째 질문의 답은 가능도다.

사전확률분포를 선택하기에는 근거가 부족하므로, 간단한 가정으로부터 시작한 다음 이를 수정해 가도록 하자. *N*은 1부터 1000까지의 값 중 한 값이 동일한 확률로 선택될 수 있다고 하자.

다음은 사전확률분포다.

```
import numpy as np
from empiricaldist import Pmf

hypos = np.arange(1, 1001)
prior = Pmf(1, hypos)
```

그럼 이제 데이터의 가능도를 구해보자. *N*개의 기관차 가설 집단 중, 60호 기관차를 볼 확률은 얼마나 될까? 각 기관차를 볼 확률이 동일하다고 가정하면, 각각의 기관차를 볼 확률은 $1/N$이다.

갱신 함수는 다음과 같다.

```
def update_train(pmf, data):
    """새로운 데이터에 대해 pmf를 갱신함."""
    hypos = pmf.qs
    likelihood = 1 / hypos
    impossible = (data > hypos)
    likelihood[impossible] = 0
    pmf *= likelihood
    pmf.normalize()
```

이 함수는 어디서 본 것 같을 지도 모른다. 이는 앞 장의 주사위 문제에 등장했던 갱신 함수와 동일하다. 가능도 측면에서 볼 때, 기관차 문제는 주사위 문제와 동일하다.

갱신 내용은 다음과 같다.

```
data = 60
posterior = prior.copy()
update_train(posterior, data)
```

사후분포는 다음과 같다.

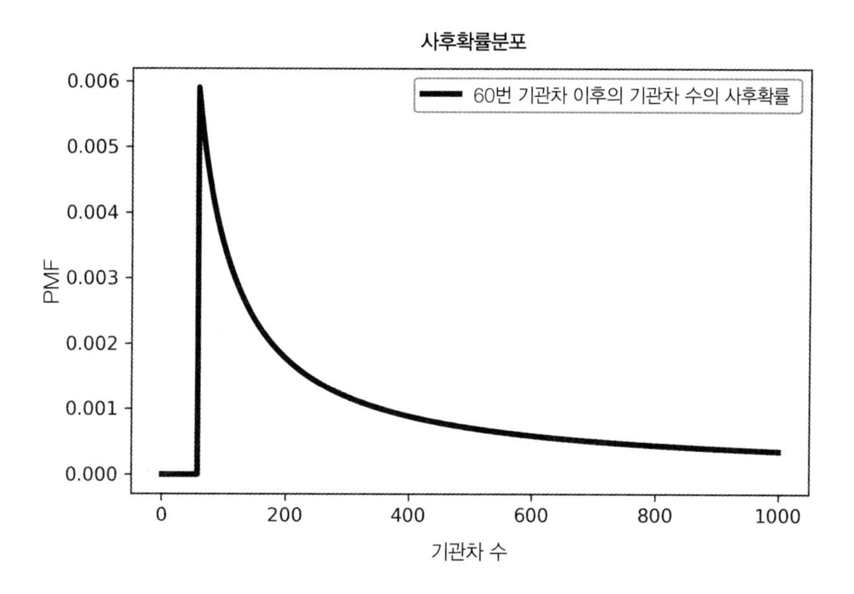


당연하게도, 60 이하의 $N$에 대한 모든 값은 사라졌다.

가장 가능한 값은 예상했던 것처럼, 60이다.

```
posterior.max_prob()
```

```
60
```

이는 별로 좋은 추측은 아닌 것 같다. 결국, 가장 큰 번호의 기관차를 본 다음에 볼 수 있는 기관차에 대해 어떤 선택지가 있나? 그럼에도 불구하고 정확한 답을 찾을 확률을 극대화하고 싶다면, 60을 골라야 한다.

하지만 이는 목적에 들어맞는 방법은 아니다. 그래서 대안으로 사후확률분포의 평균을 구할 수 있다. 주어진 가능한 수 $q_i$와 이에 대한 확률 $p_i$에 대해, 분포의 평균값은 다음과 같다.

$$mean = \sum_i p_i q_i$$

이 값은 다음과 같이 구할 수 있다.

```
np.sum(posterior.ps * posterior.qs)
```

```
333.41989326370776
```

혹은 Pmf에서 제공하는 메서드를 사용한 방법도 있다.

```
posterior.mean()
```

```
333.41989326370776
```

사후확률분포의 평균은 333이고, 이는 오차를 최소화하고자 할 때 좋은 선택지가 된다. 만약 이런 추측 게임을 계속해서 한다면, 사후확률분포의 평균을 추정값으로 사용하는 것이 장기적으로 평균 제곱 오차[2]를 줄인다.

## 5.2 사전확률에 대한 민감도

이전 절에서 사용한 사전확률분포는 1부터 1000까지에 대한 균등분포였지만, 균등분포를 선택하거나 특정 상한값을 정하면서 어떤 명시도 하지 않았다. 이런 사전확률분포의 변화에 따라 사후확률분포가 영향을 받을지 궁금할 지도 모르겠다. 아주 적은 데이터, 단 한 개의 관측값의 경우에는 그렇다.

2 *https://oreil.ly/gPTjv*

다음 표는 상한값 범위에 따른 변화다.

| 상한값 | 사후확률분포 평균 |
| --- | --- |
| 500 | 207.079228 |
| 1000 | 333.419893 |
| 2000 | 552.179017 |

상한값을 다양하게 함에 따라, 사후확률분포 평균값도 달라진다. 이런 상황은 좋지 않다. 사후확률이 사전확률에 민감하게 반응할 때는, 다음과 같은 두 가지 조치를 취할 수 있다.

- 데이터를 더 확보하라.
- 배경 지식을 더 확보하고 더 나은 사전확률을 선택하라.

데이터를 더 확보하면, 서로 다른 사전확률분포 기반으로 만들어진 사후확률분포가 수렴하는 양상을 띤다. 예를 들어, 60번 기관차를 본 후 30번과 90번 기관차를 봤다고 해보자.

다음의 세 기차를 본 후의 전 확률의 상한값에 따른 사후확률분포 평균값을 살펴보자.

| 상한값 | 사후확률분포 평균 |
| --- | --- |
| 500 | 151.849588 |
| 1000 | 164.305586 |
| 2000 | 171.338181 |

차이는 줄어들었으나, 사후확률이 수렴하기에는 세 대의 기관차로는 충분하지 않다.

## 5.3 멱법칙 사전확률

만약 데이터를 더 확보할 수 없다면, 다른 옵션으로 배경 지식을 더 수집해서 사전확률을 개선하는 방식이 있다. 기관차 운영 회사가 1,000대의 기관차를 운영한다고 가정하는 것은 철도 회사가 세상에 단 하나뿐이라고 생각하는 것만큼이나 비합리적이다.

조금만 신경쓴다면 관측의 영역에서 기관차를 운행하는 철도 회사의 목록을 구할 수 있을 지도 모른다. 혹은 기관차 운송 전문가와의 인터뷰를 통해 철도 회사의 일반적인 규모에 대한 정보를 수집할 수도 있다.

다만 철도 경영에 특화된 정보를 얻지 않고, 학습된 추측을 할 수도 있다. 대부분의 분야에는 여러 작은 회사가 있고, 중견급 회사들은 좀 더 적으며, 대기업은 한두 개뿐이다.

실제로, 회사 규모의 분포는 로버트 액스텔Robert Axtell이 『사이언스』에 기고한 멱법칙[3]을 따른다.

이 법칙에 따르면, 기관차가 10대 미만인 회사가 1,000개일 때 100대의 기관차를 소유한 회사는 100개일 것이고, 1,000대의 기관차를 소유한 회사는 10개, 10,000대의 기관차를 소유한 회사는 1개다.

수학적으로, 멱법칙은 주어진 규모 $N$인 회사의 수는 $(1/N)\alpha$에 비례한다는 뜻이다. 이 때 $\alpha$는 1에 가까운 크기의 매개변수다.

멱법칙 사전확률은 다음과 같이 만들 수 있다.

```
alpha = 1.0
ps = hypos**(-alpha)
power = Pmf(ps, hypos, name='power law')
power.normalize()
```

비교를 위해, 균등분포를 다시 살펴보자.

```
hypos = np.arange(1, 1001)
uniform = Pmf(1, hypos, name='uniform')
uniform.normalize()
```

```
1000
```

균등분포와 비교했을 때, 멱법칙 사전확률은 다음과 같다.

3 옮긴이_ *https://oreil.ly/KJkJm* 미국의 언어학자 조지 지프(George K. Zipf)가 발견한 법칙으로 '지프의 법칙'이라고도 한다. 조지 지프는 성경이나 문학 작품에서 가장 많이 사용되는 단어는 두 번째로 많이 사용되는 단어보다 사용 빈도가 두 배 이상 크다는 사실을 발견하였고, 이에 착안해 사용 빈도의 순위가 낮아질 수록 사용 빈도가 급감한다는 법칙을 만들었다. 로버트 액스텔은 기업의 규모도 지프의 법칙과 유사한 패턴을 보이는 점을 규명하고 이를 『사이언스』에 기고하였다.

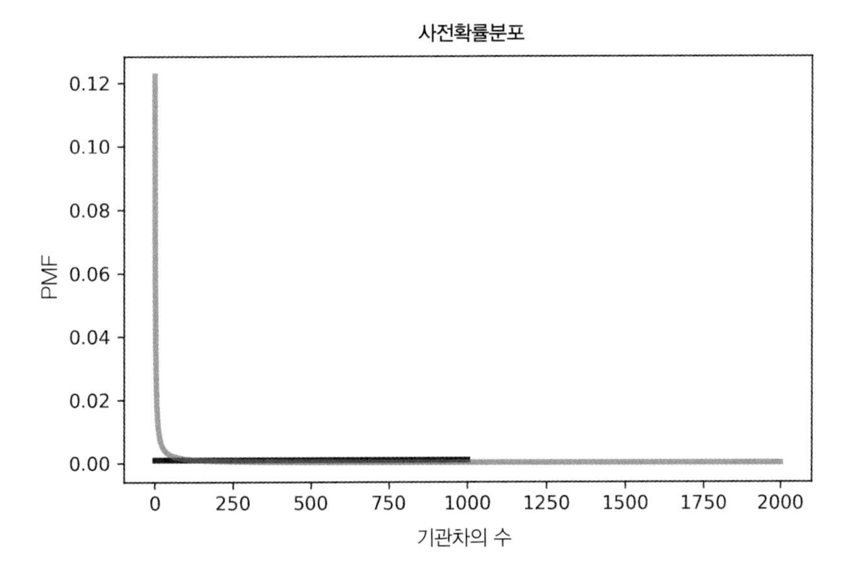


다음은 두 사전확률을 갱신하는 내용이다.

```
dataset = [60]
update_train(uniform, dataset)
update_train(power, dataset)
```

이에 따른 사후분포는 다음과 같다.

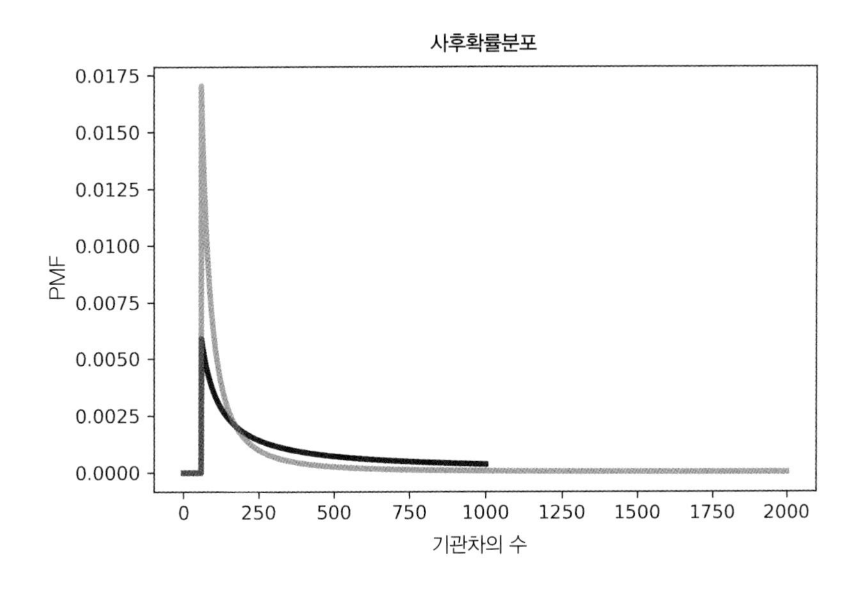

멱법칙은 큰 값에는 낮은 사전확률을 매기므로 이에 따라 사후확률 평균이 낮아지고, 상한값에 대한 민감도도 낮아진다.

다음은 멱법칙 사전확률을 사용하고 세 기관차를 관측했을 때 상한선에 따른 사후확률 평균을 나타낸다.

| 상한값 | 사후확률분포 평균 |
|---|---|
| 500 | 130.708470 |
| 1000 | 133.275231 |
| 2000 | 133.997463 |

차이가 훨씬 작은 것을 볼 수 있다. 사실 임의로 큰 상한값에 대해 평균은 134로 수렴한다.

따라서 멱법칙은 회사의 규모에 대한 일반적인 정보를 기반으로 하므로 보다 현실적이고, 실제 상황에도 더 잘 들어맞는다.

## 5.4 신뢰구간

앞서 사후확률분포를 최대 사후확률과 사후확률 평균의 두 가지 값을 사용해서 요약했었다. 이는 모두 우리가 관심있어 하는 양을 추정한 값을 단일 숫자로 나타낸 것으로, 점 추정point estimate이라고 한다.

사후확률분포를 요약하는 또 다른 방법으로는 백분위값을 사용한다. 표준화 검사[4]를 치러본 적이 있다면 백분위에 익숙하다. 예를 들어, 내 점수가 90분위라고 한다면, 이는 내가 이 시험을 치른 사람들의 90%보다 점수가 높거나 같다는 뜻이다.

x란 숫자가 있을 때, x와 같거나 더 작은 모든 숫자를 찾아내서 이에 대한 확률을 더해서 백분위 점수percentile rank를 구할 수 있다.

Pmf는 이 계산을 하는 메소드를 제공한다. 예를 들어, 100개 이하의 기관차를 가진 회사의 확률을 구하고 싶다고 하면 다음과 같이 구할 수 있다.

**4** 옮긴이_ 어떤 사람이 사용해도, 검사의 실시 · 채점 · 해석이 동일하도록 모든 형식과 절차가 기술적으로 엄격하게 통제된 검사. 미국의 SAT, 대한민국의 대학수학능력시험이 대표적 표준화 검사다.

```
power.prob_le(100)
```

```
0.2937469222495771
```

멱법칙 사전확률과 세 개의 기관차를 본 것에 대한 데이터셋을 사용하면, 결과는 약 29%다. 따라서 100개의 기관차는 29분위다.

다른 방식으로 특정 분위를 구하고 싶다고 해보자. 예를 들어, 확률 분포의 중간값은 50분위다. 우리는 모든 확률을 더해나가면서 0.5를 초과하기 시작할 때를 구할 수 있다. 이를 구하는 함수는 다음과 같다.

```
def quantile(pmf, prob):
    """주어진 확률에 대한 분위값을 구함."""
    total = 0
    for q, p in pmf.items():
        total += p
        if total >= prob:
            return q
    return np.nan
```

반복문에서는 각 숫자를 반복하면서 분포에서 확률을 가져오기 위해 items()를 사용한다. 반복문 안에서는 순서대로 각 숫자에 대한 확률을 더한다. 총 합이 prob 이상이면, 이에 해당하는 숫자를 반환한다.

이 함수는 백분위보다는 사분위에 가까우므로 quantile()[5]이라고 명명했다. 이는 prob를 정의하는 방법의 차이다. prob가 0에서 100 사이인 백분율이었다면 이를 해당 수에 대응하는 백분율percentile이라고 불렀을 것이다. 현재 prob는 0에서 1 사이인 확률이므로 백분율보다는 변위가 적당하다.

다음은 사후분포의 50분위를 구하는 함수다.

5 옮긴이_ 변위

```
quantile(power, 0.5)
```

```
113
```

결과인 113개의 기관차는 사후확률분포의 중간값이다.

Pmf에는 동일한 기능을 하는 quantile이라는 메서드가 있다. 이를 사용해서 5분위와 95분위를 구할 수 있다.

```
power.quantile([0.05, 0.95])
```

```
array([ 91., 243.])
```

결과는 91대에서 243대 기관차 사이이다. 이 결과가 의미하는 것은 다음과 같다.

- 기관차의 수가 91 이하일 확률은 5%다.
- 기관차의 수가 243보다 클 확률은 5%다.

따라서 기관차의 수가 91 초과 243 이하일 확률은 90%다. 그래서 이 구간을 90% 신뢰구간이라고 한다.

Pmf는 주어진 확률을 포함하는 구간을 구하는 credible_interval()도 제공한다.

```
power.credible_interval(0.9)
```

```
array([ 91., 243.])
```

## 5.5 독일 탱크 문제

제2차 세계 대전 동안, 런던에 있는 미국 대사관의 전쟁경제국Economic Warfare Division(EWD)에서 독일의 탱크 및 장비 생산량을 추정하는 데 통계 분석 기법을 사용했다.

서방 연합국에서는 각 탱크의 섀시와 엔진의 시리얼 번호를 포함한 기록 책자와 장부 및 수리 기록을 확보했다.

이 기록을 분석해보니 시리얼 번호는 제조사에 따라 할당되어 있고, 탱크 유형은 100개의 숫자 블록으로 이루어져 있었다. 각 블록의 숫자는 순차적으로 사용되었으나 모든 숫자를 사용하고 있는 것은 아니었다. 따라서 독일 탱크 생산량을 추정하는 문제는 100개의 숫자 블록 각각에 대해 기관차 문제 형태로 단순화할 수 있다.

이런 이해를 기반으로, 미국과 영국 분석가들은 다른 정보들을 취합한 후 추정치를 많이 낮추었다. 그리고 전쟁이 끝난 후, 기록물에 따르면 그들이 도출한 내용이 대부분 더 정확했다.

분석가들은 타이어, 트럭, 로켓 및 다른 장비에 대해서도 유사한 분석을 했고, 이 결과로 정확하고 실행 가능한 경제적 정보를 도출해냈다.

독일 탱크 문제는 역사적으로도 흥미로운 주제다. 이 문제는 통계적 추정에 관한 훌륭한 실제 활용 예제기도 하다.

이 문제에 대해 보다 자세히 알고자 한다면, 위키피디아[6]나 CIA의 온라인 독서 공간[7]에서 러글Ruggles과 브로디Brodie의 논문인 「제2차 세계대전에서의 경제 지식에 대한 실증적 접근An Empirical Approach to Economic Intelligence in World War II」[8]을 읽어보자.

## 5.6 정보성 사전확률

베이지안이 사전확률분포를 선택하는 방법은 두 가지가 있다. 혹자는 문제의 배경 지식을 가장 잘 표현하는 사전확률을 선택하는 것을 추천한다. 이런 경우 사전확률분포는 **정보성**이라고 한

6 *https://oreil.ly/YyfsJ*

7 *https://oreil.ly/sC3zT*

8 Journal of the American Statistical Association, March 1947

다. 정보성 사전확률분포를 사용하는 경우 사람들이 서로 다른 배경 지식을 가지고 있거나 동일한 정보도 서로 다르게 해석한다는 문제점이 있다. 따라서 정보성 사전확률은 종종 주관적일 수 있다.

다른 방법으로 **비정보성 사전확률**이 있다. 이는 데이터가 최대한 직접 말할 수 있도록 최대한 제약을 두지 않으려 한다. 어떤 경우에는 추정량에 대한 최소한의 사전 정보를 제공하는 등의 몇 가지 필요한 특성을 나타나는 고유의 사전확률을 정의할 수도 있다.

비정보성 사전확률은 보다 객관적이라는 점에서 매력있다. 하지만 나는 일반적으로 정보성 사전확률 사용을 선호한다. 왜일까? 첫째로 베이지안 분석은 한상 모델 결정을 기반으로 이루어진다. 사전확률 선택 역시 이런 결정 중 하나지만 유일한 결정 사항은 아니며, 심지어 가장 주관적이지도 않다. 따라서 비정보성 사전확률이 더 객관적이라고 해도 전체 분석은 여전히 주관적이다.

또 가장 실질적인 문제로, 보통 데이터가 굉장히 많거나 별로 없거나 하는 두 가지 상황 중 하나에 처해 있을 경우가 많다. 만약 데이터가 굉장히 많은 경우라면, 사전확률분포를 무엇으로 고르든지 상관없다. 사전확률분포가 정보성이든 비정보성이든 거의 유사한 결과를 도출한다. 데이터가 별로 없다면, 관련 배경 지식(멱법칙 분포 등)을 사용하면 큰 차이가 난다.

그리고 만약 독일 탱크 문제처럼 결과에 따라 사람의 생사를 결정하게 된다면, 본인이 알고 있는 것보다 적게 알고 있는 척하는 식으로 객관성의 환상에 젖어있는 대신, 본인이 알고 있는 모든 정보를 사용해야 한다.

## 5.7 요약

이 장에서는 기관차 문제를 다룬다. 이 문제는 결국 주사위 문제와 동일한 가능도 함수를 가지는 것으로 밝혀지고, 이 함수는 독일 탱크 문제에도 적용 가능하다. 이 모든 예제의 목표는 모수의 크기나 개수를 추정한다.

다음 장에서는 확률 대신 '공산odds'을 소개하고, 베이즈 정리의 다른 형태인 베이즈 규칙을 제시한다. 합과 곱의 분포에 대해서 살펴보고, 이를 사용해서 부패한 의회 정치인 수를 추정하기도 하고 그 외의 다른 문제도 살펴본다. 우선 연습 문제부터 살펴보자.

## 5.8 연습 문제

### 문제 5-1

큰 강의실에서 발표를 하던 도중, 소방 책임자가 중간에 들어와서 청중 수가 이 방의 안전제한 인원인 1,200명을 넘는 것 같다고 했다.

하지만 당신이 생각하기에는 청중이 1,200명보다 적을 것 같아서, 이를 증명해 보이기로 했다. 사람 수를 하나하나 세려면 너무 오래 걸리므로, 다음과 같이 실험을 해보기로 했다.

- 이 방에서 5월 11일에 태어난 사람을 물었더니 두 사람이 손을 들었다.
- 5월 23일에 태어난 사람을 물었을 때 한 사람이 손을 들었다.
- 마지막으로, 8월 1일에 태어난 사람을 묻자 아무도 손을 들지 않았다.

이 경우 청중은 몇 명이나 될까? 이 방의 인원이 1,200명을 넘을 확률은 얼마인가?

**HINT** 이항분포를 기억하자.

### 문제 5-2

나는 집 뒷마당에서 종종 토끼를 보지만 잘 분간하지 못하기 때문에, 몇 마리인지는 잘 모른다.

내가 모션 센싱 카메라 트랩[9]으로 매일 처음 보는 토끼의 사진을 찍었다고 해보자. 3일이 지난 후, 사진을 비교해 봤더니 두 장은 같은 토끼였고 한 장은 다른 토끼였다.

뒷마당엔 토끼가 몇 마리 있을까?

이 질문에 답하기 위해, 사전확률분포와 데이터의 우도에 대해 고민해 볼 필요가 있다.

- 가끔 토끼 4마리를 동시에 본 적도 있으므로, 최소한 이 정도라는 것을 안다. 만약 10마리 이상이 있다면 신기할 것이다. 따라서, 시작으로는 4부터 10까지의 균등사전분포가 적당하다.
- 간단히 하기 위해, 마당에 들어오는 모든 토끼는 주어진 날에 카메라 트랩에 잡힐 확률이 동일하다고 가정하자. 그리고 카메라 트랩이 매일 사진을 찍는다고 하자.

---

9 https://oreil.ly/Whza0

## 문제 5-3

범죄 구형 시스템에서, 모든 징역형은 1, 2, 3년 중 하나고, 각각 동일한 숫자로 구형된다. 어느 날, 감옥을 방문해서 임의로 한 명의 죄수를 만났다. 이 죄수가 3년형을 받았을 확률은 얼마일까? 관찰한 죄수의 남은 형량의 평균은 얼마일까?

## 문제 5-4

만약 미국에서 한 명의 성인을 임의로 골랐을 때, 그 사람이 형제나 자매가 있을 확률은 얼마인가? 보다 정확하게, 그 사람의 어머니가 그 사람 외에 한 명 이상의 다른 자녀를 두었을 확률은 얼마인가? 퓨 연구소Pew Research Center의 다음 글[10]에서 관련 자료를 얻을 수 있다.

## 문제 5-5

인류 종말 논법[11]은 '현재까지 태어난 인류 수의 추측을 통해 미래에 태어날 모든 인류의 수를 예측하는 통계학적인 논법'이다.

우주에 단 두 종류의 지적 문명이 존재한다고 가정하자. '짧게 산' 종은 2천억 개체만 태어난 후 멸종한다. '오래 산' 종은 2조의 개체가 태어날 때까지 생존한다. 두 종류의 문명이 일어날 가능성은 동일하다. 우리가 어느 쪽의 문명에서 사는 것이 좋을까?

인류 종말 논법에서는 태어난 인류의 총 수를 데이터로 사용할 수 있다고 본다. 미국 인구조회국Population Reference Bureau[12]에 따르면, 지금까지 살았던 사람은 약 1천 80억이다.

당신이 최근 태어났다면, 대략 당신의 인류번호는 1천 80억번이다. 만약 지금까지 살았던 사람의 수가 *N*이고 당신이 이 중 임의로 선택되었다면, 당신이 1번이든 *N*번이든, 혹은 이 사이의 어떤 인류 번호를 가지든 확률은 동일하다. 이 때 인류 번호가 1천 80억일 확률은 얼마일까?

이 데이터와 불확실한 사전확률을 사용했을 때, 우리 문명이 '짧게 산' 종류일 확률은 얼마일까?

---

10 *https://oreil.ly/TlNxi*

11 옮긴이_ 모든 인간이 무작위 순서로 태어난다고 할 때, 어떤 한 사람은 전 인류의 중간 지점에서 태어났을 수 있다는 가설. *https://en.wikipedia.org/wiki/Doomsday_argument*

12 *https://oreil.ly/xklTT*

CHAPTER 6

# 공산과 가산

이 장에서는 확실한 정도를 나타내는 새로운 방법인 **공산**과, 베이즈 정리의 새로운 형태인 **베이즈 규칙**에 대해서 설명한다. 머릿속이나 종이로 베이지안 갱신을 해야 할 때 베이즈 규칙을 사용하면 편하다. 베이즈 규칙을 사용하면 **증거**에 대한 중요한 아이디어가 떠오를 수도 있고 증거의 중요 정도를 측정할 수도 있다.

이어 '가산addends'이 등장한다. 더해지는 수량에 대해 살펴보고, 이에 대한 분포를 어떻게 구하는지 알아본다. 합, 차, 곱과 다른 연산에 대한 분포를 계산하는 함수도 정의해보자. 그리고 이런 분포를 베이지안 갱신에 사용해보자.

## 6.1 공산

확률을 나타내는 한 가지 방법은 0과 1 사이의 숫자로 나타내는 법이지만, 이것만이 유일한 방법은 아니다. 축구 경기나 경마에 돈을 걸어 본 적이 있다면, 아마 '**공산**'이라고 부르는 확률 표현 방법을 접해봤을 것이다.

어쩌면 "공산은 3대 1이다"라는 말을 들었지만, 이게 무슨 말인지 몰랐을 수도 있다. 어떤 사건의 **승산**은 이 사건이 일어날 확률 대 일어나지 않았을 확률의 비율이다.

다음은 이를 계산하는 함수다.

```
def odds(p):
    return p / (1-p)
```

예를 들어, 우리 팀 승률이 75%라면, 이길 가능성이 질 가능성의 3배이므로 승산은 3대 1이다.

```
odds(0.75)
```

```
3.0
```

이를 소숫점 형태로도 나타낼 수 있겠지만, 정수의 비율 형태로 나타내는 방법 역시 널리 사용된다. 따라서 '삼 대 일'이라고 말하는 것은 3:1이라고 표기한다.

확률이 낮은 경우 승산 대신 **반대 형식의 공산**으로 나타내는 경우가 더 많다. 예를 들어, 경마에서 내가 건 말이 이길 확률이 10%라면, 보통 승산은 1:9다.

```
odds(0.1)
```

```
0.11111111111111112
```

하지만 이 경우 반대의 공산은 9:1이다.

```
odds(0.9)
```

```
9.000000000000002
```

주어진 승산을 소숫점 형태로 바꾸면, 다음과 같이 확률로 나타낼 수 있다.

```
def prob(o):
    return o / (o+1)
```

예를 들어, 공산이 3/2라면, 이에 대응하는 확률은 3/5이다.

```
prob(3/2)
```

```
0.6
```

혹은 공산을 분수로 나타내고 싶다면, 확률을 다음과 같이 바꿀 수 있다.

```
def prob2(yes, no):
    return yes / (yes + no)
```

```
prob2(3, 2)
```

```
0.6
```

확률과 공산은 동일한 정보를 다르게 표현한다. 이 중 하나가 주어진다면, 다른 형태도 구할 수 있다. 하지만 어떤 계산은 공산을 쓸 때 더 편하다. 이에 대해서는 다음 절에서 살펴보자. 로그 공산을 쓸 때 더 편한 경우도 있는데, 이는 나중에 살펴보자.

## 6.2 베이즈 규칙

베이즈 정리를 '확률 형태'로 나타내면 다음과 같다.

$$P(H|D) = \frac{P(H)P(D|H)}{P(D)}$$

승산 A를 $odds(A)$로 쓴다면, 베이즈 이론을 '공산 형태'로 나타낼 수 있다.

$$odds(A|D) = odds(A)\frac{P(D|A)}{P(D|B)}$$

이 식은 베이즈 규칙으로, 사후 공산은 사전 공산과 우도비의 곱이 된다. 베이즈 규칙은 종이나 머릿 속으로 베이지안 갱신을 구할 때 편리하다. 예를 들어, 쿠키 문제를 다시 살펴보자.

> 쿠키 그릇이 두 개 있다고 가정해보자. 첫 번째 그릇(그릇 1)에는 바닐라 쿠키 30개와 초콜릿 쿠키 10개가 들어있다. 두 번째 그릇(그릇 2)에는 바닐라 쿠키와 초콜릿 쿠키가 20개씩 들어있다.
>
> 어떤 그릇인지 확인하지 않고 임의로 그릇을 하나 골라 쿠키를 하나 집었다고 하자. 집은 쿠키가 바닐라 쿠키였다면, 이 바닐라 쿠키가 1번 그릇에서 나왔을 확률은 얼마일까?

사전확률이 50%이므로 사전 공산은 1이다. 이 때 가능도는 $(\frac{3}{4})/(\frac{1}{2})$다. 그러므로 사후 공산은 3/2고, 이는 확률 3/5에 해당한다.

```
prior_odds = 1
likelihood_ratio = (3/4) / (1/2)
post_odds = prior_odds * likelihood_ratio
post_odds
```

```
1.5
```

```
post_prob = prob(post_odds)
post_prob
```

```
0.6
```

여기서 다른 쿠키를 뽑고 이 쿠키가 초콜릿 쿠키였다면, 새로 갱신을 할 수 있다.

```
likelihood_ratio = (1/4) / (1/2)
post_odds *= likelihood_ratio
post_odds
```

```
0.75
```

그리고 이를 확률로 변경한다.

```
post_prob = prob(post_odds)
post_prob
```

```
0.42857142857142855
```

## 6.3 올리버의 혈액형

베이즈 규칙을 사용해서 맥케이의 『정보 이론, 추론, 알고리즘 학습』[1]에 있는 다른 문제를 풀어보자.

> 범죄 현장에서 두 사람의 혈흔을 발견했다. 용의자 올리버는 혈액 검사 결과 O형이 나왔다. 두 혈흔의 혈액형은 O형(지역 인구 중 60%의 빈도로 나타나는 흔한 혈액형)과 AB형(1%의 빈도로 나타나는 드문 혈액형)으로 나타났다. 이 데이터(범죄 현장의 혈흔)가 올리버가 (현장에 혈흔을 남긴) 범인 중 한 명이라는 질문에 대한 증거가 될 수 있을까?

이 질문에 대답하려면, 데이터가 가설에 부합하는(혹은 반하는) 증거를 보여줄 수 있는지 생각해야 한다. 직관적으로, 가설에 데이터를 반영했을 때 그 전보다 부합한다면 데이터가 가설에 적합하다고 할 수 있다.

쿠키 문제에서, 사전 공산은 1이고, 확률로는 50%다. 사후 공산은 3/2로, 확률로는 60%다. 따라서 바닐라 쿠키는 그릇 1에서 나왔다는 것에 대한 증거가 된다.

베이즈 규칙은 이런 직관을 보다 정확하게 만드는 법을 알려준다. 다시 규칙을 살펴보자.

$$odds(A|D) = odds(A)\frac{P(D|A)}{P(D|B)}$$

이를 $odds(A)$로 나누면 다음과 같은 식이 나온다.

---

1 옮긴이_ 원서명은 Information Theory, Inference and Learning Algorithms이다. https://oreil.ly/QUZjD

$$\frac{odds(A|D)}{odds(A)} = \frac{P(D|A)}{P(D|B)}$$

좌측 항은 사후 공산과 사전 공산의 비다. 우측 항은 가능도비로, 베이즈 요인Bayes factor이라고 한다.

베이즈 요인이 1보다 크면, 데이터는 B의 가정보다 A의 가정 하에 존재하는 게 더 가깝다는 뜻이다. 또한 데이터를 반영한 후 전보다 공산이 커졌음을 의미한다.

베이즈 요인이 1보다 작다면, 데이터가 A의 가정보다 B의 가정 하에 존재할 가능성이 높다는 뜻이다. 따라서 A의 승산은 낮아진다. 그리고 베이즈 요인이 정확히 1이라면, 데이터는 양쪽 가설 하에서 동일한 가능성을 가지므로, 공산은 변하지 않는다.

그럼 이 내용을 문제에 직접 적용해보자. 만약 올리버가 범죄 현장에 혈흔을 남긴 사람 중 한 명이라면, 올리버는 O형 샘플로 계산된다. 이 경우, 데이터의 확률은 임의의 사람이 1%인 AB형일 확률이다.

올리버가 현장에 혈흔을 남기지 않았다면 설명해야 할 샘플이 2개가 필요하다. 전체 인구에서 임의로 두 사람의 혈액형을 검사했을 때, 한 사람이 O형이고 다른 한 사람이 AB형일 확률은 얼마인가? 이 경우는 두 가지가 있을 수 있다.

- 첫 번째 사람이 O형이고 두 번째 사람이 AB형인 경우
- 첫 번째 사람이 AB형이고 두 번째 사람이 O형인 경우

각 조합에 대한 확률은 $(0.6)(0.01)$로 이 값은 0.6%이고, 총 확률은 여기에 두 배를 하여 1.2%가 된다. 따라서 올리버가 현장에 혈흔을 남긴 사람이 아닐 경우가 좀 더 가능성이 있다.

이 확률을 사용해서 가능도비를 구할 수 있다.

```
like1 = 0.01
like2 = 2 * 0.6 * 0.01

likelihood_ratio = like1 / like2
likelihood_ratio
```

```
0.8333333333333334
```

가능도비는 1보다 작으므로, 혈액형 검사는 올리버가 현장에 혈흔을 남겼다는 가설에 반하는 증거가 된다.

하지만 이는 약한 증거다. 예를 들어, 사전 공산이 1(50%의 확률)이라면, 사후 공산은 35%에 해당하는 0.83이 된다.

```
post_odds = 1 * like1 / like2
prob(post_odds)
```

```
0.45454545454545453
```

따라서 이 증거는 '판을 뒤집는' 증거는 아니다.

이 예제는 조금 억지스럽지만, 가설에 부합하는 데이터가 항상 가설에 유리한 것은 아니라는, 직관에 어긋나는 결과에 대한 예시를 보여준다.

여전히 결과가 마음에 들지 않는다면, 다음과 같이 생각하는 것이 도움이 될 지도 모른다. 데이터는 O형이라는 일반적인 사건과 AB형이라는 흔치 않은 사건으로 이루어져 있다. 만약 올리버가 일반적인 사건을 만족한다면, 특이한 사건은 계속 설명 불가능한 상태로 남을 것이다. 만약 올리버가 O형에 대한 사건을 만족하지 않는다면, 우리는 모집단에서 AB형인 사람을 고를 두 번의 기회가 더 생긴 것이다. 그리고 이 두 가지 요인이 이런 차이를 만든다.

### 문제 6-1

다른 증거를 기반으로 했을 때, 올리버의 유죄에 대한 사전 믿음이 90%라고 하자. 이 장에서 나온 혈흔 증거가 믿음을 얼마나 바꾸는가? 만약 사전 믿음이 10%였다면 어땠을까?

## 6.4 가산

이 장에서 두 번째로 다룰 것은 합이나 그 외 연산의 분포에 대한 내용이다. 우선 입력값과 여기에 연산을 취해 얻은 결괏값의 분포를 구하는 일반 연산 문제부터 살펴보도록 하자. 그리고 이어 결괏값으로부터 입력값의 분포를 구하는 역산 문제를 살펴보자.

첫 번째 예제로, 두 개의 주사위를 굴려서 이 값을 더했다고 해보자. 이 때 이 합의 분포는 어떻게 나타날 것인가? 여기서는 주사위의 가능한 결과를 생성하는 Pmf를 만드는 함수를 사용한다.

```
import numpy as np
from empiricaldist import Pmf

def make_die(sides):
    outcomes = np.arange(1, sides+1)
    die = Pmf(1/sides, outcomes)
    return die
```

육면체 주사위의 경우, 1부터 6까지의 결과가 나올 수 있고, 확률은 모두 동일하다.

```
die = make_die(6)
```

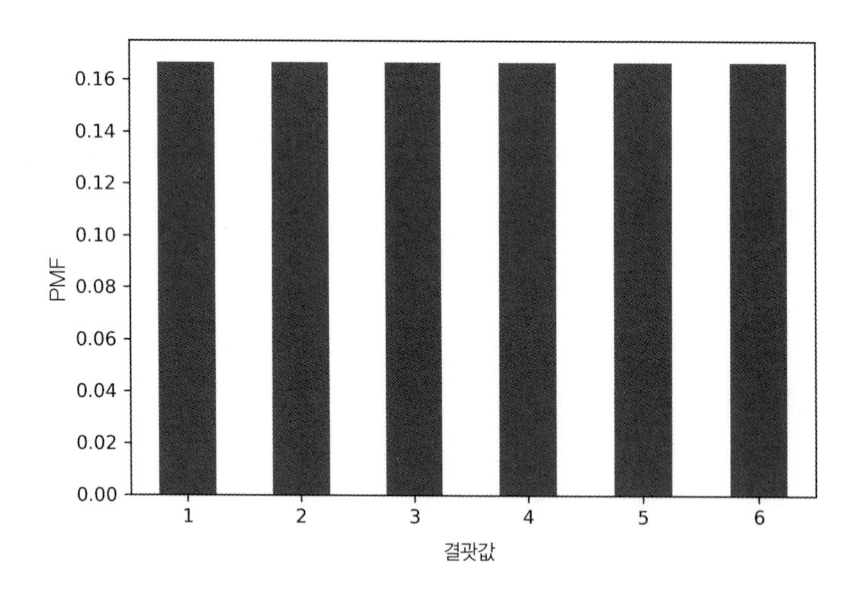


만약 주사위 두 개를 더해서 합친다면, 2부터 12까지의 11개의 결과가 가능하지만, 이 확률은 동일하지 않다. 합의 분포를 구하려면 우선 가능한 결과를 모두 나열해야 한다. 그리고 다음의 함수가 이 역할을 수행한다.

```
def add_dist(pmf1, pmf2):
    """합의 분포를 구함"""
    res = Pmf()
    for q1, p1 in pmf1.items():
        for q2, p2 in pmf2.items():
            q = q1 + q2
            p = p1 * p2
            res[q] = res(q) + p
    return res
```

변수는 분포를 나타내는 Pmf 객체다.

반복문은 Pmf 객체의 값과 확률을 하나씩 가져온다. 반복문 내에서 q는 각 값의 합을 구하고, p는 이 값의 확률을 구한다. 동일한 합의 값이 한 번 이상 나오게 되므로, 이렇게 구한 확률을 더하여 각 합의 전체확률을 구한다.

함수 내 다음 줄을 자세히 살펴보자.

```
res[q] = res(q) + p
```

오른쪽 항에는 소괄호를 썼다. 만약 q가 res에 없다면 이 경우 0을 반환한다. 왼쪽에는 대괄호를 사용해서 res안에 원소가 있다면 갱신하고, 없으면 새로 생성하도록 했다. 왼쪽에도 소괄호를 쓴다면 코드가 동작하지 않는다.

Pmf에는 동일한 기능을 하는 add_dist()가 있다. 다음과 같이 메소드처럼 호출할 수 있다.

```
twice = die.add_dist(die)
```

혹은 다음과 같이 함수처럼 사용할 수도 있다.

```
twice = Pmf.add_dist(die, die)
```

이 때 결과는 다음과 같이 나온다.

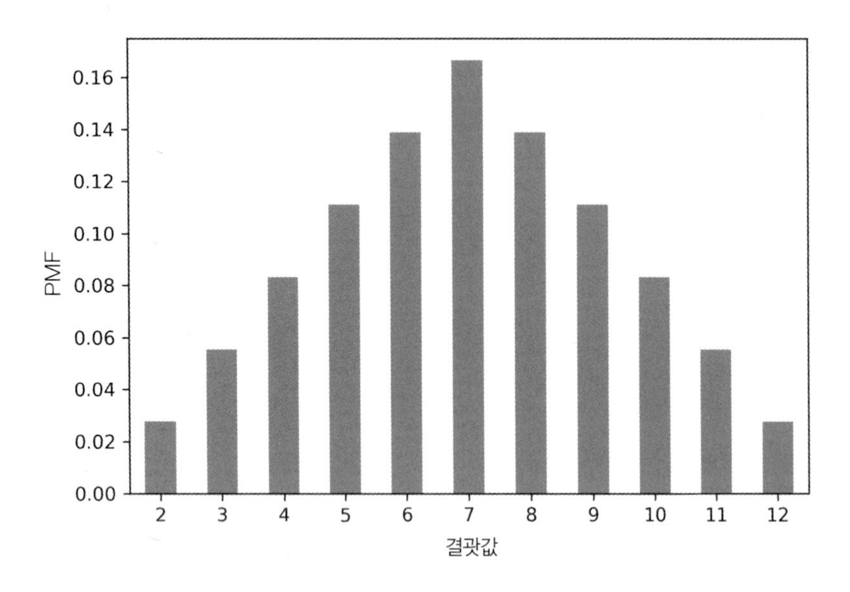


주사위를 나타내는 `Pmf` 객체의 순열을 사용한다면, 합의 분포를 다음과 같이 구할 수 있다.

```
def add_dist_seq(seq):
    ""seq에서 값의 Pmf를 가져와서 계산함구"
    total = seq[0]
    for other in seq[1:]:
        total = total.add_dist(other)
    return total
```

예를 들어, 다음과 같이 주사위 세 개의 리스트를 만들 수 있다.

```
dice = [die] * 3
```

그리고 이 합의 분포를 다음과 같이 구할 수 있다.

```
thrice = add_dist_seq(dice)
```

다음 그래프는 다음의 세 분포의 모양을 보여준다.

- 한 개의 주사위에서 1부터 6까지 나올 확률은 동일하다.
- 두 주사위 눈의 합은 2부터 12까지 삼각분포로 나타난다.
- 세 주사위 눈의 합은 3부터 18까지 종모양 분포로 나타난다.

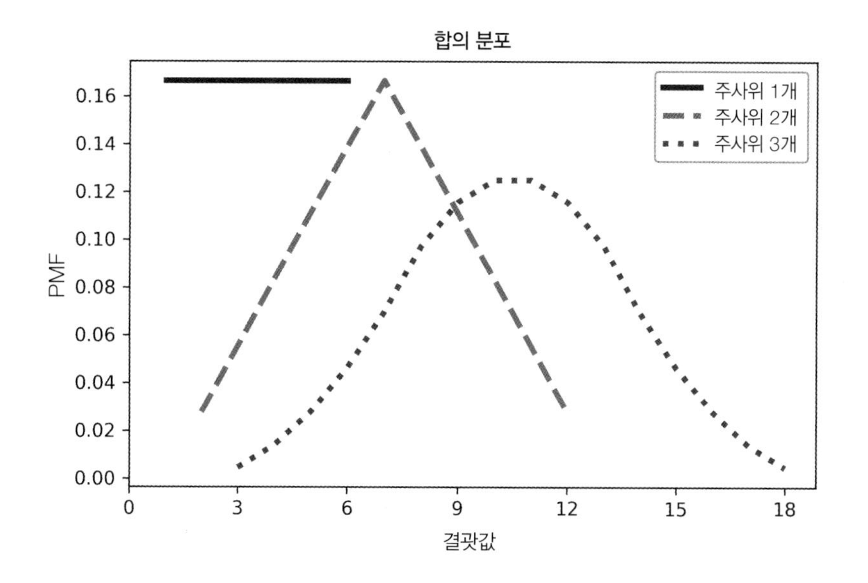


여담으로, 이 예는 특정 조건 하에서 합의 분포가 종 모양의 정규분포로 수렴한다는 중심 극한 정리Central Limit Theorem를 보여주고 있다.

## 6.5 글루텐 민감도

2015년에 사람들이 블라인드 검사로 밀가루에 글루텐이 들어있는지 아닌지를 판단할 수 있는 글루텐 민감도를 측정할 수 있다(셀리악병[2]이 아닌 경우)는 내용의 논문[3]을 읽었다.

35명의 피험자 중 12명이 글루텐이 들어있는 밀가루를 먹는 동안 특정 증상이 발현되었다고 하면서 글루텐을 정확하게 식별했다. 다른 17명은 글루텐이 없는 밀가루에서도 어떤 증상이

2 옮긴이_ 소장에서 일어나는 유전성 알레르기 질환으로, 장 내의 영양분 흡수를 저해하는 글루텐에 대한 감수성이 일어남으로써 증세가 나타난다. 식욕 저하, 복부 팽만, 발진, 빈혈 등의 증세를 일으킨다.

3 *https://oreil.ly/MHwoG*

나타났다고 하였으며, 6명은 아무런 증상도 보이지 않았다.

저자는 "이중 블라인드 글루텐 검사에서 피험자 중 1/3만이 특정 증상을 일으켰다"라고 결론을 내렸다.

이 결론이 좀 이상하다고 느꼈다. 어떤 피험자도 글루텐에 민감하지 않은 경우에도, 이 중 몇 명이 우연히 글루텐이 든 밀가루를 식별했을 수도 있다. 그래서 다음과 같은 질문이 나올 수 있다. 이 데이터를 근거로, 몇 명의 피험자가 글루텐에 예민하고 몇 명은 단순히 추측했다고 할 수 있을까?

베이즈 정리를 사용해서 이 문제에 답을 할 수 있다. 하지만 일단 몇 가지 모델링을 위해 문제를 파악해야 한다. 여기서는 다음과 같은 가정을 한다.

- 글루텐에 민감한 사람은 블라인드 검사에서 글루텐 밀가루를 정확히 식별할 확률이 95%다.
- 글루텐에 민감하지 않은 사람이 우연히 글루텐 밀가루를 식별할 확률은 40%다(밀가루를 잘못 고르거나 식별하지 못할 확률이 60%다).

앞의 숫자는 임의로 골랐지만, 결과는 이 숫자에 크게 영향을 받지 않는다.

이 문제를 해결하는 데는 다음과 같은 두 가지 단계를 거친다. 우선, 얼마나 많은 피험자가 글루텐에 민감한 지를 알고 있다고 가정하고, 데이터의 분포를 구하도록 하자. 그리고 이 데이터의 가능도를 사용해서, 민감한 피험자의 수의 사후분포를 구하도록 하자.

첫 단계는 일반 연산 문제고, 두 번째 단계는 역산 문제다.

## 6.6 일반 연산 문제

우선 35명의 피험자 중 10명이 글루텐에 민감하다고 가정하자. 즉 25명은 민감하지 않다는 말이다.

```
n = 35
num_sensitive = 10
num_insensitive = n - num_sensitive
```

민감한 피험자 각각은 글루텐 밀가루를 구분할 수 있는 확률이 95%므로, 올바른 판별 결과는 이항분포를 따른다.

4.2절의 '이항분포'에서 정의했던 make_binomial()을 사용해서, 이항분포를 나타내는 Pmf를 생성한다.

```
from utils import make_binomial

dist_sensitive = make_binomial(num_sensitive, 0.95)
dist_insensitive = make_binomial(num_insensitive, 0.40)
```

이 결과는 각 그룹에서 정확하게 글루텐을 분류한 횟수의 분포다.

이제 여기에 add_dist()를 사용해서 분류한 수의 총 합의 분포를 구하자.

```
dist_total = Pmf.add_dist(dist_sensitive, dist_insensitive)
```

결과는 다음과 같다.

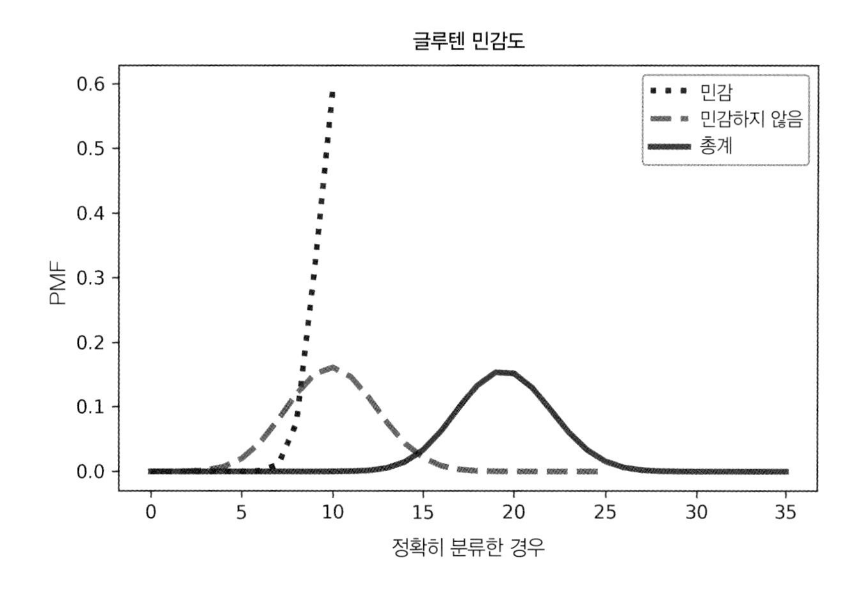

대부분의 민감한 피험자는 글루텐이 든 밀가루를 정확하게 분류했을 것이라고 예상했다. 25명의 민감하지 않은 피험자 중에서는 10명 정도가 우연히 글루텐 밀가루를 제대로 분류했다고 예상했다. 그래서 대략 20명이 글루텐을 제대로 분류했다고 생각했다.

주어진 민감한 피험자의 수를 사용해서, 데이터의 분포를 구할 수 있다. 이는 일반 연산 문제의 답을 구하는 법이다.

## 6.7 역산 문제

그럼 이제 역산 문제를 풀어보자. 주어진 데이터를 가지고 민감한 피험자의 수에 대한 사후분포를 구해보자.

방법은 다음과 같다. num_sensitive의 가능한 값에 대해 반복문을 통해 데이터의 분포를 구해보자.

```
import pandas as pd

table = pd.DataFrame()
for num_sensitive in range(0, n+1):
    num_insensitive = n - num_sensitive
    dist_sensitive = make_binomial(num_sensitive, 0.95)
    dist_insensitive = make_binomial(num_insensitive, 0.4)
    dist_total = Pmf.add_dist(dist_sensitive, dist_insensitive)
    table[num_sensitive] = dist_total
```

반복문에서는 num_sensitive의 가능한 값을 나열한다. 각 값에 대해 정확한 분류의 총 횟수의 분포를 구하고, 이 결괏값을 판다스 데이터프레임의 행으로 저장한다.

다음 그래프는 데이터프레임에 각각 저장된, 서로 다른 num_sensitive의 값에 따른 결괏값을 보여준다.

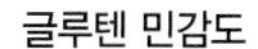


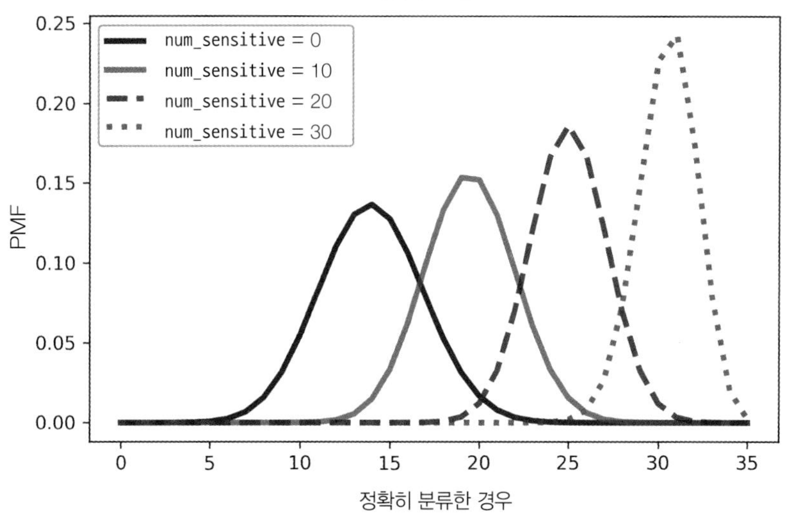


이제 이 테이블을 사용해서 데이터의 가능도를 구하자.

```
likelihood1 = table.loc[12]
```

loc는 데이터프레임의 한 열을 가져온다. 12번 인덱스의 열은 각 num_sensitive의 가설 값에 대한 12개가 제대로 분류된 경우의 확률값이 들어있다. 그리고 이것이 우리가 베이지안 갱신에서 정확히 필요한 가능도다. 여기서는 num_sensitive의 모든 값이 동일하게 발생 가능하다는 균등사전분포를 사용한다.

```
hypos = np.arange(n+1)
prior = Pmf(1, hypos)
```

그리고 갱신 결과는 다음과 같다.

```
posterior1 = prior * likelihood1
posterior1.normalize()
```

비교를 위해, 다른 가능한 결괏값인, 20개가 제대로 분류된 경우의 사후분포도 같이 구해보도록 하자.

```
likelihood2 = table.loc[20]
posterior2 = prior * likelihood2
posterior2.normalize()
```

다음은 실제 데이터를 기반으로 12개, 20개의 정확한 분류에 대한 num_sensitive의 사후분포를 나타낸 그래프이다.

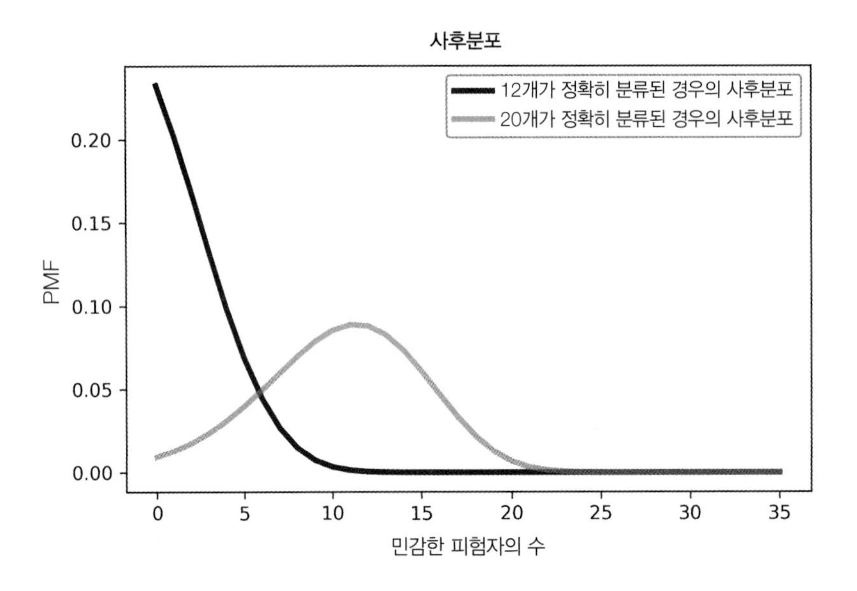


12개가 정확히 분류된 경우, 어떤 피험자도 글루텐에 민감하지 않다는 가장 가능성 있는 결론이 도출된다. 만약 20개가 정확히 분류되었다면, 가장 가능성 있는 결론은 11명~12명의 피험자가 민감한 것이다.

```
posterior1.max_prob()
```

```
0
```

```
posterior2.max_prob()
```

```
11
```

## 6.8 요약

이 장에서는 장 제목으로 동시에 다룬 것을 제외하면 거의 관련이 없는 두 가지 주제를 제시했다. 앞부분에서는 베이즈 규칙, 증거, 가능도비나 베이즈 요인을 사용해서 증거의 힘을 측정하는 법에 대해 다루었다.

이어서 합의 분포를 구하는 `add_dist()`를 다루었다. 이 함수를 사용해서 일반 연산과 역산 문제를 풀 수 있었다. 시스템에서 어떤 매개변수가 주어졌을 때, 데이터의 분포를 구한다거나, 데이터가 주어졌을 때, 매개변수의 분포를 구할 수 있다.

다음 장에서는 최댓값과 최솟값의 분포를 구하고, 이를 사용해서 더 많은 베이지안 문제를 풀겠다. 하지만 일단 그 전에 연습 문제부터 풀도록 하자.

## 6.9 연습 문제

### 문제 6-2

베이즈 규칙을 사용해서 3장의 엘비스 문제를 풀어보자.

> 엘비스 프레슬리에게 쌍둥이 형제가 있었다(태어날 때 사망). 엘비스 프레슬리가 일란성 쌍둥이일 가능성은 얼마인가?

1935년, 쌍둥이의 2/3 가량이 이란성이고 1/3이 일란성이었다. 이 문제에서 사전확률을 갱신할 때 사용할 수 있는 두 가지 정보가 있다.

- 첫째, 엘비스의 쌍둥이 역시 남자였고 이는 2의 가능도비로 일란성일 확률이 높다.
- 또한 엘비스의 쌍둥이는 태어날 때 사망했으며, 이는 1.25의 가능비로 일란성일 확률이 높다.

이 숫자가 어디서 나왔는지 궁금하다면 내가 쓴 블로그 포스트[4]를 참고하자.

---

4 *https://oreil.ly/SPbMo*

## 문제 6-3

다음은 글래스도어[5]에 게시된 페이스북 인터뷰 질문[6]이다.

> 시애틀에 가는 비행기를 타려고 한다고 하자. 그런데 우산을 가지고 가야 하는지 궁금해졌다. 시애틀에 사는 친구 중 임의의 3명에게 전화를 해서, 각각의 친구에게 거기에 비가 오는지를 물었다. 각 친구는 2/3의 확률로 진실을 말하고 1/3의 확률로 거짓말을 해서 당신을 골탕먹일 것이다. 이때 3명의 친구 모두 지금 비가 온다고 대답했다. 그러면 지금 실제로 시애틀에 비가 올 확률은 얼마일까?

베이즈 규칙을 사용해서 이 문제를 풀어보자. 사전확률로, 시애틀에 매시간 10%의 확률로 비가 온다고 가정하자. 이 문제는 베이지안과 확률주의자의 확률 해석의 차이에 따라 다소 혼란스러울 수 있다. 이런 차이가 궁금하다면, 내가 쓴 블로그 글[7]을 참고하자.

## 문제 6-4

CDC[8]에 의하면, 흡연자는 비흡연자에 비해 폐암에 걸릴 가능성이 25배 더 높다.[9]

또한 CDC에 의하면, 14%의 미국 성인은 흡연자다.[10] 만약 누군가 폐암에 걸렸다는 이야기를 들었을 때, 이 사람이 흡연자일 가능성은 얼마인가?

## 문제 6-5

〈던전 앤 드래곤[11]〉에서, 고블린이 버틸 수 있는 충격의 크기는 육면체 주사위 두 개를 던진 결과의 합만큼이다. 당신이 단검으로 가할 수 있는 충격의 크기는 육면체 주사위 하나를 던진 값

---

5 옮긴이_ 해당 회사 직원의 익명 후기 기반 회사 평가 사이트

6 *https://oreil.ly/M1c1I*

7 *https://oreil.ly/uLxa8*

8 옮긴이_ 미국 질병통제예방센터

9 *https://oreil.ly/NOL9X*

10 *https://oreil.ly/t1RlL*

11 옮긴이_ 1974년 TSR에서 처음 출판된 테이블 롤플레잉 게임(TRPG)으로, 많은 소설과 게임에서 이 게임의 설정 및 규칙을 차용했고, 지금까지 꾸준히 확장 및 갱신 개발되고 있고, 관련 컨텐츠도 다양하여 현재까지 많은 팬이 있다.

으로 결정된다. 만약 당신이 가한 총 충격의 크기가 더 크다면 고블린이 패하고, 동일하다면 버틴다.

만약 현재 고블린과 싸우는 중이고 이미 3점의 충격을 가한 상태다. 다음 공격으로 고블린을 무찌를 확률은 얼마인가?

**HINT** `Pmf.add_dist()`를 사용해서 3과 같은 일정한 수를 `Pmf`에 더할 수 있고, `Pmf.sub_dist()`를 사용해서 남은 점수의 분포를 구할 수 있다.

## 문제 6-6

육면체, 팔면체, 십이면체 주사위가 든 상자가 있다고 해보자. 이 중 임의로 주사위 하나를 꺼내서 두 번 던진 후, 결괏값을 곱했더니, 12가 나왔다. 이 때 내가 팔면체 주사위를 골랐을 확률은 얼마인가?

**HINT** `Pmf`에는 두 `Pmf` 객체를 곱한 후 곱의 분포에 대한 `Pmf`를 반환하는 `mul_dist()`라는 함수가 있다.

## 문제 6-7

〈언덕 위 집의 배신Betrayal at House on the Hill〉은 각기 다른 특성을 가진 캐릭터들이 귀신들린 집을 탐험하는 전략 보드 게임이다. 각 캐릭터의 특성에 따라 캐릭터는 다른 수의 주사위를 던진다. 예를 들어, 만약 지식이 필요한 임무를 수행하려면, 롱펠로우 교수Professor Longfellow는 주사위 5개를 던지고, 마담 조스트라Madame Zostra는 4개, 옥스 벨로스Ox Bellows는 3개를 던진다. 각 주사위는 0, 1, 2가 동일한 확률로 나온다.

만약 임의로 고른 캐릭터가 3번의 지식 임무를 수행하는데, 처음에는 총 3이 나왔고, 다음에는 4, 세 번째 임무에서는 5가 나왔다면, 이 캐릭터는 누구일까?

### 문제 6-8

미국 의회에는 538명이 속해있다. 우리가 이 사람들의 투자 포트폴리오를 감사하게 되었는데, 이 중 312명이 시장 평균 이상의 수익을 거뒀다. 이 때 의회에서 정직한 사람은 시장 평균 이상 수익이 날 확률이 50%고, 내부 정보를 활용해서 거래하는 정직하지 않은 사람은 90%의 확률로 평균 이상 수익을 낸다고 가정하자. 이 때 의회에서 정직한 사람은 몇 명인가?

CHAPTER 7

# 최솟값, 최댓값 그리고 혼합분포

앞 장에서 합의 분포를 구했었다. 이 장에서는 최솟값과 최댓값의 분포를 구하고, 이를 사용해서 일반 연산 및 역산 문제를 풀어본다. 그리고 다른 분포의 혼합분포를 살펴보겠다. 혼합분포는 예측값을 구하는 데 일부분 유용하다는 것을 알게 된다. 일단 분포를 다루는 강력한 도구인 누적분포함수부터 살펴보자.

## 7.1 누적분포함수

앞서 분포를 나타내는 데 확률질량함수를 사용했다. 대신 사용할 수 있는 유용한 도구로 누적분포함수cumulative distribution function (CDF)가 있다.

한 가지 예로, 4.3절의 '베이지안 추정'에서 다루었던 유로 문제의 사후확률분포를 살펴보자.

우선 균등사전분포에서 시작하자.

```
import numpy as np
from empiricaldist import Pmf

hypos = np.linspace(0, 1, 101)
pmf = Pmf(1, hypos)
data = 140, 250
```

갱신된 내용은 다음과 같다.

```
from scipy.stats import binom

def update_binomial(pmf, data):
    """이항분포를 사용한 pmf 갱신"""
    k, n = data
    xs = pmf.qs
    likelihood = binom.pmf(k, n, xs)
    pmf *= likelihood
    pmf.normalize()
```

```
update_binomial(pmf, data)
```

CDF는 PMF의 누적합이므로, 다음과 같이 계산할 수 있다.

```
cumulative = pmf.cumsum()
```

결과는 PMF와 비교하면 다음 그림과 같이 나타난다.

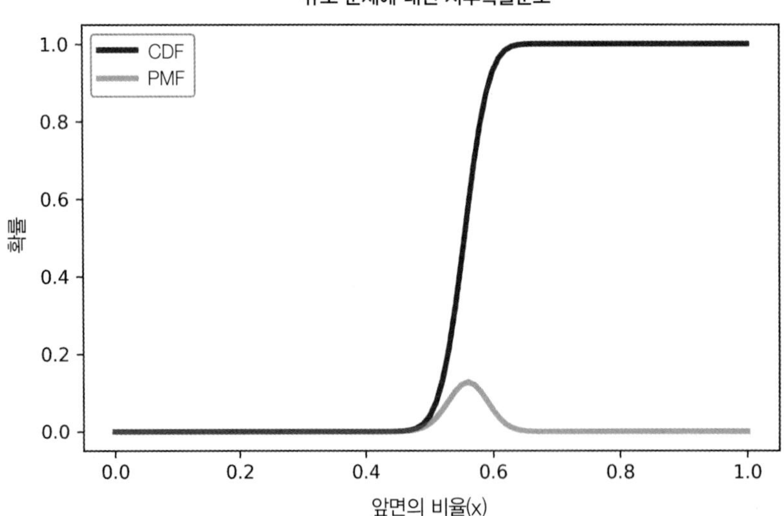

최댓값이 무한정이었던 PMF와 달리 CDF의 범위는 항상 0부터 1까지다.

cumsum()의 결과는 판다스 시리즈 형태이므로, 특정 원소를 선택하려면 대괄호를 사용해야 한다.

```
cumulative[0.61]
```

```
0.9638303193984253
```

결과는 0.96으로, 이는 0.61과 같거나 이보다 작은 값에 대한 총 확률이 96%라는 뜻이다.

다른 방식으로 살펴보자. 확률과 이에 대응하는 값을 연결시켜 찾아보는 방식으로 보기 위해, 보간법interpolation을 이용하자.

```
from scipy.interpolate import interp1d

ps = cumulative.values
qs = cumulative.index

interp = interp1d(ps, qs)
interp(0.96)
```

```
array(0.60890171)
```

결과는 약 0.61이므로, 이 분포의 96분위에 해당하는 값이 0.61임을 알 수 있다.

empiricaldist에서는 누적분포함수를 나타내는 클래스인 Cdf를 사용할 수 있다. Pmf를 가지고 다음과 같이 Cdf를 구할 수 있다.

```
cdf = pmf.make_cdf()
```

make_cdf()는 np.cumsum()을 사용해서 확률의 누적합을 구한다.

그래서 Cdf에서도 원소를 선택할 때 대괄호를 사용한다.

```
cdf[0.61]
```

```
0.9638303193984253
```

하지만 만약 이 분포에 들어있지 않은 수를 대괄호 안에 쓴다면, KeyError가 나온다.

이런 경우를 피하고 싶다면, Cdf()를 함수로 호출하여, 소괄호를 사용한다. 만약 이 때 인수가 Cdf 안에 들어있지 않다면, 보간법으로 해당하는 값의 범위를 찾아서 출력한다.

```
cdf(0.615)
```

```
array(0.96383032)
```

다른 방법으로, quantile()을 사용해서 누적 확률에 대응하는 값을 찾는 방법이 있다.

```
cdf.quantile(0.9638303)
```

```
array(0.61)
```

Cdf에는 주어진 확률에 대한 신뢰구간을 구하는 credible_interval()도 있다.

```
cdf.credible_interval(0.9)
```

```
array([0.51, 0.61])
```

CDF와 PMF는 분포에 대한 동일한 정보를 가지고 있다는 면에서는 동질적이고, 한 쪽에서 다른 한 쪽으로 변환하는 것이 가능하다. Cdf가 있다면 다음과 같이 동일한 분포에 대한 Pmf를 만들 수 있다.

```
pmf = cdf.make_pmf()
```

make_pmf()는 np.diff()를 사용해서 연속적인 누적 확률의 차잇값을 구한다.

Cdf 객체가 유용한 한 가지 이유는 이 객체에서 백분위를 효율적으로 구할 수 있기 때문이다. 또 다른 이유는 이 객체에서는 분포의 최댓값이나 최솟값을 쉽게 구할 수 있기 때문인데, 여기에 대해서는 다음 절에서 좀 더 자세히 살펴보겠다.

## 7.2 넷 중 높은 값

〈던전 앤 드래곤〉에서 각 캐릭터는 근력, 지능, 지혜, 민첩성, 내구력, 매력의 6가지 능력치를 가진다.

새로운 캐릭터를 만들 때는, 플레이어는 각 능력치에 대해 육면체 주사위 4개를 굴린 후 이 중 세 개의 높은 값을 더한다. 예를 들어, 내가 근력치를 얻고자 주사위를 4개를 굴려서 1, 2, 3, 4가 나왔다면, 내 캐릭터의 근력은 제일 낮은 값 1을 제외한 2, 3, 4의 합인 9다.

연습삼아 이 능력치의 분포를 구해보자. 그리고 각 캐릭터에 대해, 그 들의 가장 높은 능력치에 대한 분포도 구해보자.

앞 장에서 두 개의 함수를 불러오자. 주사위를 굴린 결과에 대한 Pmf를 만드는 make_die()와, Pmf의 수열을 가지고 이 합의 분포를 구하는 add_dist_seq()다.

다음은 육면체 주사위를 나타내는 Pmf와 이 객체 세 개를 사용한 수열이다.

```
from utils import make_die

die = make_die(6)
dice = [die] * 3
```

다음은 세 주사위의 결괏값의 합의 분포다.

```
from utils import add_dist_seq

pmf_3d6 = add_dist_seq(dice)
```

형태는 다음과 같다.

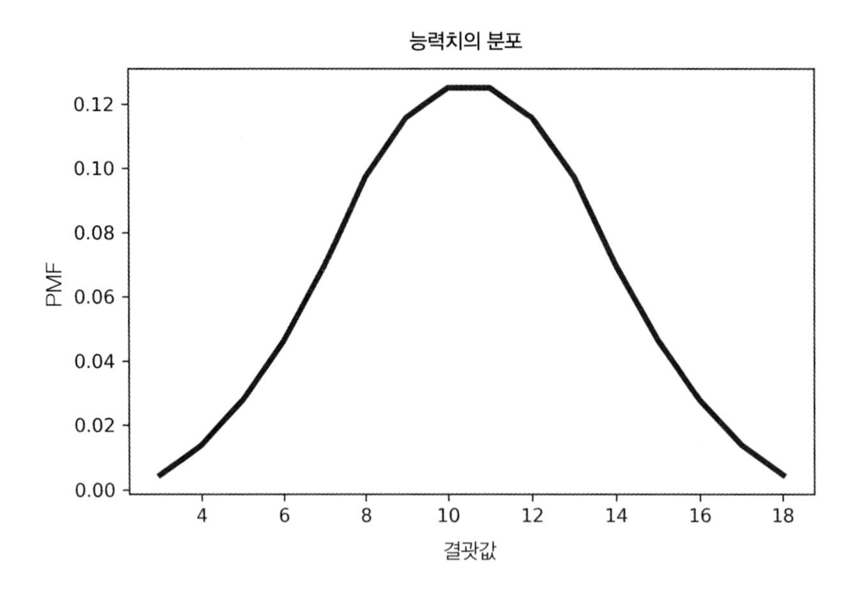


만약 주사위 4개를 굴려서 이 중 높은 값 세 개를 더한다면, 이 합의 분포를 구하는 것은 좀 더 까다롭다. 나는 10,000개의 주사위에 대해 시뮬레이션 한 후 분포를 추정한다.

우선 1부터 6까지 중 임의로 고른 값에 대해 10,000개의 행과 4개의 열을 가진 배열을 만들자.

```
n = 10000
a = np.random.randint(1, 7, size=(n, 4))
```

각 행에서 세 개의 높은 값을 찾기 위해, axis=1로 설정해서 새로 정렬하자. 이렇게 하면 각 행에서 낮은 값부터 큰 값으로 값이 정렬된다.

```
a.sort(axis=1)
```

다음으로, 끝의 세 열을 선택하고 이 값을 더한다.

```
t = a[:, 1:].sum(axis=1)
```

이제 t는 단일 열에 10,000개의 행을 가진 배열이 되었다. 이제 다음과 같이 t에 있는 값의 PMF를 구할 수 있다.

```
pmf_best3 = Pmf.from_seq(t)
```

다음 그래프는 세 개의 주사위에 대한 분포 pmf_3d6과 네 개의 주사위 값 중 높은 것 세 개를 뽑았을 때의 분포 pmf_best3을 나타냈다.

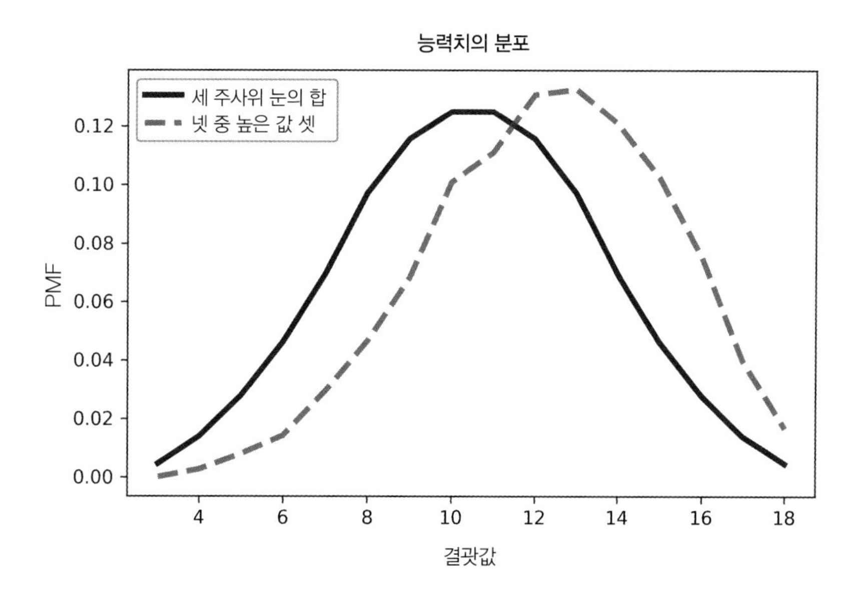


예상했겠지만, 넷 중 높은 값 셋을 고르는 것이 좀 더 높은 값을 내는 경향이 있다.

다음으로는 네 주사위 값 중 세 개를 더해서 만든 각 여섯 개의 능력치 중 최댓값의 분포를 찾아보자.

## 7.3 최댓값

최댓값이나 최솟값의 분포를 구하기 위해서는 누적분포함수를 잘 사용해야 한다. 우선, 넷 중 높은 값 셋의 Cdf를 구해보자.

```
cdf_best3 = pmf_best3.make_cdf()
```

Cdf(x)는 x보다 같거나 작은 값에 대한 확률의 합임을 기억하자. 즉, 이 분포에서 임의로 고른 값이 x보다 같거나 작을 확률이다.

이 분포에서 6개의 값을 골랐다고 가정해보자. 모든 6개의 값이 x보다 같거나 작을 확률은 Cdf(x)를 6제곱한 값으로, 다음과 같이 구할 수 있다.

```
cdf_best3**6
```

만약 6개의 값이 모두 x보다 작거나 같았다면, 이 때의 최댓값 역시 x보다 작거나 같다. 따라서 결과는 최댓값에 대한 CDF다. 우리는 이 결과를 Cdf 객체를 사용해서 다음과 같이 바꿀 수 있다.

```
from empiricaldist import Cdf

cdf_max6 = Cdf(cdf_best3**6)
```

다음 그래프는 앞서 구한 세 개의 분포에 대한 CDF를 나타낸다.

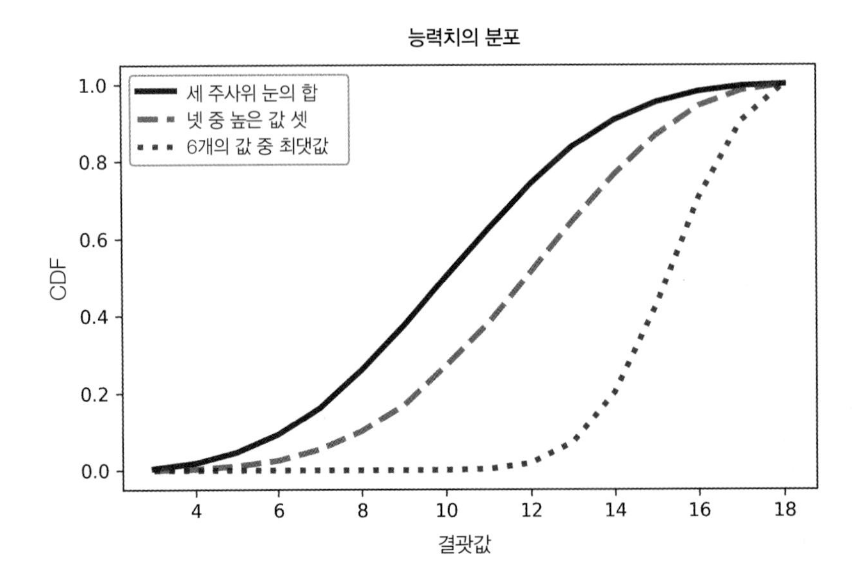

Cdf에는 동일한 계산을 할 수 있는 max_dist()가 있으므로, 최댓값의 Cdf도 다음과 같이 구할 수 있다.

```
cdf_max_dist6 = cdf_best3.max_dist(6)
```

다음 절에서는 최솟값의 분포에 대해 알아보자. 과정은 비슷하지만 조금 더 까다롭다. 다음으로 진행하기 전에 이를 구할 수 있을지 한 번 생각해보자.

## 7.4 최솟값

앞절에서 캐릭터의 최고 능력치의 분포를 구해보았다. 이제 최저 능력치 분포를 알아볼 차례다.

최솟값의 분포를 구하려면, 다음과 같이 구하는 상호보완 CDF를 사용한다.

```
prob_gt = 1 - cdf_best3
```

변수 이름에서 보다시피, 상호보완 CDF는 x보다 큰[1] 분포 상의 값에 대한 확률이다. 모든 6개의 값이 x를 초과할 확률은 다음과 같다.

```
prob_gt6 = prob_gt**6
```

만약 6개 속성값 모두가 x를 초과한다면, 최솟값 역시 x를 초과하므로, prob_gt6은 최솟값의 상호보완 CDF가 된다. 즉 다음과 같이 최솟값의 CDF를 구할 수 있다.

```
prob_le6 = 1 - prob_gt6
```

결과는 6개 속성의 최솟값에 대한 CDF를 나타내는 판다스 시리즈 형태가 된다. 이 값을 다음과 같이 Cdf 객체에 넣는다.

1 옮긴이_ greater than의 g와 t를 따옴

```
cdf_min6 = Cdf(prob_le6)
```

다음은 이 분포의 형태를 최댓값의 분포와 같이 나타낸다.

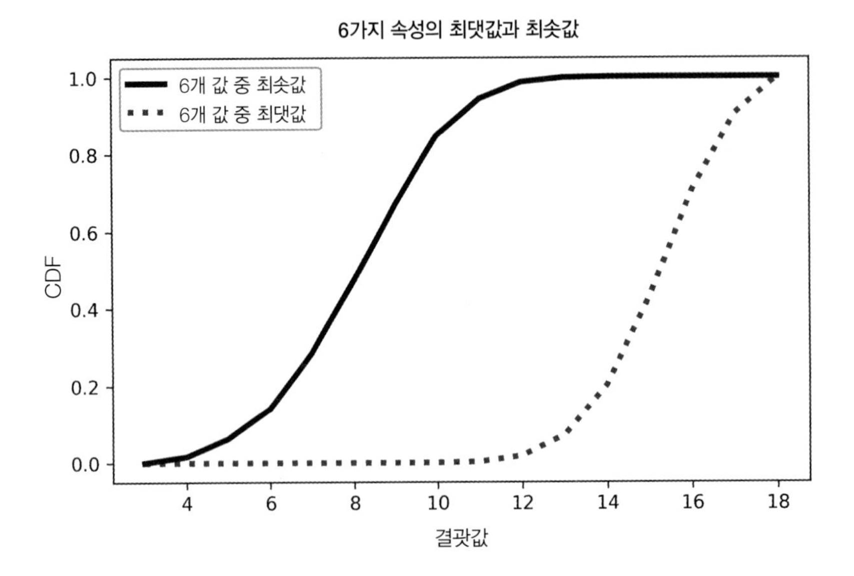


`Cdf`에는 동일한 기능을 하는 `min_dist()`가 있어서, 다음과 같이 최솟값의 `Cdf`를 구할 수도 있다.

```
cdf_min_dist6 = cdf_best3.min_dist(6)
```

그리고 이 두 값의 결과의 차이가 거의 없다는 것도 확인할 수 있다.

```
np.allclose(cdf_min_dist6, cdf_min6)
```

```
True
```

이 장의 끝의 연습 문제에서, 베이지안 추론에 최댓값과 최솟값의 분포를 사용하게 된다. 하지만 우선 혼합분포에서 무슨 일이 일어나는지 살펴보자.

## 7.5 혼합

이 장에서는 다른 분포를 혼합한 분포를 구해보자. 이게 무엇인지는 몇 가지 간단한 예를 살펴보면서 설명하겠다. 이를 보다 쓸모있게 사용하기 위해, 이 혼합을 예측에 어떤 식으로 사용하는 지를 살펴보자. 다음은 〈던전 앤 드래곤〉 에서 가져온 또 다른 예제다.

- 당신의 캐릭터가 한 손에는 단도로, 다른 손에는 단검으로 무장했다고 가정하자.
- 각 단계에서, 가지고 있는 두 개의 무기 중 임의로 하나를 골라 괴물을 공격한다.
- 단도는 사면체 주사위를 한 번 굴려서 나온 결과만큼의 피해를 주고, 단검은 육면체 주사위를 한 번 굴린 결과만큼의 피해를 준다.

이 때 각 단계에서 주게 되는 피해의 분포는 어떻게 될까?

이 질문에 답하기 위해, 사면체 주사위와 육면체 주사위를 나타내는 `Pmf`를 만들어보자.

```
d4 = make_die(4)
d6 = make_die(6)
```

그럼 이제 1점의 피해를 줄 확률을 구해보자.

- 단도로 공격한 경우의 확률은 1/4이다.
- 단검으로 공격한 경우는 1/6이다.

각 무기를 고를 확률은 1/2이므로, 총 확률은 둘의 평균이다.

```
prob_1 = (d4(1) + d6(1)) / 2
prob_1
```

```
0.20833333333333331
```

2, 3, 4가 나올 확률 역시 이와 동일하지만, 5와 6의 경우는 다르다. 이 두 값은 사면체 주사위에서는 나올 수 없기 때문이다.

```
prob_6 = (d4(6) + d6(6)) / 2
prob_6
```

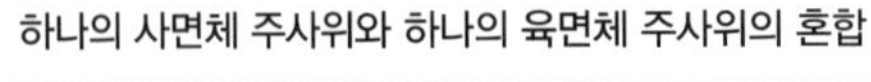

```
0.08333333333333333
```

이 혼합분포를 구하려면, 가능한 결괏값에 대해 반복적으로 계산해서 확률을 구하면 된다. 하지만 여기서는 동일한 연산을 + 연산자를 사용한다.

```
mix1 = (d4 + d6) / 2
```

이 분포의 혼합은 다음과 같다.

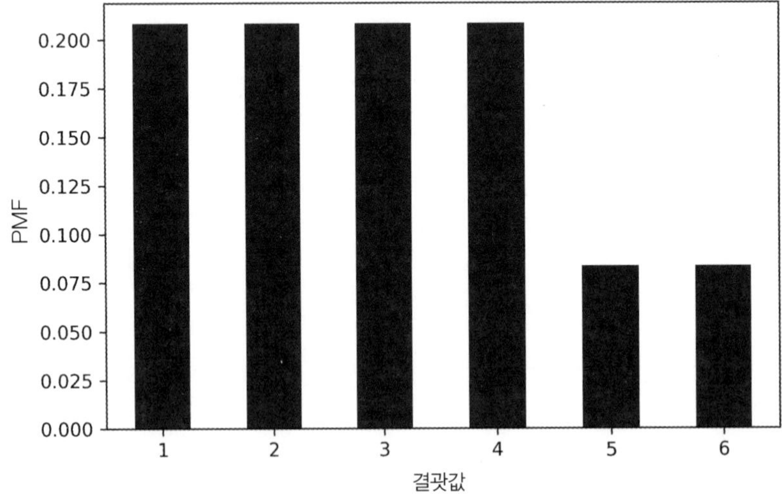


이제 세 마리의 괴물과 전투를 한다고 하자.

- 한 마리는 곤봉을 들고 있고, 이는 사면체 주사위 하나의 결과에 따른 피해를 준다.
- 한 마리는 철퇴를 들고 있고, 이는 육면체 주사위 하나의 결과에 따른 피해를 준다.
- 나머지 한 마리는 육척봉을 들고 있고, 이 경우도 육면체 주사위 하나의 결과에 따른 피해를 준다.

이 소굴은 체계화되어 있지 않아, 매 회 이 몬스터 중 하나에게 공격당하게 된다. 이 몬스터들이 주는 피해의 분포를 찾기 위해 다음과 같이 이 분포에 대해 가중 평균을 구해보자.

```
mix2 = (d4 + 2*d6) / 3
```

이 분포는 하나의 사면체 주사위와 두 개의 육면체 주사위의 혼합분포를 나타낸다. 이 분포의 모양은 다음과 같다.

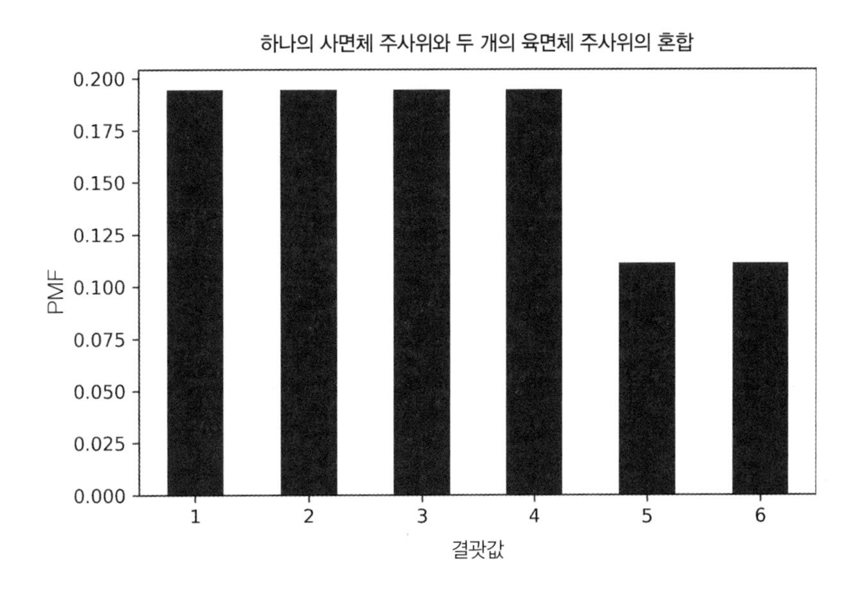


여기서는 분포의 확률을 더하는 + 연산자를 사용했는데, 이와 분포의 합에 대한 분포를 구하는 `Pmf.add_dist()`와 헷갈리지 않도록 하자. 이 차이에 대해서 살펴보기 위해, `Pmf.add_dist()`를 사용해서 회차별 총 피해의 분포를 구해보도록 하겠다. 이는 두 혼합값의 합이다.

```
total_damage = Pmf.add_dist(mix1, mix2)
```

이 형태는 다음과 같다.

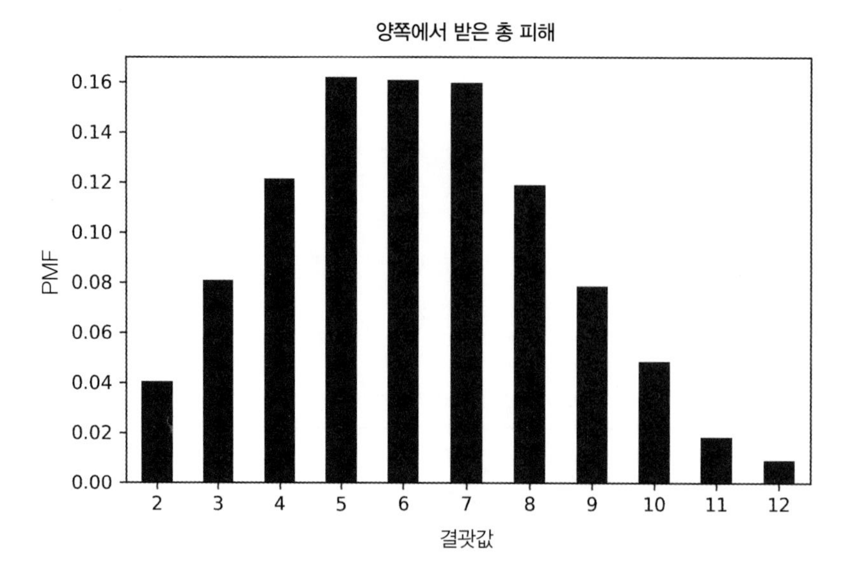


## 7.6 일반적인 혼합

앞 절에서는 임시방편으로 혼합분포를 살펴봤다. 이제는 보다 일반적인 방식을 살펴볼 것이다. 그리고 이후 절에서는 여기서 구한 방식으로 롤플레잉 게임뿐만 아니라 현실 문제의 예측값도 구할 것이다. 하지만 일단 앞서 했던 예제를 이번 절에서도 사용할테니 다른 문제는 조금만 더 기다려주길 바란다.

세 마리의 괴물이 추가로 전투에 참여했다. 각 괴물은 팔면체 주사위를 한 번 굴린 결과만큼의 피해를 주는 전투용 도끼를 가지고 있다. 여전히 회당 임의로 선택된 한 마리의 괴물만 공격하므로, 이 때 몬스터에 의한 피해는 다음의 혼합이다.

- 하나의 사면체 주사위
- 두 개의 육면체 주사위
- 세 개의 팔면체 주사위

임의로 선택된 괴물을 나타내기 위해 `Pmf`를 사용하자.

```
hypos = [4,6,8]
counts = [1,2,3]
pmf_dice = Pmf(counts, hypos)
pmf_dice.normalize()
pmf_dice
```

| | probs |
|---|---|
| 4 | 0.166667 |
| 6 | 0.333333 |
| 8 | 0.500000 |

이 분포는 주사위 종류와 각 주사위를 굴릴 확률을 나타낸다. 예를 들어, 여섯 괴물 중 한 마리가 단도를 들고 있으므로, 사면체 주사위를 굴릴 확률은 1/6이다.

다음으로 주사위를 나타내는 Pmf 객체의 수열을 만들어보자.

```
dice = [make_die(sides) for sides in hypos]
```

혼합분포를 구하기 위해, pmf_dice의 확률값을 가중치로 해서 주사위의 가중 평균을 구해보도록 하자.

이 계산을 보다 간결하게 나타내려면, 분포를 판다스 데이터프레임에 넣는 게 편하다.

```
import pandas as pd

pd.DataFrame(dice)
```

| 1 | 2 | 3 | 4 | 5 | 6 | 7 | 8 |
|---|---|---|---|---|---|---|---|
| 0.250000 | 0.250000 | 0.250000 | 0.250000 | NaN | NaN | NaN | NaN |
| 0.166667 | 0.166667 | 0.166667 | 0.166667 | 0.166667 | 0.166667 | NaN | NaN |
| 0.125000 | 0.125000 | 0.125000 | 0.125000 | 0.125000 | 0.125000 | 0.125000 | 0.125000 |

결과는 각 분포당 한 행이 들어가고 하나의 가능한 결괏값이 한 열에 들어가는 형태의 데이터

프레임으로 나타낸다. 모든 열의 길이가 같지 않으므로, 이 경우 판다스는 빈 공간을 '숫자가 아니다'를 나타내는 특수값인 NaN으로 채운다. 이 때 fillna()를 사용해서 NaN을 0으로 바꿀 수 있다.

```
pd.DataFrame(dice).fillna(0)
```

| 1 | 2 | 3 | 4 | 5 | 6 | 7 | 8 |
|---|---|---|---|---|---|---|---|
| 0.250000 | 0.250000 | 0.250000 | 0.250000 | 0.000000 | 0.000000 | 0.000 | 0.000 |
| 0.166667 | 0.166667 | 0.166667 | 0.166667 | 0.166667 | 0.166667 | 0.000 | 0.000 |
| 0.125000 | 0.125000 | 0.125000 | 0.125000 | 0.125000 | 0.125000 | 0.125 | 0.125 |

다음 단계는 각 행을 pmf_dice에 있는 확률과 곱하는 것이다. 행렬을 전치하면 분포가 행 대신 열로 바뀌므로 편하다.

```
df = pd.DataFrame(dice).fillna(0).transpose()
```

이제 확률과 pmf_dice를 곱해보도록 하자.

```
df *= pmf_dice.ps
```

```
df
```

| | | | |
|---|---|---|---|
| 1 | 0.041667 | 0.055556 | 0.0625 |
| 2 | 0.041667 | 0.055556 | 0.0625 |
| 3 | 0.041667 | 0.055556 | 0.0625 |
| 4 | 0.041667 | 0.055556 | 0.0625 |
| 5 | 0.000000 | 0.055556 | 0.0625 |
| 6 | 0.000000 | 0.055556 | 0.0625 |
| 7 | 0.000000 | 0.000000 | 0.0625 |
| 8 | 0.000000 | 0.000000 | 0.0625 |

그리고 가중 분포를 더하자.

```
df.sum(axis=1)
```

`axis=1`이라는 인수는 행을 기준으로 더한다. 결괏값은 판다스 시리즈 형태로 나온다.

다음은 이 과정을 하나로 모은 가중 혼합분포를 만드는 함수다.

```
def make_mixture(pmf, pmf_seq):
    """혼합분포를 만든다"""
    df = pd.DataFrame(pmf_seq).fillna(0).transpose()
    df *= np.array(pmf)
    total = df.sum(axis=1)
    return Pmf(total)
```

이 함수의 처음 인자는 각 가설 별 확률을 나타낸 `Pmf`다. 두 번째 인자는 각각의 가설에 대한 `Pmf` 객체의 수열이다. 이 함수는 다음과 같이 호출한다.

```
mix = make_mixture(pmf_dice, dice)
```

그리고 이는 다음과 같은 형태로 나타난다.

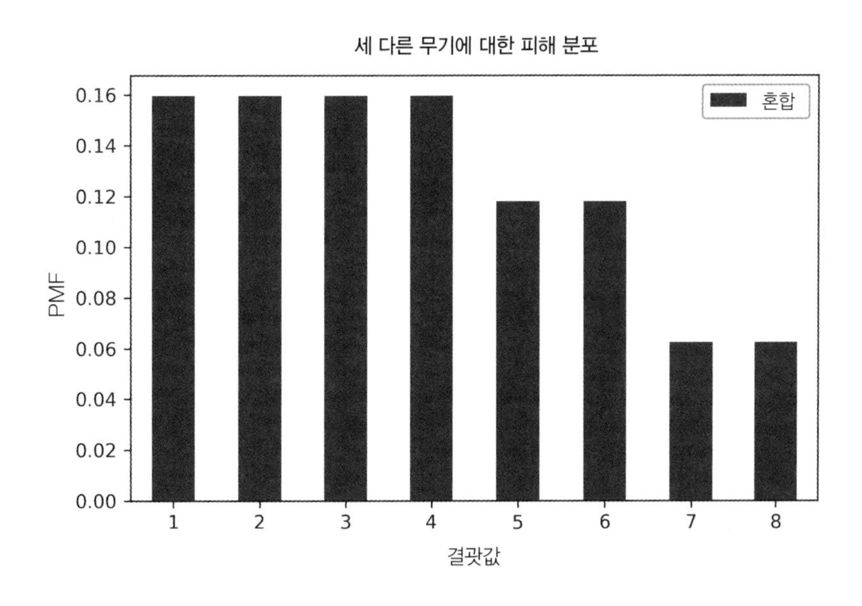

이 절에서는 판다스를 사용해서 make_mixture()가 간결하고 효율적이며 아마도 이해하기 그다지 어렵지 않았다. 이 장 끝의 연습 문제에서, 이 함수로 직접 혼합분포를 다룰 기회가 있으며, make_mixture()는 다음 장에서도 다시 볼 수 있다.

## 7.7 요약

이 장에서는 누적분포함수(CDF)를 나타내는 Cdf 객체를 다루었다. Pmf와 이에 대응하는 Cdf의 경우, 둘이 동일한 정보를 가지고 있다는 점에서 등치하므로, 한 쪽에서 다른 한 쪽으로 변환할 수 있다. 이 둘의 기본적인 차이는 성능이다. 어떤 연산에서는 Pmf가 더 빠르고 쉽고, 또 다른 쪽에서는 Cdf가 더 빠르다.

이 장에서는 Cdf 객체를 사용해서 최댓값과 최솟값의 분포를 구했다. 이 분포들은 데이터로 최댓값이나 최솟값이 주어졌을 때 이를 기반으로 추론하는 경우 유용하게 쓸 수 있다. 뒤의 연습 문제 및 이후 여러 장에서 이에 대한 예제를 접할 수 있다. 또한 혼합값에 대한 분포도 다루었는데, 이를 사용해서 예측을 하는 부분에 대해서는 다음 장에서 다루도록 하자. 하지만 그 전에 일단 연습 문제를 풀어보도록 하자.

## 7.8 연습 문제

### 문제 7-1

〈던전 앤 드래곤〉 캐릭터를 만들 때, 주사위를 굴리는 대신 15, 14, 13, 12, 10, 8의 능력치를 부여하는 '기본 분배값standard array'을 사용할 수 있다. 이 때 기본 분배값을 사용하는 것과 (말 그대로) 주사위를 굴리는 것 중 어느 것이 더 나을 것 같은가?

기본 분배값의 분포를 앞서 구했던 주사위 넷 중 좋은 값 세 개에 대한 분포와 비교해보자.

- 어떤 분포의 평균이 더 높은가? mean()을 사용해서 구해보자.
- 어떤 분포의 표준 편차가 더 큰가? std()를 사용해서 구해보자.

- 기본 분배값의 최솟값은 8이다. 각 능력치에서, 8보다 더 적은 값이 나올 확률은 얼마인가? 주사위를 6번 굴렸을 때, 최소 하나 이상의 능력치가 8보다 낮을 확률은 얼마인가?
- 기본 분배값의 최댓값은 15다. 각 능력치에서, 15보다 더 큰 값이 나올 확률은 얼마인가? 주사위를 6번 굴렸을 때, 최소 하나 이상의 능력치가 15보다 클 확률은 얼마인가?

## 문제 7-2

세 마리의 괴물과 전투를 해야 한다고 하자.

- 한 마리는 하나의 육면체 주사위를 굴린 값만큼의 피해를 주는 단검을 들고 있다.
- 한 마리는 하나의 팔면체 주사위를 굴린 값만큼의 피해를 주는 전투용 도끼를 들고 있다.
- 한 마리는 하나의 십면체 주사위를 굴린 값만큼의 피해를 주는 바스타드 소드[2]를 들고 있다.

세 괴물 중 임의로 선택된 한 마리가 당신을 공격했고 1점의 피해를 받았다. 이 괴물은 셋 중 어떤 괴물일까? 각 괴물이 공격한 것에 대한 사후확률을 구해보자.

만약 동일한 괴물이 당신을 다시 공격했다면, 이 때 6점의 피해를 입을 확률은 얼마일까?

**HINT** 이미 구한 사후분포를 사용해서 이를 `make_mixture()`의 인자 중 하나로 넣자.

## 문제 7-3

앙리 푸엥카레Henri Poincaré는 1900년대 소르본대학 교수였던 프랑스 수학자다. 다음의 그에 대한 일화는 아마도 지어낸 이야기겠지만, 여기에는 흥미로운 확률 문제가 숨어있다.

아마도 푸엥카레는 동네 빵집에서 1kg짜리라고 광고하면서 이보다 가벼운 빵을 판다고 의심했다. 그래서 1년동안 매일 그 빵집에서 빵을 사서 집에 가져온 후, 빵 무게를 쟀다. 그리고 연말에 이 측정 결과에 대한 분포를 그린 후, 이 분포는 평균 950g에 표준 편차 50g의 정규분포를 나타냄을 밝혔다. 푸엥카레는 이 증거를 빵집 근처 경찰에게 주어 제빵사에게 경고를 하도록 했다.

그리고 다음 해, 푸엥카레는 여전히 매일 빵의 무게를 쟀다. 그리고 연말에, 빵의 무게 평균은

---

2 옮긴이_ bastard sword. 한 손으로 사용하며 필요에 따라서는 양손으로도 사용할 수 있는, 손잡이가 긴 장검류 중 하나로 베기와 찌르기 모두가 가능하다.

광고했던 것처럼 1,000g이 되었지만, 빵집 근처 경찰에게 연락했고, 이번에는 제빵사에게 벌금이 매겨졌다.

왜였을까? 새로운 분포의 모양이 대칭이지 않았기 때문이다. 정규분포와 달리, 이번에는 오른쪽으로 분포가 치우쳐 있었기 때문이다. 이를 통해 여전히 제빵사는 950g의 빵을 만들고 있었지만, 푸엥카레를 발견하면 의도적으로 더 묵직한 빵을 주었다고 가설을 세울 수 있다.

이 일화가 그럴 듯한지 살펴보기 위해, 제빵사가 가게에 푸엥카레가 들어오는 것을 발견하면, 빵 $n$개를 들어본 후 가장 무거운 것을 푸엥카레에게 주었다고 해보자. 최댓값 평균이 1,000g이 되려면 제빵사는 몇 개의 빵을 들어봐야 했을까?

CHAPTER 8

# 포아송 과정

이 장에서는 임의의 시간에 발생하는 이벤트를 나타내는 모델에 사용되는 포아송 과정[1]에 대해 설명한다. 포아송 과정의 한 예로, 축구에서 골을 넣는 것에 대해 모델을 만들 것이다. 경기에서 득점한 것을 포아송 과정의 매개변수로 사용하고, 이후 득점을 예측하기 위해 사후분포를 사용할 것이다.

이 과정을 통해 월드컵 문제를 풀어보자.

## 8.1 월드컵 문제

2018년 FIFA 월드컵 결승전에서, 프랑스는 크로아티아에게 4대 2로 이겼다. 이 결과를 보면서 다음과 같은 질문을 할 수 있다.

1. 프랑스가 크로아티아보다 더 나은 팀일 가능성은 어느 정도일까?
2. 만약 같은 팀이 다시 경기를 한다면, 프랑스가 다시 이길 확률은 얼마일까?

여기에 답하려면, 다음과 같은 몇 가지 모델링을 위한 전제를 해야 한다.

- 첫 번째로, 어떤 팀이든 다른 팀과 경기를 할 때 있어서 경기당 몇 개의 골을 넣을 것인지에 대한 임의의 득점율이 있다. 여기서는 이를 파이썬 코드에서는 변수 `lam`으로 나타내고, 글에서는 '람다'라고

1 *https://oreil.ly/d5de3*

부르는 그리스 문자 λ를 사용한다.

- 두 번째로, 공이 골에 들어갈 확률은 경기 내내 동일하다고 가정한다. 따라서 90분 경기에서 매분마다 득점 확률은 λ/90이다.
- 세 번째로, 한 팀에서는 일 분 내에 2점을 내지 않는다고 가정한다.

물론, 지금 나온 모든 가정 중 실제로 맞는 것은 하나도 없다. 하지만 이는 그럭저럭 말이 되는 단순화라고 생각한다. 조지 박스George Box는 "모든 모델은 다 잘못됐지만, 몇 개는 유용하다"라고 했다.[2]

이 경우 대충이나마 가정이 사실이라면, 경기에서 공이 골에 들어간 횟수는 대충이나마 포아송분포를 따를 것이므로 유용한 모델이 될 수 있다.

## 8.2 포아송분포

한 경기에서 골에 들어간 공의 수가 득점률 $\lambda$인 포아송분포[3]를 따른다고 하면, $k$점을 얻을 확률은 모든 양수 $k$에 대해 다음과 같다.

$$\lambda^k \exp(-\lambda) / k!$$

사이파이에는 포아송분포를 나타내는 `poission` 객체가 있다. 다음과 같이 $\lambda = 1.4$인 포아송분포를 만들 수 있다.

```
from scipy.stats import poisson

lam = 1.4
dist = poisson(lam)
type(dist)
```

```
scipy.stats._distn_infrastructure.rv_frozen
```

2 옮긴이_ 영국의 통계학자(1919-2013), *https://oreil.ly/oeTQU*

3 *https://oreil.ly/n4IYT*

결과는 '얼어붙은frozen' 임의의 변수와 이에 대한 pmf를 제공하는 객체로, 포아송분포의 확률질량함수를 구한다.

```
k = 4
dist.pmf(k)
```

```
0.039471954028253146
```

이 결과는 경기당 득점률이 1.4골인 경우, 한 경기에서 4점을 득점할 확률은 약 4%임을 뜻한다.

다음 함수를 사용해서 포아송분포를 나타내는 Pmf를 만들어보자.

```
from empiricaldist import Pmf

def make_poisson_pmf(lam, qs):
    """포아송분포를 나타내는 Pmf를 나타냄"""
    ps = poisson(lam).pmf(qs)
    pmf = Pmf(ps, qs)
    pmf.normalize()
    return pmf
```

make_poisson_pmf()는 득점율 lam과 값의 배열 qs를 사용해서 포아송 PMF를 만든다. 결괏값으로는 Pmf 객체를 반환한다.

하나의 예로, lam=1.4인 경우 0부터 9까지 득점 k에 대한 분포를 구해보자.

```
import numpy as np

lam = 1.4
goals = np.arange(10)
pmf_goals = make_poisson_pmf(lam, goals)
```

그리고 다음은 이 분포의 모양이다.

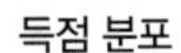


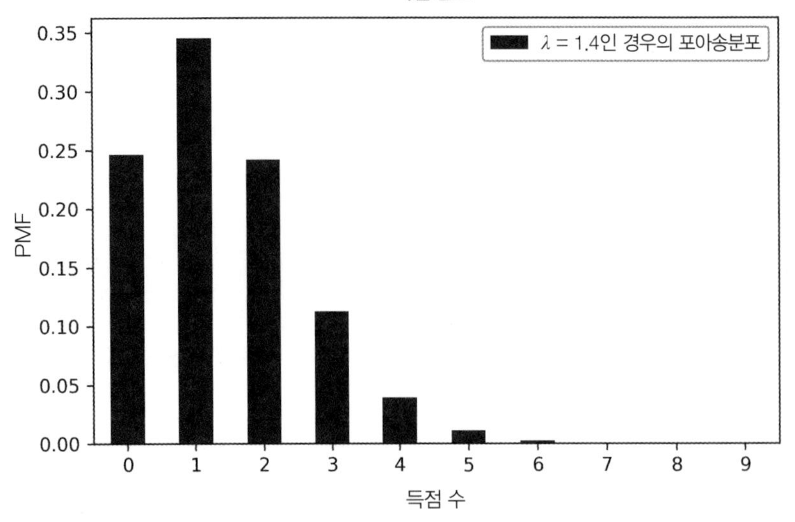


가장 가능성 높은 결과는 0, 1, 2다. 더 큰 값도 가능하지만 가능성은 점점 낮아진다. 7 이상의 값은 무시해도 될 정도로 가능성이 낮다. 이 분포를 보면, 우리가 만약 득점율을 안다면 득점 수도 예측할 수 있음을 알 수 있다.

그럼 다시 돌아와서, 주어진 득점 수를 통해 득점률에 대해 무엇을 알 수 있을까?

이 문제에 답하려면, `lam`의 가능한 값의 범위와 점수를 보기 전의 확률을 나타내는 사전분포에 대해 고려해 보아야 한다.

## 8.3 감마분포

축구 경기를 본 적이 있다면, `lam`에 해서 어느 정도는 알고 있을 것이다. 많은 경기에서, 양 팀의 득점 수는 작다. 간혹 특이한 경우 한 팀이 5점 이상의 득점을 하기도 하지만, 10점을 넘어가는 경우는 거의 없다.

이전 월드컵의 데이터[4]를 사용해서 각 팀이 평균 경기당 1.4점을 얻는다고 추정했다. 그러므로 `lam`의 평균을 1.4라고 설정한다.

4 *https://oreil.ly/jAYJ5*

강한 팀이 약한 팀과 붙었을 경우, lam이 더 높을 것이라고 예상할 수 있다. 약한 팀이 강한 팀과 붙은 경우, lam은 이보다 낮을 것이다.

득점율의 분포를 모델링하기 위해서 여기서는 감마분포[5]를 사용했다. 이 분포를 선택한 이유는 다음과 같다.

1. 득점율은 연속형이고 0 이상의 수이므로, 감마분포가 이 범위의 값에 적합하다.
2. 감마분포는 평균값 alpha만을 매개변수로 사용한다. 따라서 평균값만으로 우리가 원하는 감마분포를 만들기가 용이하다.
3. 차차 살펴보겠지만, 감마분포의 형태는 우리가 축구의 점수에 대해서 아는 것을 생각해 봤을 때 괜찮은 선택지다.

한 가지 이유가 더 있지만, 이에 대해서는 18장에서 살펴보도록 하겠다.

사이파이에는 감마분포를 나타내는 객체인 gamma가 있다. gamma 객체에는 감마분포의 확률밀도함수probability density function(PDF)를 구하는 pdf()가 있다.

이를 다음과 같이 사용해 보았다.

```
from scipy.stats import gamma

alpha = 1.4
qs = np.linspace(0, 10, 101)
ps = gamma(alpha).pdf(qs)
```

매개변수 alpha는 분포의 평균이다. qs는 0부터 10까지 중 가능한 lam의 값이다. ps는 확률밀도로, 정규화되지 않은 확률로 볼 수 있다.

이를 정규화하려면, 이 값을 Pmf에 넣고 normalize()를 호출한다.

```
from empiricaldist import Pmf

prior = Pmf(ps, qs)
prior.normalize()
```

5 https://oreil.ly/77sAa

결과는 감마분포에 대한 이산 추정값이다. 형태는 다음과 같다.

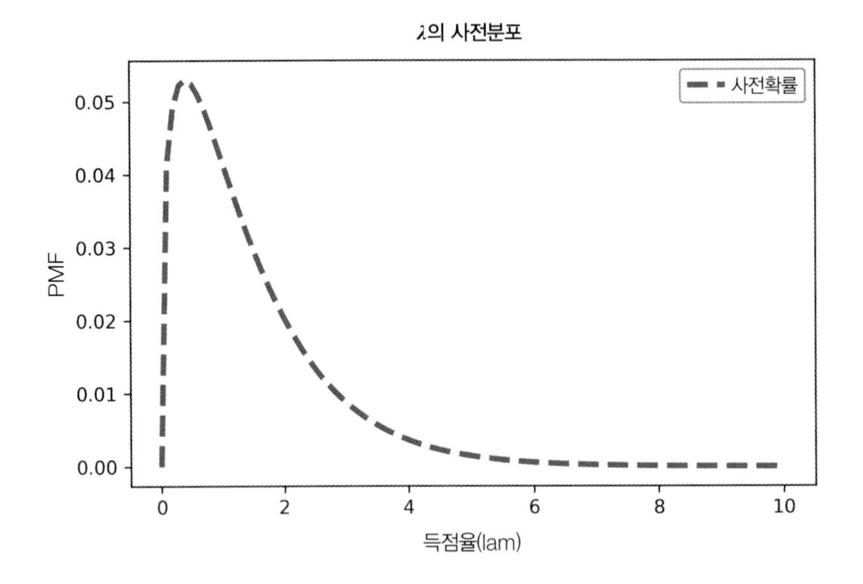


이 분포는 우리가 득점에 대해 알고 있는 사전 지식을 나타낸다. `lam`은 보통 2보다 작고, 어쩌다 6점 정도까지 갈 수 있지만, 이보다 높은 경우는 거의 없다.

보통, 대개의 사람들은 사전확률의 상세한 내용에 대해서는 동의하지 않지만, 추정을 시작해 보기에는 이 정도면 충분하자. 그럼 이제 갱신을 해보자.

## 8.4 갱신

득점률 $\lambda$가 주어졌을 때, $k$만큼 득점을 확률을 구해야 한다고 해보자. 이는 명확하게 포아송 PMF를 구하면 해결할 수 있다. 예를 들어 $\lambda$가 1.4라면, 경기에서 4점을 낼 확률은 다음과 같다.

```
lam = 1.4
k = 4
poisson(lam).pmf(4)
```

```
0.039471954028253146
```

이번에는 가능한 λ의 값에 대한 배열이 있다고 하자. 이 경우 lam을 가정하는 각각의 값에 대한 데이터의 가능도를 다음과 같이 구할 수 있다.

```
lams = prior.qs
k = 4
likelihood = poisson(lams).pmf(k)
```

갱신에 필요한 것은 이게 전부다. 사후확률분포를 얻으려면, 사전확률에 여기서 구한 가능도를 곱한 후 정규화한다.

다음 함수는 이 단계를 캡슐화한다.

```
def update_poisson(pmf, data):
    """포아송 가능도로 Pmf를 갱신함."""
    k = data
    lams = pmf.qs
    likelihood = poisson(lams).pmf(k)
    pmf *= likelihood
    pmf.normalize()
```

첫 번째 인자는 사전확률분포고, 두 번째 인자는 득점 수다.

예를 들어, 프랑스가 4점을 냈다면, 사전확률을 복사한 후 이 값에 데이터를 적용하여 갱신한다.

```
france = prior.copy()
update_poisson(france, 4)
```

사전확률 대비 사후확률의 형태는 다음과 같다.

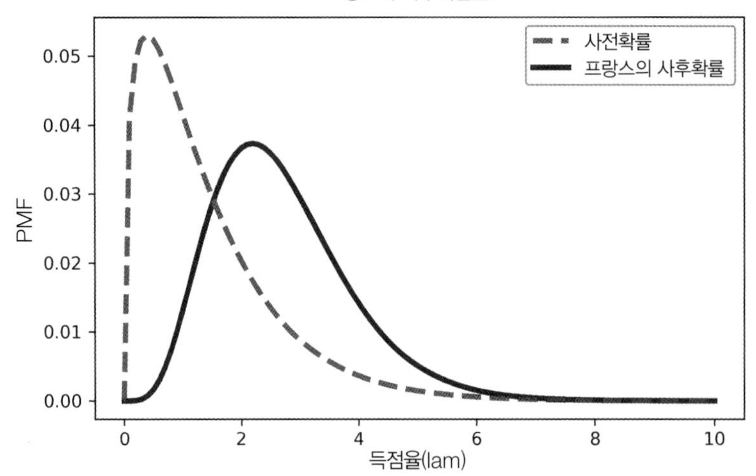


k=4라는 데이터는 `lam`이 더 큰 값을 가질 가능성이 높고, 낮은 값을 가질 가능성이 낮다고 생각하도록 만든다. 따라서 사후분포는 좀 더 오른쪽으로 옮겨갔다. 크로아티아의 경우에도 동일하게 적용해보자.

```
croatia = prior.copy()
update_poisson(croatia, 2)
```

결과는 다음과 같다.

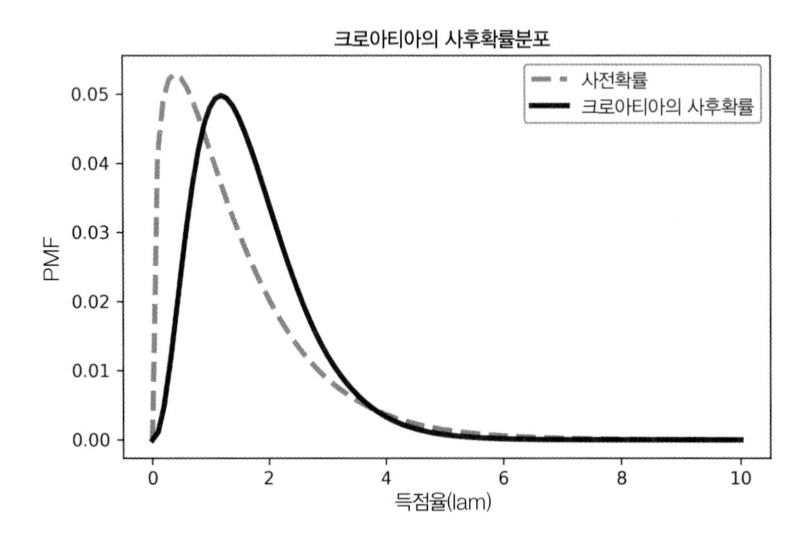

다음은 이 분포에 대한 사후평균이다.

```
print(croatia.mean(), france.mean())
```

```
1.6999765866755225 2.699772393342308
```

사전분포의 평균은 약 1.4다. 크로아티아가 두 골을 넣은 후, 사후확률의 평균은 사전확률 평균과 데이터의 중간 정도인 1.7이 되었다. 프랑스는 4점을 낸 후, 사후평균이 2.7이 되었다. 이 결과는 전형적인 베이지안 갱신이다. 사후분포는 사전분포와 데이터 간의 절충안 어딘가에 위치한다.

## 8.5 우세할 확률

지금까지 각 팀의 사후확률분포를 살펴봤으니, 처음의 질문에 대답할 수 있다. 프랑스가 더 나은 팀일 가능성은 어느 정도일까?

모델에서 '더 나은'이란 말은 상대팀보다 득점률이 더 높다는 뜻이다. 사후분포를 사용해서 프랑스의 분포에서 임의의 값을 선택했을 때 이 값이 크로아티아의 분포에서 선택한 임의의 값보다 더 클 확률을 구할 수 있다. 한 가지 방법은 두 분포의 모든 값의 쌍을 나열한 후, 한 값이 다른 값보다 클 확률을 모두 더한다.

```
def prob_gt(pmf1, pmf2):
    """우세할 확률을 구함"""
    total = 0
    for q1, p1 in pmf1.items():
        for q2, p2 in pmf2.items():
            if q1 > q2:
                total += p1 * p2
    return total
```

이는 6.4절의 '가산'에서 합의 분포를 구한 것과 같은 메서드를 사용한다. 사용한 방법은 다음과 같다.

```
prob_gt(france, croatia)
```

```
0.7499366290930155
```

Pmf는 동일한 기능을 하는 함수를 제공한다.

```
Pmf.prob_gt(france, croatia)
```

```
0.7499366290930174
```

두 결과 간에는 아주 작은 차이가 있다. Pmf.prob_gt()는 반복문이 아닌 배열 연산을 사용하기 때문이다.

어느 방법이든, 결과는 75%에 가깝게 나온다. 따라서 한 경기를 기반으로 했을 대는 프랑스가 실제로 더 나은 팀일 가능성이 적당히 있다고 볼 수 있다.

물론, 이 결과는 득점률이 상수라는 가정 하에서 나온 것임을 기억해야 한다. 실제로는 한 팀이 1점의 실점을 했다면, 경기 끝까지 전보다 더 공격적으로 임하면서 득점을 할 가능성이 높아지거나, 한 점을 더 잃으면서 경기를 포기할 가능성도 있다.

늘 그렇듯, 결과는 모델만큼만 좋을 뿐이다.

## 8.6 다음 경기 예측

그럼 이제 두 번째 질문을 살펴보자. 만약 같은 팀이 다시 경기를 한다면, 크로아티아가 다시 이길 확률은 얼마일까? 이 질문에 대답하려면, 한 팀이 얻을 점수에 대한 '사후예측분포'를 만들어야 한다.

만약 득점률 lam을 안다면, 점수 분포는 lam을 인수로 갖는 포아송분포가 된다. lam을 모르는 상태에서는, 득점 분포는 lam의 여러 값에 대한 포아송분포 혼합이 된다.

우선 각 lam의 값에 대한 Pmf 객체의 수열을 만들 것이다.

```
pmf_seq = [make_poisson_pmf(lam, goals)
           for lam in prior.qs]
```

다음 그래프는 lam의 몇 개의 값에 대한 분포가 어떤 모양인지를 알려준다.

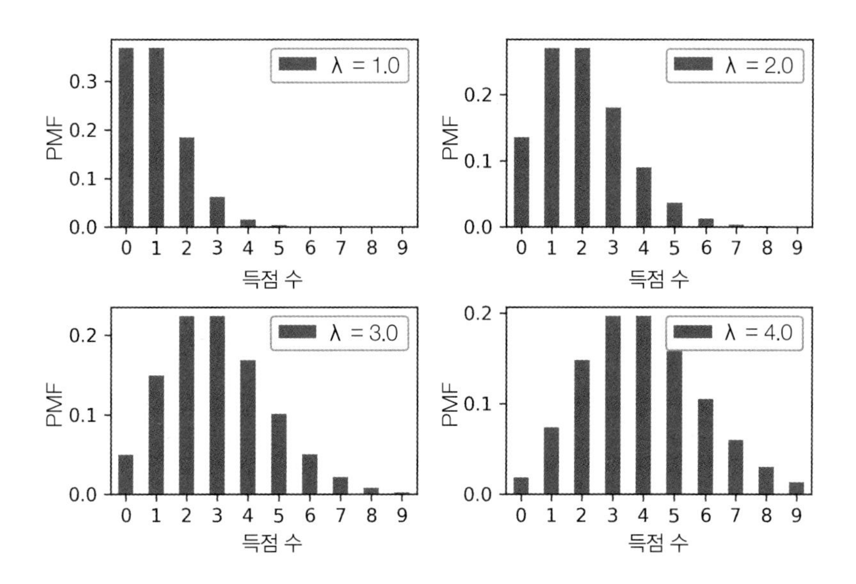


예측분포는 이 Pmf 객체에 사후확률이 가중치로 부여된 혼합 형태다. 이런 혼합을 구하는 경우 7.6절의 '일반적인 혼합'에서 사용한 make_mixture()를 사용할 수 있다.

```
from utils import make_mixture

pred_france = make_mixture(france, pmf_seq)
```

다음은 재경기를 하는 경우 프랑스의 득점에 대한 예측분포다.

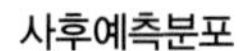


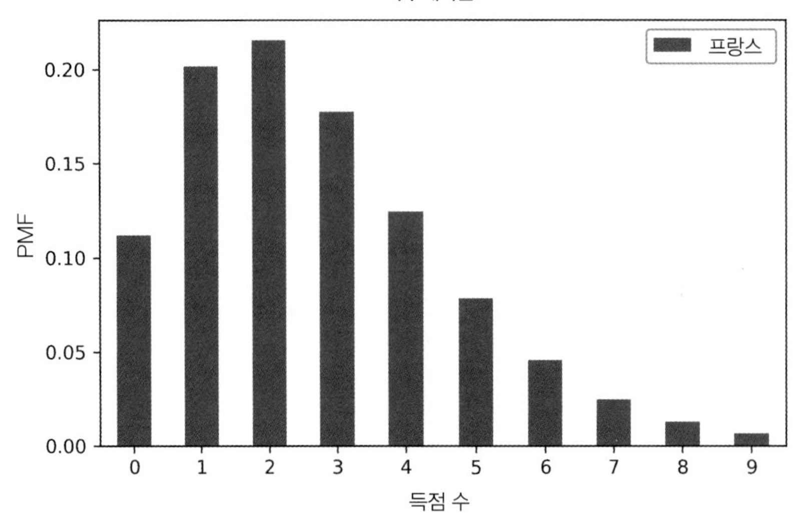


이 분포에는 불확실한 부분이 두 가지가 있다. 우리는 lam의 실제 분포를 모르고, 다음 경기에서의 득점 수를 모른다.

다음은 크로아티아에 대한 예측분포다.

```
pred_croatia = make_mixture(croatia, pmf_seq)
```

이 분포를 사용해서 재경기에서 프랑스가 이기거나 비기거나 질 확률을 구할 수 있다.

```
win = Pmf.prob_gt(pred_france, pred_croatia)
Win
```

```
0.5703522415934519
```

```
lose = Pmf.prob_lt(pred_france, pred_croatia)
lose
```

```
0.26443376257235873
```

```
tie = Pmf.prob_eq(pred_france, pred_croatia)
tie
```

```
0.16521399583418947
```

비기는 경우의 반은 프랑스가 이기는 것이라고 가정하면, 프랑스가 재경기에서 이길 가능성은 약 65%다.

```
win + tie/2
```

```
0.6529592395105466
```

이는 프랑스가 더 나은 팀일 가능성이었던 75%보다는 다소 낮다. 득점율을 구하는 것보다 단일 경기의 결과는 덜 확실하기 때문에, 충분히 그럴 수 있다. 프랑스가 더 나은 팀이라고 하더라도, 경기에서는 질 수 있다.

## 8.7 지수분포

이 장의 끝의 실습으로, 월드컵 문제를 다음과 같이 변형한 내용을 살펴보자.

> 2014년 FIFA 월드컵에서, 독일은 브라질과 준결승 경기를 가졌다. 독일은 11분 후와 23분 후에 한 번씩 득점을 했다. 이 경기에서, 90분 후 독일은 몇 점을 냈을까? 5개의 골을 더 넣었을 확률은 얼마일까(그리고 진짜로 그랬을까)?

여기서, 데이터는 정해진 시간에서의 득점 수가 아니라 골을 넣었을 때 사이의 시간임을 기억하자. 이런 데이터의 가능도를 계산하려면, 포아송 프로세스를 다시 사용하는 것이 좋다. 각 팀이 상수의 득점율을 가지고 있다면, 득점 간의 시간은 지수분포[6]를 따르게 된다.

6 *https://oreil.ly/aJvpl*

득점율이 $\lambda$라면, 득점 간의 시간 $t$는 지수분포의 PDF에 비례한다.

$$\lambda \exp(-\lambda t)$$

$t$는 연속적 값이므로, 이 식의 값은 확률이 아니라 확률 밀도다. 하지만 이 값은 데이터의 확률에 비례하므로, 이를 베이지안 갱신의 가능도처럼 사용할 수 있다.

사이파이에는 지수분포를 나타내는 객체를 만들어주는 `expon()`이 있다. 하지만 이 메소드는 우리가 떠올릴 `lam`을 매개변수로 사용하지 않으므로 여기서 사용하기에는 까다로울 수 있다. 지수분포의 PDF는 구하기 쉬우므로, 직접 함수를 만들어서 사용하자.

```
def expo_pdf(t, lam):
    """지수분포의 PDF를 구함."""
    return lam * np.exp(-lam * t)
```

지수분포가 어떻게 생겼는지 살펴보기 위해, 일단 `lam`이 1.4라고 가정하자. 그러면 $t$의 분포를 다음과 같이 구할 수 있다.

```
lam = 1.4
qs = np.linspace(0, 4, 101)
ps = expo_pdf(qs, lam)
pmf_time = Pmf(ps, qs)
pmf_time.normalize()
```

```
25.616650745459093
```

형태는 다음과 같다.

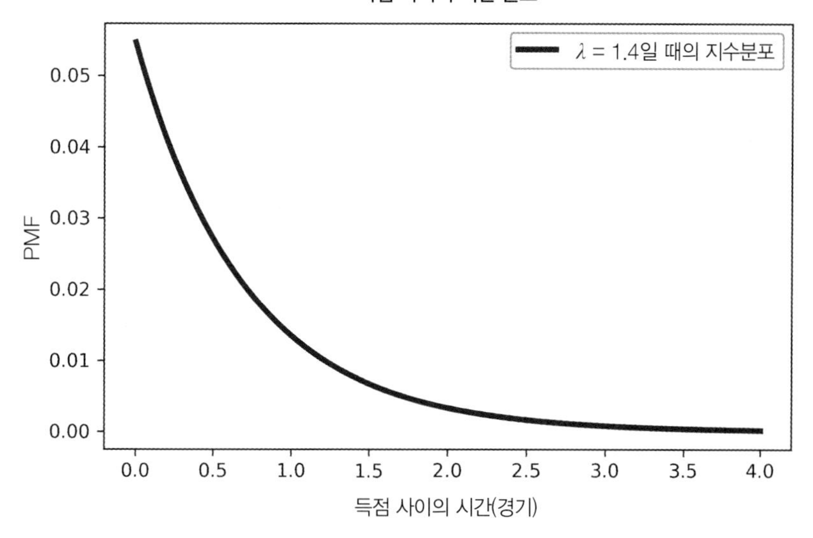


직관적이지는 않지만, 사실은 득점할 가능성이 가장 높은 시간은 바로 이어서 점수를 내는 것이다. 시간이 지날 수록, 시간 간격별 성공 확률은 점점 낮아진다.

1.4의 득점율을 가진 팀이 득점을 하는데 한 경기 이상이 걸릴 수는 있지만, 두 경기를 넘길 가능성은 거의 없다.

## 8.8 요약

이 장에서는 세 가지의 새로운 분포를 소개했기 때문에, 한 번에 바로 이해하기는 어려울 수 있다. 일단 한 번 복습해보자.

- 시스템이 포아송 모델을 만족한다면, 특정 기간 동안 일어나는 사건의 수는 0부터 무한대까지의 정수값의 이산분포인 포아송분포를 따른다. 실제로, 우리는 보통 특정 수 이상의 값은 낮은 확률을 가지므로 무시한다.
- 또한 포아송 모델 하에서는, 사건 간의 간격은 지수분포를 따른다. 지수분포는 0부터 무한까지의 값의 연속분포다. 이 분포는 연속적이므로 확률질량함수 대신 확률밀도함수로 나타낸다. 하지만 우리가 데이터의 가능도를 구하기 위해 지수분포를 사용할 때는 밀도를 표준화되지 않은 확률로 사용한다.
- 포아송분포와 지수분포는 λ나 `lam`로 표기되는 사건의 비율을 매개변수로 사용해서 표기한다.

- $\lambda$의 사후분포로는 0부터 무한까지의 값에 대한 연속분포인 감마분포를 사용했다. 하지만 이 분포를 구간을 나눈 PMF처럼 사용한다. 감마분포는 평균값인 $\alpha$나 `alpha`라고 쓰이는 매개변수를 갖는다.

감마분포를 선택한 이유는 득점율에 대한 배경 지식과 모양이 일치하기 때문이다. 다른 분포를 쓸 수도 있었지만, 18장을 보고 남녀 감마분포가 꽤 좋은 선택임을 알 수 있다.

하지만 그전에 해야 할 것이 있다. 바로 연습 문제다.

## 8.9 연습 문제

### 문제 8-1

앞에서 시작했던 문제를 마무리해보자.

> 2014년 FIFA 월드컵에서, 독일은 브라질과 준결승 경기를 가졌다. 독일은 11분 후와 23분 후에 한 번씩 득점을 했다. 이 경기에서, 90분 후 독일은 몇 점을 냈을까? 5개의 골을 더 넣었을 확률은 얼마일까(그리고 진짜로 그랬을까)?

이 문제를 풀 때 내가 제안하는 방식은 다음과 같다.

1. 앞서 사용한 것과 동일한 감마 사전분포를 사용해서, 각 가능한 `lam`에 대해 11분 후의 득점 수의 가능도를 구한다. 이 때 분을 경기 수로 변환하는 것을 잊지 말자.
2. 독일의 첫 득점 후의 `lam`의 사후분포를 구한다.
3. 12분이 더 지난 후에 한 점을 더 얻은 후 점수의 가능도를 구한 후 새로 갱신한다. 사전확률, 1점 득점 후의 사후확률, 2점 득점 후의 사후확률을 그려본다.
4. 독일이 남은 경기 시간인 `90-23`분동안 얻을 점수의 사후예측분포를 구한다. 주의: 경기 시간의 비율에 대해 예측 득점 수를 어떻게 만들 지를 고민해야 한다.
5. 남은 시간 동안 5점 이상의 점수를 얻을 확률을 구해보자.

## 문제 8-2

월드컵 문제의 첫 번째 버전으로 돌아가서, 프랑스와 크로아티아가 경기를 한다고 가정하자. 이 때 프랑스가 먼저 득점할 확률은 얼마인가?

## 문제 8-3

2010-11 전국 하키 리그National Hockey League(NHL) 결승전에서, 내가 좋아하는 팀인 보스턴 브루인스 Boston Bruins가 밴쿠버 캐넉스Vancouver Canucks라는 마음에 안 드는 팀을 상대로 7판 4승제 챔피언십 시리즈를 치뤘다. 보스턴은 처음 두 경기를 0:1과 2:3으로 졌지만 다음 두 경기는 8:1과 4:0으로 이겼다. 이 시점에서, 보스턴이 다음 경기를 이길 확률은 얼마일까? 그리고 이 팀이 챔피언십에서 이길 확률은 얼마일까?

사전확률을 선택할 때, 나는 NHL[7]에 나온 각 팀의 2010-11 시즌의 경기당 평균 점수 같은 통계를 참고했다. 평균 2.8의 감마분포를 사용하니 적절했다.

이 경기의 결과는 어떤 면에서 포아송 모델의 가정과 어긋날까? 이런 충돌이 예측 결과에 어떤 영향을 미칠까?

---

7 http://www.nhl.com

CHAPTER 9

# 의사결정분석

이 장에서는 〈그 가격이 적당해요The Price Is Right[1]〉 라는 게임 쇼에서 영감을 얻은 문제를 소개한다. 이 예제는 매우 우습지만, 이를 통해서 베이지안 의사결정분석[2]이라는 유용한 과정을 살펴볼 수 있다.

앞선 예제와 마찬가지로 데이터와 사전분포를 사용해서 사후분포를 구하고, 그 후 사후분포를 사용해서 경매 등의 게임에서 최적의 전략을 찾아보자.

해법 중에는 커널 밀도 추정kernel density estimation(KDE)을 사용해서 사전분포를 추정하고, 정규분포로 데이터의 가능도를 구하는 것도 있다.

그리고 이 장의 끝에서는 관련된 문제를 직접 풀어볼 수 있는 연습 문제가 준비되어 있다.

---

1 옮긴이_ 'The Price is Right'는 미국 CBS의 유명한 게임 쇼 프로그램으로, 1972년부터 현재까지 50시즌에 걸쳐 방영 중인 장수 프로그램이다. 일반인이 출연하여 상품 가격을 추측하여 현금과 상품을 쟁취한다.

2 *https://oreil.ly/3HumB*

## 9.1 '그 가격이 적당해요' 문제

2007년 11월 1일, 레티아Letia와 너새니얼Nathaniel은 미국의 TV 게임 쇼인 '그 가격이 적당해요'에 참가했다. 이 둘은 이 쇼에서 '진열대The Showcase'[3]라는, 진열대 위 물건들의 가격을 맞추는 게임에 나갔다. 참가자 중 물건의 실제 가격보다 높지 않은, 가장 가까운 가격을 부르는 사람이 이긴다.

너새니얼이 먼저 나갔다. 너새니얼의 진열대에는 식기 세척기, 와인장, 노트북, 자동차가 나와 있었다. 너새니얼은 $26,000를 예상가로 적었다.

레티아의 진열대에는 핀볼 게임 기계, 비디오 게임 기계, 미니 당구대와 바하마 여객선이 있었다. 레티아는 $21,500을 예상가로 적어냈다.

너새니얼의 진열대의 물건의 실제 값은 $25,347이었다. 너새니얼은 실제가보다 너무 높게 예상가를 적어서 탈락했다. 레티아의 진열대 물건의 실제 가격은 $21,578이었고, 레티아의 예상가가 실제가보다 $78 낮아서, 우선 진열대 가격을 맞추는 데에서 통과했고, 예상가와 실제가의 차이가 $250 이하였던 터라 너새니얼에게도 이겼다.

베이지안 사고방식을 가진 사람들에게, 이 시나리오는 몇 가지 질문을 던져 준다.

1. 우승 결과를 보기 전에, 진열대의 가격에 대해 참가자들은 어떤 사전 믿음이 있었을까?
2. 우승 결과를 본 후, 참가자들은 이런 믿음을 어떻게 갱신했을까?
3. 사후분포 기반으로, 참가자들은 예상가를 어떻게 적어야 할까?

세 번째 질문은 베이지안 분석의 일반적인 용도인 의사결정분석을 보여준다.

이 문제는 캐머런 데이비슨 필론의 『프로그래머를 위한 베이지안 with 파이썬』[4]에 실린 예제[5]에서 아이디어를 얻었다.

---

3 옮긴이_ 'The Showcase'는 쇼케이스라고 옮기는 것이 보다 정확하나, 뒷 내용과 자연스럽게 이어지기 위해 부득이하게 '진열대'로 번역한다.

4 옮긴이_ 원제는 『Bayesian Methods for Hackers』나, 번역에는 2017년 길벗 출판사의 번역본 제목을 사용했다. *https://oreil.ly/IEbjn*

5 *https://oreil.ly/sBWRR*

## 9.2 사전분포

가격 사전분포를 선택할 때, 앞에서 나온 문제의 데이터를 사용해보자. 다행히도 이 프로그램의 팬들이 데이터를 자세히 기록해 두었다.[6]

2011년부터 2012년에 방영된 시즌의 진열대에 올라온 가격과 참가자들이 예상한 금액이 기록된 파일을 내려받았다.

이제 다음 함수를 사용해서 이 데이터를 읽고 약간 다듬어보자.

```
import pandas as pd

def read_data(filename):
    """ 진열대 가격 데이터를 읽음"""
    df = pd.read_csv(filename, index_col=0, skiprows=[1])
    return df.dropna().transpose()
```

연도별 두 파일을 읽어서 합친다.

```
df2011 = read_data('showcases.2011.csv')
df2012 = read_data('showcases.2012.csv')

df = pd.concat([df2011, df2012], ignore_index=True)
```

데이터셋은 다음과 같다.

```
df.head(3)
```

| | Showcase 1 | Showcase 2 | Bid 1 | Bid 2 | Difference 1 | Difference 2 |
|---|---|---|---|---|---|---|
| 0 | 50969 | 45429 | 42000 | 34000 | 8969 | 11429 |
| 1 | 21901 | 34061 | 14000 | 59900 | 7901 | -25839 |
| 2 | 32815 | 53186 | 32000 | 45000 | 815 | 8186 |

6 https://oreil.ly/GKH0F

앞의 두 열 Showcase 1 과 Showcase 2는 진열대 위의 물건들의 가격으로 달러 기준이다. 다음 두 열은 참가자들이 예상한 금액이다. 마지막 두 열은 실제 가격과 참가자가 예상한 가격의 차이다.

## 9.3 커널 밀도 추정

이 데이터셋에는 313개의 이전 진열대의 가격이 기록되어 있다. 이를 가능한 가격의 모수에 대한 샘플이라고 가정하자.

이 샘플을 사용해서 진열대 가격의 사전분포를 추정할 것이다. 여기서 사용할 방법은 샘플로 적절한 평활 분포를 추정하는 방법인 커널 밀도 추정이다. KDE가 친숙하지 않은 사람들은 깃허브[7]에서 관련 내용을 확인할 수 있다.

사이파이에는 샘플로 추정 분포 객체를 만드는 gaussian_kde()가 있다.

다음 함수는 sample을 가지고 KDE를 만든 후, 주어진 값의 수열 qs에 대한 추정값을 구하고 이 결과를 정규화된 PMF 형태로 반환한다.

```
from scipy.stats import gaussian_kde
from empiricaldist import Pmf

def kde_from_sample(sample, qs):
    """샘플로부터 커널 밀도 추정값을 만든다."""
    kde = gaussian_kde(sample)
    ps = kde(qs)
    pmf = Pmf(ps, qs)
    pmf.normalize()
    return pmf
```

이 함수를 사용해서 진열대 1의 금액의 분포를 구할 수 있다.

7 *https://mathisonian.github.io/kde*

```
import numpy as np

qs = np.linspace(0, 80000, 81)
prior1 = kde_from_sample(df['Showcase 1'], qs)
```

값의 모양은 다음과 같다.

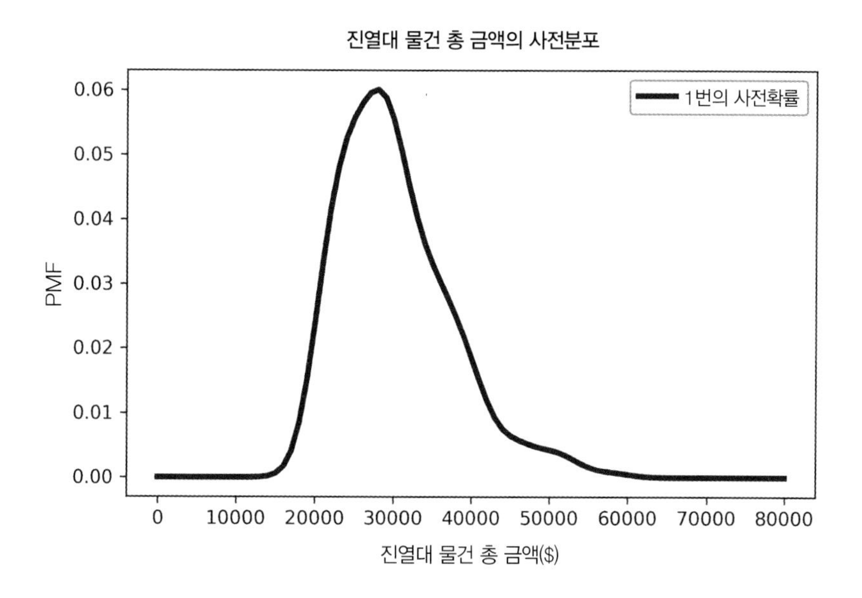


## 문제 9-1

이 함수를 사용해서 진열대 2번에 대한 사전분포를 나타내는 `Pmf`를 만들고 이를 그래프로 그려보자.

## 9.4 오차분포

사전 값을 갱신하려면, 일단 다음 질문에 대답할 수 있어야 한다.

- 어떤 데이터를 고려하고 어떤 데이터를 값으로 사용해야 할까?
- 가능도 함수를 구할 수 있을까? 각 가설 금액에 대해 데이터의 조건부 가능도를 계산할 수 있을까?

이 질문의 답을 구하기 위해, 주어진 오차 특성에 따라 금액을 추측하는 도구 형태로 각 참가자를 모델링할 것이다. 이 모델에서는, 참가자가 각 상품을 보고, 각각의 상품에 대한 값을 구하고 이 값을 더한다. 이 총 값을 guess라 하자.

그러면 우리가 대답해야 하는 질문은 다음과 같다. "만약 실제 가격이 price라면, 참가자의 추측이 guess가 되도록 하는 가능도는 어떻게 되는가?"

마찬가지로, error = guess – price로 정의하는 경우, 다음과 같은 질문도 가능하다. "참가자의 추측이 error만큼 빗나갈 가능도는 얼마인가?"

이 질문에 답하기 위해, 기존의 기록을 다시 사용하자. 데이터셋에서 각 진열대 별로, 참가자가 입찰한 금액과 실제 금액 간의 차이를 살펴보자.

```
sample_diff1 = df['Bid 1'] - df['Showcase 1']
sample_diff2 = df['Bid 2'] - df['Showcase 2']
```

이 차이의 분포를 시각화하기 위해, KDE를 다시 사용한다.

```
qs = np.linspace(-40000, 20000, 61)
kde_diff1 = kde_from_sample(sample_diff1, qs)
kde_diff2 = kde_from_sample(sample_diff2, qs)
```

결과 분포의 형태는 다음과 같다.

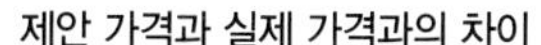


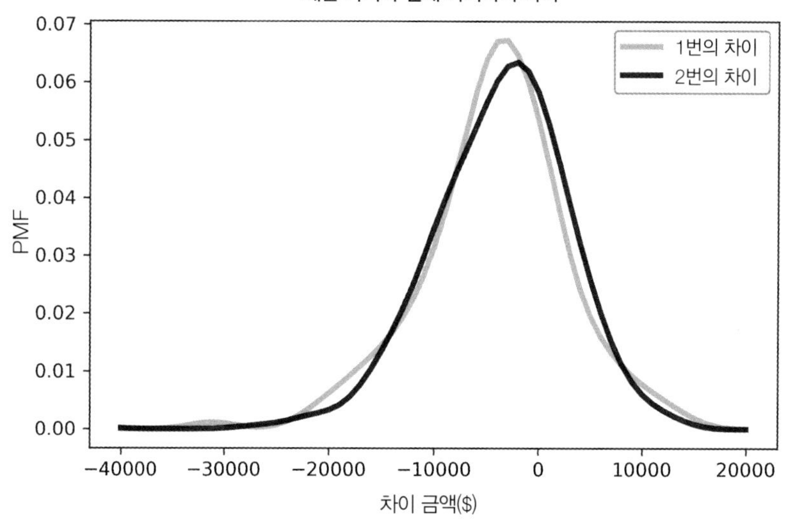


입찰가가 너무 높은 쪽보다는 너무 낮은 쪽이 훨씬 많은 것으로 보인다. 이는 충분히 합리적이다. 이 게임의 규칙을 생각했을 때, 실제 가격보다 높게 입찰한 경우 무조건 탈락이므로 아마도 참가자들은 의도적으로 다소 낮은 가격으로 입찰가를 부를 것이다.

예를 들어, 참가자가 진열대 물건의 가격을 $40,000으로 추측한다고 해도, 입찰가가 실제 가격을 넘어가는 것을 피하기 위해 $36,000을 부르게 된다.

이 분포는 정규분포 형태로 모델링되어서, 평균과 표준 편차로 요약이 가능하다.

한 가지 예로, 다음은 참가자 1번의 차잇값에 대한 평균과 표준 편차다.

```
mean_diff1 = sample_diff1.mean()
std_diff1 = sample_diff1.std()

print(mean_diff1, std_diff1)
```

```
-4116.3961661341855 6899.909806377117
```

이 차이를 사용해서 참가자의 오차에 대한 분포를 모델링할 수 있다. 실제 참가자들이 처음에 추측한 값을 실제로 알 방도는 없기 때문에 이 단계는 다소 이상해 보일 수 있다. 우리가 아는 것은 참가자들이 직접 제시한 금액뿐이다.

그래서 여기에 몇 가지 가정을 추가하기로 한다.

- 참가자들이 전략적으로 다소 낮은 입찰가를 불렀다고 가정한다. 그리고 평균적으로 실제 추측값은 평균적으로 정확했다고 하자. 즉, 오차의 평균은 0일 것이다.
- 하지만 차이의 분포는 오차의 분포와 동일하다고 가정한다. 따라서, 이 차이의 표준 편차는 오차의 표준 편차와 동일할 것이다.

이 가정에 따라, 0과 std_diff1을 매개변수로 사용하여 정규분포를 만들 것이다. 사이파이에는 주어진 평균과 표준편차를 따르는 정규분포 객체인 norm이 있다.

```
from scipy.stats import norm

error_dist1 = norm(0, std_diff1)
```

결괏값은 정규분포의 확률밀도함수를 구하는 pdf 객체다.

예를 들어, 1번 참가자의 오차의 분포에 따른 error=-100의 확률 밀도는 다음과 같다.

```
error = -100
error_dist1.pdf(error)
```

```
5.781240564008691e-05
```

확률 밀도는 확률이 아니므로, 숫자 그 자체는 크게 의미가 없다. 하지만 이는 확률에 비례하므로, 베이지안 갱신에서 이 값을 가능도처럼 사용할 수 있다. 이에 대해서는 다음 절에서 살펴보자.

## 9.5 갱신

당신이 1번 참가자라고 해보자. 당신은 지금 진열대에서 물건들을 보고 총 가격이 $23,000이라고 추측했다.

추측값으로부터 사전분포의 각 가설 값을 빼 보자. 그러면 각 가설값에 대한 오차가 나온다.

```
guess1 = 23000
error1 = guess1 - prior1.qs
```

이제 앞에서 했던 내용을 기반으로, 이 추정 오차는 `error_dist1`로 모델링된다. 이 가정 하에서 각 가설에 대한 오차의 가능도를 구할 수 있다.

```
likelihood1 = error_dist1.pdf(error1)
```

가능도의 배열 형태의 결괏값을 사용해서 사전분포를 갱신한다.

```
posterior1 = prior1 * likelihood1
posterior1.normalize()
```

사후분포의 형태는 다음과 같다.

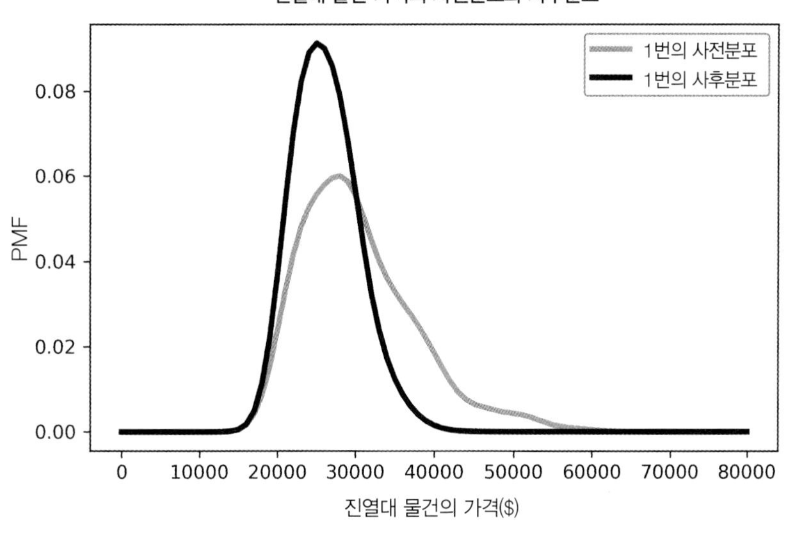


초기 추측값은 해당 값 범위에서 가장 낮은 값이므로, 사후분포는 왼쪽으로 이동했다. 사후분포의 평균값으로 얼마나 많이 이동했는 지를 확인할 수 있다.

```
prior1.mean(), posterior1.mean()
```

```
(30299.488817891375, 26192.024002392536)
```

물건들을 보기 전에는 진열대 상품 가격이 약 $30,000일 것이라고 생각했다. $23,000이라고 추측한 후 사전분포를 갱신했다. 사전분포와 추측한 값의 조합을 기반으로, 이제 실제 값은 $26,000이라고 예상하게 되었다.

### 문제 9-2

당신이 2번 참가자라고 하자. 진열대를 보고, 총 가격이 $38,000이라고 추측했다.

diff2를 사용해서 추정 오차의 분포를 나타내는 정규분포를 만들어보자.

각 실제 금액의 추측값에 대한 가능도를 구하고 이를 사용해서 prior2를 갱신하자.

사후분포의 그래프를 그리고 사후분포의 평균을 구하자. 사전분포와 추측값을 기반으로, 진열대 위의 물건의 실제 가격은 얼마일 것으로 기대할 수 있을까?

## 9.6 우승 확률

각 선수별 사후분포를 구했으니, 이제 전략에 대해 고민해보자.

우선, 1번 참가자의 관점에서 2번 참가자가 실제 가격보다 높게 입찰할 확률을 구해보자. 간단히 하기 위해, 진열대 물건의 가격은 무시하고 이전 참가자의 기록만을 사용한다.

다음 함수는 이전 입찰 수열을 취해서 입찰가가 높을 확률을 반환한다.

```
def prob_overbid(sample_diff):
    """높게 입찰할 확률을 구함"""
    return np.mean(sample_diff > 0)
```

다음은 2번 참가자가 실제보다 높은 금액을 입찰할 확률 추정치다.

```
prob_overbid(sample_diff2)
```

```
0.29073482428115016
```

여기서 1번 참가자가 $5,000 낮은 가격으로 입찰했다고 하자. 이 때 2번 참가자가 더 낮게 입찰했을 확률은 얼마일까?

다음 함수는 이전의 성과를 사용해서 참가자가 주어진 금액 차이인 `diff`보다 더 낮게 입찰했을 확률을 추정한다.

```
def prob_worse_than(diff, sample_diff):
    """주어진 diff보다 상대방의 diff가 더 낮을 확률"""
    return np.mean(sample_diff < diff)
```

다음은 2번 참가자가 원 가격 대비 $5,000 더 낮게 입찰할 확률이다.

```
prob_worse_than(-5000, sample_diff2)
```

```
0.38338658146964855
```

다음은 $10,000 더 낮게 입찰할 확률이다.

```
prob_worse_than(-10000, sample_diff2)
```

```
0.14376996805111822
```

위의 함수를 결합하여 주어진 실제 가격 대비 입찰 금액을 사용해서 1번 참가자가 이길 확률을 구하는 함수를 만들 수 있다.

```python
def compute_prob_win(diff, sample_diff):
    """차이값이 주어졌을 때 이길 확률"""
    # 실제 가격을 초과한 경우는 무조건 진다
    if diff > 0:
        return 0

    # 상대방이 초과해서 입찰한 경우 이긴다.
    p1 = prob_overbid(sample_diff)

    # 상대방의 입찰이 더 안 좋은 경우 이긴다.
    p2 = prob_worse_than(diff, sample_diff)

    # p1과 p2는 상호 배제 관계이므로, 둘을 더할 수 있다.
    return p1 + p2
```

다음은 $5,000 낮게 입찰했을 때 이길 확률이다.

```python
compute_prob_win(-5000, sample_diff2)
```

```
0.6741214057507987
```

그러면 가능한 금액 차이 범위 내에서 이길 확률을 살펴보자.

```python
xs = np.linspace(-30000, 5000, 121)
ys = [compute_prob_win(x, sample_diff2)
      for x in xs]
```

형태는 다음과 같다.

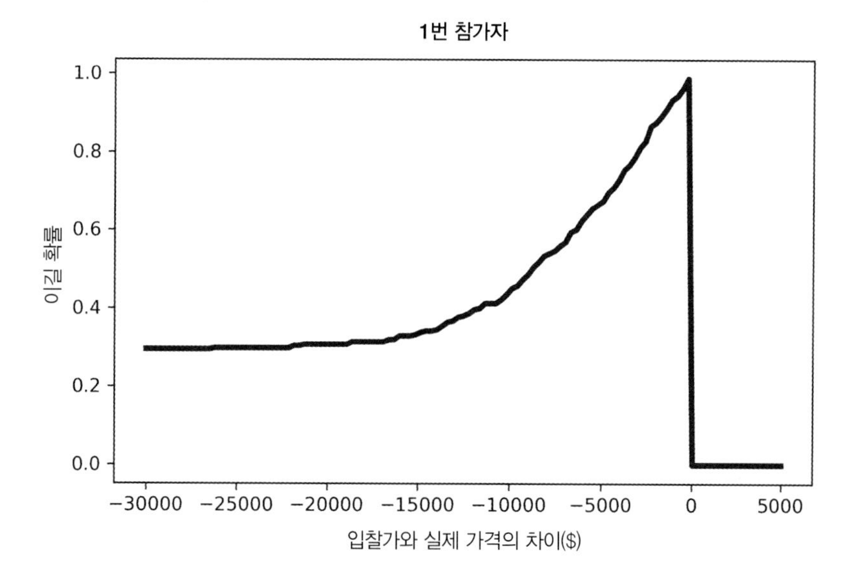


만약 $30,000 낮게 입찰했다면, 이길 확률은 30%가량 되고, 이는 거의 상대방이 실제 가격보다 높게 입찰한 경우이다.

입찰가가 실제 가격과 근접해질수록, 이길 확률은 1에 가까워진다.

그리고 물론, 실제 금액보다 높은 금액을 입찰하면 (상대방이 높은 금액을 입찰한다고 하더라도) 진다.

## 문제 9-3

동일한 분석을 2번 참가자 관점에서 실행해보자. 1번 참가자의 차이 값을 샘플로 사용해서 다음을 구해보자.

1. 1번 참가자가 높은 금액을 입찰할 확률
2. 1번 참가자가 $5,000 이상으로 차이가 나는 낮은 금액을 입찰할 확률
3. $5,000 낮게 입찰한 경우 2번 참가자가 이길 확률

그리고 가능한 입찰가와 실제 가격의 차이 범위에서 2번 참가자가 이길 확률을 그래프로 그려보자.

## 9.7 의사결정분석

앞서 특정 금액만큼 낮게 입찰한 경우 이길 확률을 구했다.

실제로 참가자들은 실제 진열대 물건들의 가격을 모르므로 그들이 얼마만큼 낮게 입찰했는지를 알 수 없다.

하지만 참가자의 실제 금액에 대한 믿음을 사후확률분포로 나타낼 수 있고, 이를 사용해서 주어진 입찰가로 이길 확률을 추정해 볼 수 있다.

다음 함수는 가능한 입찰가, 실제 가격에 대한 사후확률분포, 상대방의 금액 차이 샘플을 사용한다.

그리고 반복적으로 사후분포의 가설 가격을 살펴보면서, 각 가격에 대해서 다음을 실행한다.

1. 입찰가와 가설 가격의 차이를 구한다.
2. 주어진 차이 값으로 참가자가 이길 확률을 구한다.
3. 확률의 가중치 합을 구한다. 이 때 가중치는 사후분포에서의 확률값이다.

```
def total_prob_win(bid, posterior, sample_diff):
    """주어진 입찰가로 이길 총 확률을 구함

    bid: 입찰가
    posterior: 진열대 물건 값의 Pmf
    sample_diff: 상대방의 값 차이의 샘플

    returns: 이길 확률
    """
    total = 0
    for price, prob in posterior.items():
        diff = bid - price
        total += prob * compute_prob_win(diff, sample_diff)
    return total
```

이 반복문은 전체확률의 법칙을 구현했다.

$$P(win) = \sum_{price} P(price)P(win \mid price)$$

다음은 1번 참가자가 $25,000을 입찰했고 사후분포 posterior1을 사용할 때 이길 확률이다.

```
total_prob_win(25000, posterior1, sample_diff2)
```

```
0.4842210945439812
```

이를 가능한 입찰가 수열에 대해 반복적으로 실행해서 각 참가자의 최종 이길 확률을 구할 수 있다.

```
bids = posterior1.qs

probs = [total_prob_win(bid, posterior1, sample_diff2)
         for bid in bids]

prob_win_series = pd.Series(probs, index=bids)
```

결과는 다음과 같다.

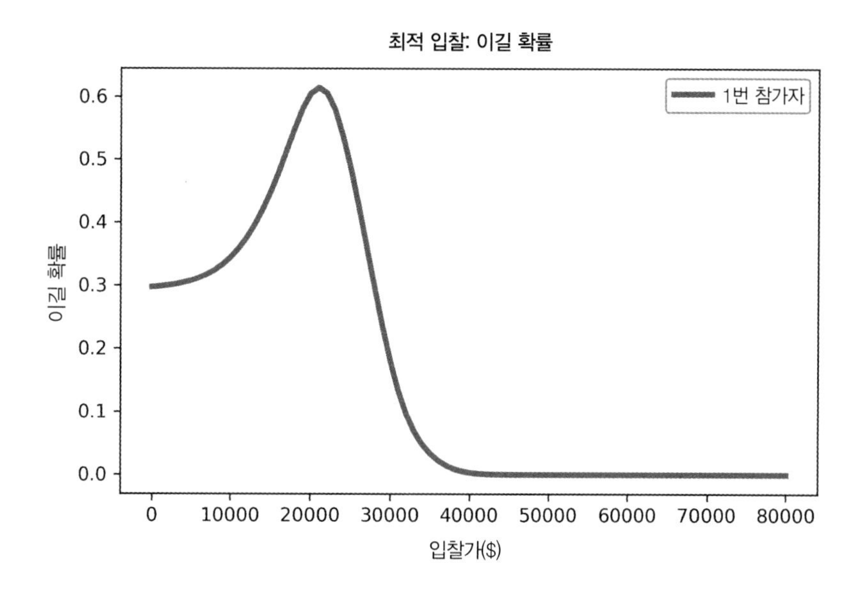

이 때 1번 참가자가 이길 확률이 최대인 입찰가는 다음과 같다.

```
prob_win_series.idxmax()
```

```
21000.0
```

```
prob_win_series.max()
```

```
0.6136807192359474
```

당신이 추측한 금액은 $23,000이었다. 이 추측을 사용해서 사후분포를 구하면, 사후분포의 평균은 약 $26,000이다. 하지만 이길 확률을 가장 높이는 입찰가는 $21,000이다.

### 문제 9-4

동일한 분석을 2번 참가자에 대해서 해보자.

## 9.8 예상 수익 최대화

앞 절에서는 이길 확률을 최대화하는 입찰가를 구했다. 이것이 목표였다면, 우리가 구한 입찰이 최적의 값이다.

하지만 이기는 것만이 전부는 아니다. 입찰가가 실제가보다 $250이나 그 이하의 값 차이로 적다면, 당신은 두 진열대에 대해서 모두 이길 수 있다. 따라서 입찰가를 조금 늘리는 것도 좋은 전략이 될 수 있다. 입찰가가 커지면 실제 값보다 초과한 입찰로 질 확률도 높아지지만, 양쪽의 진열대에 대해서 모두 이길 확률 역시 높아진다.

이게 어떤 구조로 돌아가는지 살펴보자. 다음 함수는 주어진 입찰가와 실제 금액, 상대의 오차의 샘플을 사용해서 당신이 평균적으로 얼마를 받을 수 있을 지를 구한다.

```
def compute_gain(bid, price, sample_diff):
    """입찰가와 실제 금액을 사용해 예상 수익을 구한다. """
    diff = bid - price
    prob = compute_prob_win(diff, sample_diff)

    # 250달러 이내의 차이면, 양쪽 모두 이긴다.
    if -250 <= diff <= 0:
        return 2 * price * prob
    else:
        return price * prob
```

예를 들어, 실제 금액이 $35,000이고 당신이 $30,000을 걸었다면 질 확률, 한 쪽만 이길 확률, 양쪽 이길 확률 모두를 고려했을 때 평균 $23,600을 받을 수 있다.

```
compute_gain(30000, 35000, sample_diff2)
```

```
23594.249201277955
```

현실적으로는 우리가 실제 금액을 알 수 없지만, 우리에게는 이에 대해서 알고 있는 것을 나타내는 사후확률분포가 있다. 사후분포의 확률과 가격을 평균내어, 특정 입찰가에 대해 예상 수익을 구할 수 있다.

이 때, '예상'은 가능한 진열대의 금액 별로 확률 가중치를 주어 구한 평균이라는 뜻이다.

```
def expected_gain(bid, posterior, sample_diff):
    """주어진 입찰가에 대한 예상 수익을 구함"""
    total = 0
    for price, prob in posterior.items():
        total += prob * compute_gain(bid, price, sample_diff)
    return total
```

앞서 구한 사후확률을 사용했을 때, $23,000으로 값을 추측해서, $21,000을 입찰했을 때의 예상 수익은 $16,900이다.

```
expected_gain(21000, posterior1, sample_diff2)
```

```
16923.59933856512
```

하지만 좀 더 잘 할 수는 없을까?

입찰가의 범위에 대해 반복적으로 탐색해서 최대 예상 수익을 내는 법을 찾아보자.

```
bids = posterior1.qs

gains = [expected_gain(bid, posterior1, sample_diff2) for bid in bids]

expected_gain_series = pd.Series(gains, index=bids)
```

결과는 다음과 같다.

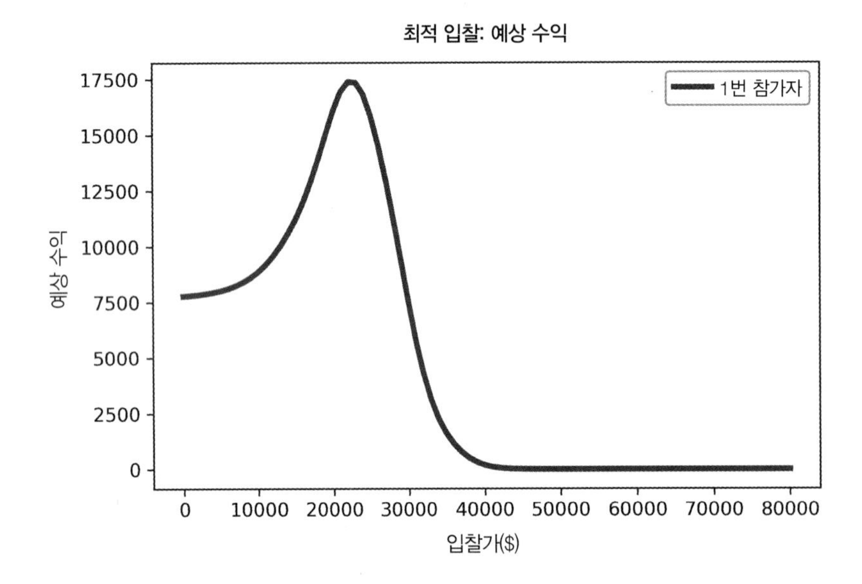


최적의 입찰가는 다음과 같다.

```
expected_gain_series.idxmax()
```

```
22000.0
```

이 입찰가에서 예상 수익은 약 $17,400이다.

```
expected_gain_series.max()
```

```
17384.899584430797
```

초반에 추측한 금액은 $23,000이었다. 우승 확률을 가장 높이는 입찰가는 $21,000이었다. 그리고 최대 예상 금액을 내는 입찰가는 $22,000이다.

### 문제 9-5

동일한 분석을 2번 참가자에 대해서 해보자.

## 9.9 요약

이 장에서는 많은 내용을 다뤘다. 다음 단계대로 다시 한 번 되짚어보자.

1. 처음에는 KDE와 기존 프로그램에서의 데이터를 사용해서 진열대 가격의 사전분포를 추정했다.
2. 그리고 기존 프로그램의 입찰가를 사용해서 정규분포로 오차분포 모델을 만들었다.
3. 오차분포를 사용한 베이지안 갱신으로 데이터의 가능도를 구했다.
4. 진열대 금액의 사후분포를 통해 각 가능한 입찰가별 이길 확률을 구하고, 이길 확률을 최대로 만드는 입찰가를 정의했다.
5. 마지막으로, 이길 확률을 사용해서 각 가능한 입찰가별 예상 수익을 구하고, 예상 수익을 최대로 만드는 입찰가를 정의했다.

이 예제는 무엇을 최적화하고 있는지 명시하지 않고 '최적'이란 단어를 사용하면 것이 위험하다는 것을 알려준다. 이길 확률을 최대로 하는 입찰가와 예상 수익을 최대로 하는 입찰가는 일반적으로 같지 않다.

## 9.10 논의

사람들이 베이지안 추정에 대한 장단점을 말할 때, '빈도주의frequentist'라고 불리는 고전적 방법과 비교해서, 많은 경우 베이지안 방식과 빈도주의적 방식의 결과가 동일하다고 주장한다.

아무래도 이 주장에는 오해가 있는 것 같다. 베이지안과 빈도주의 방법은 결과 종류에서 차이가 있다.

- 빈도주의 방식의 결과는 보통 (여러 조건 중 하나에 따른) 최상의 추정치인 단일값이거나, 추정값의 정밀도를 수치화한 구간이다.
- 베이지안 방식의 결과는 모든 가능한 결과와 각 결과의 확률로 나타내는 사후분포다.

물론 사후분포를 사용하여 '최상의' 추정치를 선택하거나 구간을 구할 수 있다. 그리고 이 경우 결과는 빈도주의에서의 추정치와 같을 수 있다. 하지만 이렇게 하면 유용한 정보를 잃을 수 있고, 사후분포는 단일값이나 구간보다 더욱 유용하다는 베이지안 방식의 기본적인 장점이 사라질 수 있다.

이 장의 예제에서 이 점에 대해 살펴보았다. 전체 사후분포를 사용해서 가장 높은 입찰가를 구할 수 있고, 수익을 계산 규칙이 복잡하기는 하지만(심지어 비선형적이다), 규칙 예상 수익을 최대로 하는 입찰가를 구할 수 있다.

값이 아무리 '최적'이라고 해도, 단일 추정값이나 구간값으로는 이런 것을 할 수 없다. 일반적으로 빈도주의 추정값은 의사결정을 이끌 정보를 거의 주지 못한다. 만약 누군가가 베이지안과 빈도주의 방식의 결과가 동일하다고 하는 말을 듣는다면, 그 사람들은 베이지안 방법을 이해하지 못했다고 확신해도 된다.

## 9.11 연습 문제

### 문제 9-6

내가 매사추세츠 주의 케임브리지에서 일하던 시절, 나는 보통 남부 역에서 지하철을 타고, 니덤에서 집에 가는 통근 열차를 탔다. 지하철 시간은 예측하기 어려워서, 가능한 한 사무실에서 일찍 퇴근하면 15분을 기다려서 통근 열차를 탈 수 있다.

지하철역에 도착하면, 플랫폼에는 보통 10명 정도의 사람들이 지하철을 기다리고 있다. 이보다 적은 경우는 기차를 방금 놓쳤다고 생각하고, 평소보다 조금 더 기다려야 할 것이라고 예상할 수 있다. 그리고 만약 이보다 사람이 더 많다면, 곧 기차가 온다고 생각한다.

하지만 10명보다 훨씬 더 많은 사람들이 있다면, 무언가가 잘못되었다고 추론하고, 이를 기반으로 더 오래 기다려야 한다고 예상한다. 이 경우 보통 역을 빠져나와 택시를 탄다.

베이지안 의사결정분석을 사용해서 직관적으로 했던 분석을 수치화할 수 있다. 플랫폼의 승객수가 주어졌을 때, 몇 분 정도를 더 기다려야 할 거라고 예상되는가? 포기하고 택시를 타러 가야 하는 경우는 어떤 경우일까?

이 문제에 대한 내 분석은 이 책의 깃허브 저장소의 `redline.ipynb`에 있다. 이 노트북을 코랩에서 돌려보려면 웹페이지[8]를 살펴보자.

## 문제 9-7

이 문제는 실제 사례에서 따왔다. 2001년에, 나는 그린티 프레스Green Tea Press[9] 를 만들어서 『파이썬을 활용한 베이지안 통계』부터 여러 책을 출판했다. 나는 소량 인쇄로 책 100부를 주문한 후 유통업체를 통해 책을 판매했다.

첫 주가 지난 후, 유통업체에서 내 책 12부가 팔렸다고 알려주었다. 이 안내를 기반으로, 인쇄된 책 전량이 8주면 품절될 것으로 보고, 추가 주문을 하기로 했다. 인쇄소에서는 내가 1,000부를 더 주문하면 할인을 해주겠다고 했고, 나는 살짝 미쳐서 2,000부를 주문해 버렸다.

며칠이 지나, 어머니께서 전화하셔서 본인이 구매한 책 몇 권이 도착했다고 알려주셨다. 나는 놀라서 몇 권이나 구매하셨냐고 물었다. 어머니는 10권을 구매하셨다고 했다.

내 책 중 나와 관련없는 사람이 구매한 책은 2부뿐이라는 것이 밝혀졌다. 그리고 2,000부를 판매하는 데는 내가 예상한 것보다도 훨씬 오래 걸렸다.

이 이야기의 자세한 내용은 독특하지만, 일반적인 내용은 모든 판매업자가 고민하는 문제일 것

8 *https://oreil.ly/HpHG3*

9 *https://greenteapress.com*

이다. 이전 판매량을 기반으로, 미래 판매량을 예측할 수 있을까? 이 예측을 기반으로, 다음 주문은 언제 얼마나 많이 해야 할 지 알 수 있을까?

종종 좋지 않은 의사결정 비용은 복잡하다. 만약 하나의 큰 주문 대신 작은 주문을 여러 번 하게 되면 단가가 더 비싸지는 경우가 많다. 재고가 없는 경우 고객을 잃을 수도 있다. 그렇다고 주문을 많이 한다면 재고 보관과 관련해서 여러 비용을 지출해야 한다.

이제, 내가 직면한 문제 중 한 가지를 풀어보자. 문제 설정에서부터 꽤 손이 갈 것이다. 자세한 내용은 이 장의 파이썬 노트북 코드에 있다.

CHAPTER 10

# 검정

4.1절의 '유로 동전 문제'에서 데이비드 맥케이의 『정보 이론, 추론, 알고리즘 학습』에 있는 문제를 제안했다.

> 『가디언』 2002년 1월 4일 금요일에 다음과 같은 통계 기사가 게재되었다.
>
> 벨기에 1유로 동전을, 축을 중심으로 250번 회전을 시켰는데, 앞면이 140회, 뒷면은 110회가 나왔다. 런던 경제 대학 통계학 교수 배리 브라이트Barry Blight는 "매우 의심스럽다. 만약 동전이 한 쪽으로 기울어진 것이 아니라면, 결과가 이렇게 치우칠 확률은 7% 미만이다"라고 말했다.
>
> 하지만 이 데이터가 동전이 한 쪽으로 기울었다는 증거가 될까?

4장에서 이 문제를 풀었던 것을 복습해보자. 이를 풀 때 모델을 만들기 위한 다음 조건을 전제로 했다.

- 동전을 세워서 돌릴 때, 앞면을 보이며 넘어질 확률은 $x$다.
- $x$의 값은 동전이 얼마나 균형이 잡혀있는지와 다른 여러 요인에 따라 각각 다르다.

$x$에 대해 균등사전분포로 시작해서, 140회의 앞면과 110회의 뒷면이라는 주어진 데이터에 따라 갱신을 했다. 그 후 사후분포를 사용해서 가장 가능성 높은 $x$의 값인 사후평균과 신뢰구간을 구했다.

하지만 실제로 맥케이의 "이 데이터가 동전이 한 쪽으로 기울었다는 것의 증거가 될까?"라는 질문에는 대답한 적이 없다.

드디어 이 장에서 대답하게 된다.

## 10.1 추정

4.2절의 '이항분포'에 나와있는 유로 동전 문제 해결 방안을 다시 살펴보자. 균등분포를 사전분포로 시작했다.

```
import numpy as np
from empiricaldist import Pmf

xs = np.linspace(0, 1, 101)
uniform = Pmf(1, xs)
```

그리고 이항분포를 사용해서 $x$의 각 가능한 값에 대해 데이터의 확률을 구한다.

```
from scipy.stats import binom

k, n = 140, 250
likelihood = binom.pmf(k, n, xs)
```

일반적인 방법으로 사후분포를 구한다.

```
posterior = uniform * likelihood
posterior.normalize()
```

결과 형태는 다음과 같다.

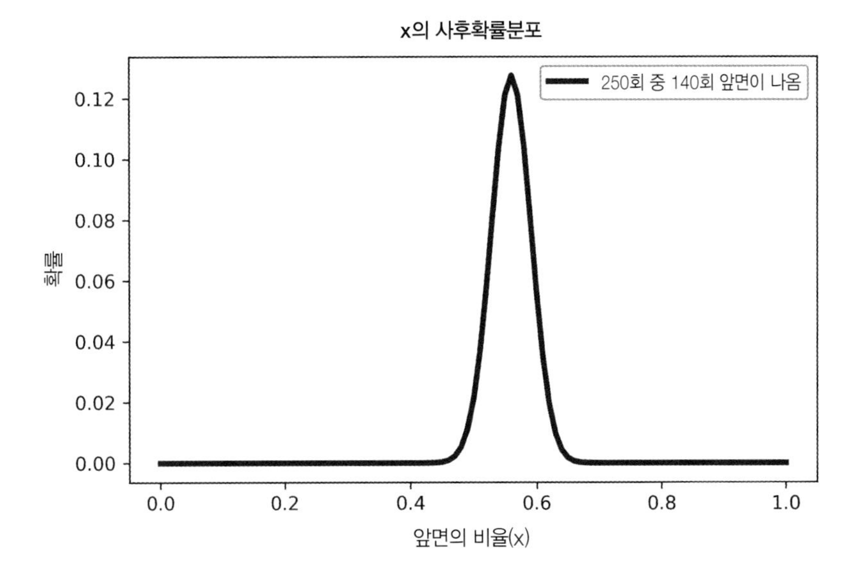


알다시피, 사후평균은 약 0.56이고, 90% 신뢰구간은 0.51에서 0.61이다.

```
print(posterior.mean(),
      posterior.credible_interval(0.9))
```

```
0.5595238095238095 [0.51 0.61]
```

사전 평균은 0.5였고 사후평균은 0.65이므로, 이 데이터가 코인이 기울었다는 증거가 된다.

하지만 사실 이 문제는 이렇게 단순하지 않다.

## 10.2 증거

6.3절의 '올리버의 혈액형'에서 데이터가 가설 B보다 가설 A 하에서 발생했을 가능성이 더 높을 때, 데이터는 가설 A에 부합하는 증거라고 했다. 이 조건은 다음과 같이 나타낼 수 있다.

$$P(D \mid A) > P(D \mid B)$$

게다가, 이 가능도의 비율을 구함으로써 증거의 강도를 정량화할 수 있다. 이는 베이즈 계수Bayes factor[1]라고 하고, 보통 $K$로 나타낸다.

$$K = \frac{P(D|A)}{P(D|B)}$$

따라서 유로 동전 문제에 대해 `fair`와 `biased`라는 두 가지 가설을 고려하여, 각 가설 하의 데이터의 가능도를 계산한다.

동전이 균일하면 앞면의 확률은 50 %이고, 이항분포를 사용해서 데이터(250회 중 140개의 앞면)대로 나올 확률을 계산할 수 있다.

```
k = 140
n = 250

like_fair = binom.pmf(k, n, p=0.5)
like_fair
```

```
0.008357181724917673
```

이 값은 동전이 균일하다고 했을 때 이 데이터가 나올 확률이다.

하지만 동전이 한 쪽으로 치우쳤을 경우에 이 데이터가 나올 확률은 얼마일까? 이는 '치우치다'는 말의 의미에 따라 달라진다. 만약 '치우치다'의 의미가 앞면이 56%가 나올 확률이라고 알고 있었다면, 다음과 같이 또 이항분포를 사용할 수 있다.

```
like_biased = binom.pmf(k, n, p=0.56)
like_biased
```

```
0.05077815959517949
```

이제 가능도비를 구할 수 있다.

1 *https://oreil.ly/641Na*

```
K = like_biased / like_fair
K
```

```
6.075990838368387
```

정의에 따르자면, 동전이 균일한 것보다 한 쪽으로 치우쳤을 가능성이 6배 가량 높다.

하지만 가설을 정의하는 과정에서 데이터를 컨닝하듯이 사용했다. 제대로 하려면, 데이터를 보기 전에 '치우치다'를 정의해야 한다.

## 10.3 균등분포 형태의 치우침

'치우치다'를 앞면이 나올 확률이 50%가 아니 것이라고 하고, 다른 모든 값이 나올 가능성은 동일하다고 하자.

균등분포를 만든 후 50% 영역을 삭제하면 이 정의 형태로 만들 수 있다.

```
biased_uniform = uniform.copy()
biased_uniform[0.5] = 0
biased_uniform.normalize()
```

이 가설 하에서의 데이터의 전체확률을 구하려면, $x$의 각 값에 대한 데이터의 조건부확률을 구해야 한다.

```
xs = biased_uniform.qs
likelihood = binom.pmf(k, n, xs)
```

그리고 여기에 사전확률을 곱하고 각 결괏값을 더한다.

```
like_uniform = np.sum(biased_uniform * likelihood)
like_uniform
```

```
0.0039004919277704267
```

이 값은 '균등하게 치우친' 가설 하에서의 데이터의 확률이다.

그럼 fair와 biased에서의 균등 가설 하에서의 데이터의 가능도 비율을 구해보자.

```
K = like_fair / like_uniform
K
```

```
2.1425968518013954
```

이 데이터는 동전이 균일한 경우가 여기서 '치우치다'로 정의한 치우친 경우보다 두 배 가량 가능도가 높다.

이 증거가 얼마나 강력한지에 대한 감을 얻으려면, 베이즈 규칙을 적용해 보는 방법이 있다. 예를 들어, 만약 동전이 치우쳤을 사전확률이 50%고, 사전 공산이 1이라면, 사후 공산은 1에서 2.1이 될 것이고 사후확률은 약 68%이 된다.

```
prior_odds = 1
posterior_odds = prior_odds * K
posterior_odds
```

```
2.1425968518013954
```

```
def prob(o):
    return o / (o+1)
```

```
posterior_probability = prob(posterior_odds)
posterior_probability
```

```
0.6817918278551125
```

50%에서 68%로 상황을 반전시키는 증거는 그다지 강력하지 않다.

이번에는 '치우치다'가 $x$의 모든 값에 대해 동일한 가능성을 가지는 것을 의미하지는 않는다고 해보자. 50% 근처의 값이 더 가능성이 높고 극단적인 값의 가능성은 좀 더 낮을 수 있다. 삼각 모양의 분포를 사용해서 이 다른 형태의 '치우침'에 대해 정의한 것을 나타내 보자.

```
ramp_up = np.arange(50)
ramp_down = np.arange(50, -1, -1)
a = np.append(ramp_up, ramp_down)

triangle = Pmf(a, xs, name='triangle')
triangle.normalize()
```

균등분포에서 했던 것과 마찬가지로, $x$의 가능한 값 중 50% 값을 제외한다(이 부분을 넘어간다고 해도 크게 차이가 나지는 않는다).

```
biased_triangle = triangle.copy()
biased_triangle[0.5] = 0
biased_triangle.normalize()
```

다음은 균등분포와 비교하여 삼각분포는 어떻게 나타나는 지를 보여준다.

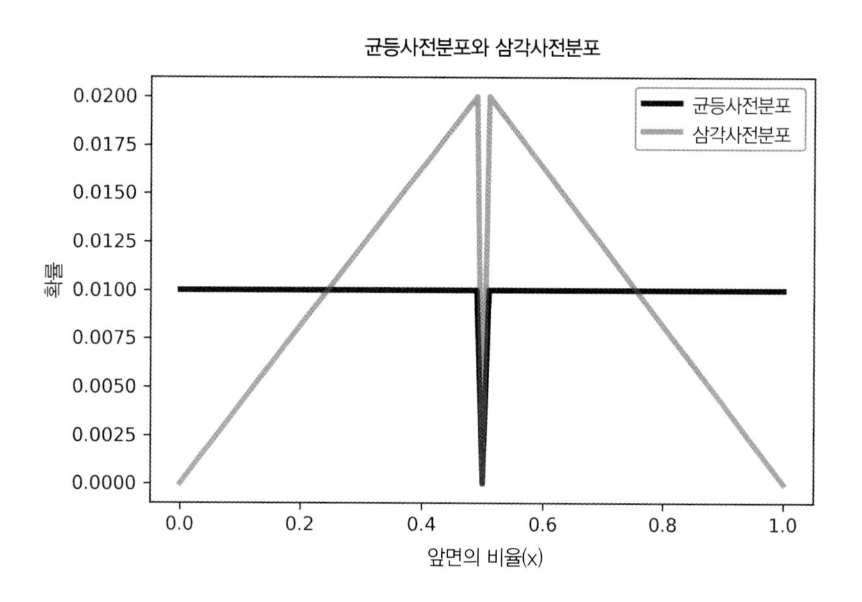

### 문제 10-1

여기에서의 '치우치다'는 정의 하에서 데이터가 나올 총 확률을 구한 후 균일하다는 가설과 비교했을 때의 베이즈 계수를 구하자. 이 데이터는 동전이 치우쳤다는 것에 대한 증거가 되는가?

## 10.4 베이지안 가설 검정

이 장에서는 통계적 가설 검정[2]과 대비되는 '베이지안 가설 검정'을 살펴보자.

통계적 가설 검정에서는, 간단히 정의하기 어려운 p-값을 구해서, 역시나 간단히 정의하기 어려운 '통계적으로 유의한' 결과인지 여부를 살핀다.

베이지안 가설 검정에서는 대신 하나의 가설이나 다른 가설에 대한 증거의 강도를 요약한 값인 베이즈 계수 $K$를 사용한다.

몇몇 사람들은 $K$는 사전확률에 의존하지 않으므로, 사후확률을 사용하는 것보다 $K$를 살펴보는 것이 더 낫다고도 한다. 하지만 예제에서 살펴본 것처럼, $K$는 종종 가설의 명확한 정의에 따라 달라질 수 있고, 가설에 대한 정의는 사전확률과 마찬가지로 논란의 여지가 있다.

내 생각에는, 베이지안 가설 검정은 0과 1로 결정되는 것이 아니라 연속 형태로 증거의 강도를 측정하므로 이 쪽이 좀 더 유용할 것이다. 하지만 이 역시 내가 생각하는 근본적인 문제, 즉 가설 테스트가 우리가 정말로 관심 있는 것에 대해 질문하지 않는 것을 해결하지는 못한다.

왜 그런지 살펴보자. 동전을 돌리는 것을 실험하고 있고, 이 동전이 치우친 것이 맞는지 판단해야 한다고 하자. 이 의문을 해결하기 위해 무엇을 할 수 있을까? 내가 보기엔 할 수 있는 게 별로 없다. 반면에, 내가 생각하기에 보다 유용한(그래서 더욱 의미 있는) 두 가지 질문이 있다.

- 예측: 우리가 동전에 대해서 알고 있는 것을 기반으로, 미래에 무슨 일이 일어날 것이라고 예상할 수 있는가?
- 의사결정: 이 예측 결과를 사용해서 더 나은 결정을 할 수 있을까?

지금까지, 몇 가지 예측에 대한 예제를 살펴보았다. 예를 들어, 8장에서는 득점율의 사후분포를 사용해서 축구 경기 결과를 예측했다.

---

2 *https://oreil.ly/RYihR*

의사결정에 대해서는 한 가지 사례를 살펴 본 것이 있다. 9장에서 가격의 분포를 사용해서 〈그 가격이 적당해요〉 프로그램의 최적 입찰가를 정했다.

이제 베이지안 가설 검정의 또 다른 예제인 베이지안 밴딧 전략Bayesian Bandit strategy을 살펴보며 이 장을 마무리하자.

## 10.5 베이지안 밴딧

카지노에 가 본 적이 있다면, '원 암드 밴딧one-armed bandit'이라고도 불리는 슬롯 머신을 본 적이 있을 것이다. 슬롯 머신에는 팔 같은 손잡이가 하나 달려 있고 노상강도[3]처럼 돈을 가져가기 때문에 이렇게 불린다. 베이지안 밴딧 전략은 슬롯 머신을 단순화한 형태를 기반으로 문제를 푸는 전략이기 때문에 원 암드 밴딧의 이름을 따왔다.

슬롯 머신을 계속 쓰고 있다고 가정하자. 여기서 이길 확률은 정해져 있다. 그리고 각각의 슬롯 머신마다 이길 확률이 다 다르지만, 그 확률이 얼마인지는 알 수 없다.

처음에는 각 슬롯 머신 각각에 대한 사전 믿음은 동일하기 때문에, 특정 슬롯 머신을 선호할 이유가 없다. 하지만 각 슬롯 머신에서 게임을 몇 번씩 해보면, 이 결과로 확률을 추정할 수 있다. 그리고 그 추정한 확률을 기반으로 다음에는 어떤 슬롯 머신을 고를 지 정할 수 있다.

이에 대한 상위 개념이 베이지안 밴딧 전략이다. 그럼 좀 더 자세히 살펴보자.

## 10.6 사전 믿음

승률에 대해 아무것도 모르고 있을 때는, 균등분포로 시작한다.

```
xs = np.linspace(0, 1, 101)
prior = Pmf(1, xs)
prior.normalize()
```

3 옮긴이_ 밴딧bandit의 사전적 의미. 용어 번역 상 이 책에서는 주로 '밴딧'이라고 사용함

4개의 슬롯 머신 중 하나를 고른다고 가정하면, 사전확률분포를 4개로 복사한 후, 각 슬롯 머신에 하나씩 할당한다.

```
beliefs = [prior.copy() for i in range(4)]
```

4개의 슬롯 머신의 사전확률분포는 다음과 같다.

```
plot(beliefs)
```

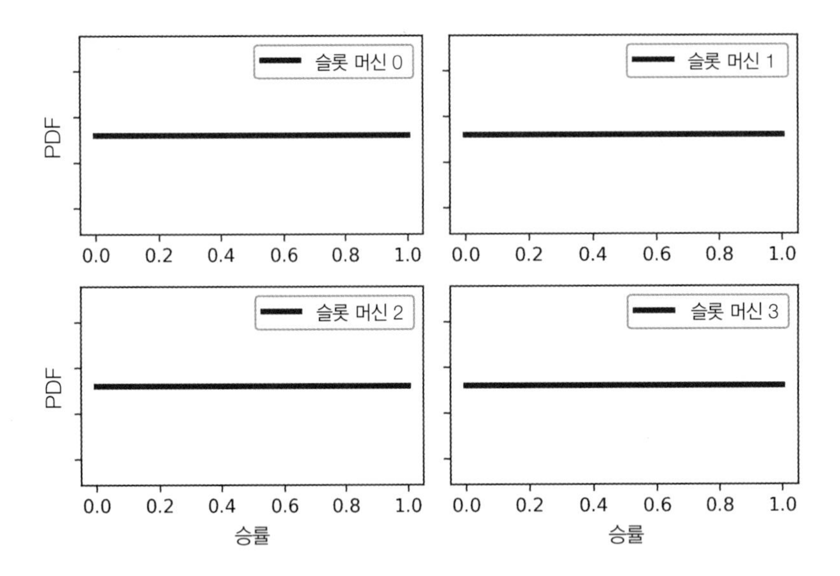


## 10.7 갱신

게임을 한 판씩 해가면서, 이 결과로 우리의 믿음을 갱신한다. 갱신에는 다음 함수를 사용한다.

```
likelihood = {
    'W': xs,
    'L': 1 - xs
}
```

```
def update(pmf, data):
    """승률을 갱신한다."""
    pmf *= likelihood[data]
    pmf.normalize()
```

이 함수는 사전확률을 갱신한다. pmf는 승률 x의 사전확률을 나타내는 Pmf다.

data는 문자열로, 이긴 경우 W, 진 경우 L이 표기되어 있다.

데이터의 가능도는 결과에 따라 xs나 1-xs다.

슬롯 머신 하나를 선택해서, 게임을 10회 하고, 한 번 이겼다고 하자. 이 결과에 따라 다음과 같이 x의 사후분포를 구할 수 있다.

```
bandit = prior.copy()

for outcome in 'WLLLLLLLLL':
    update(bandit, outcome)
```

사후분포는 다음과 같다.

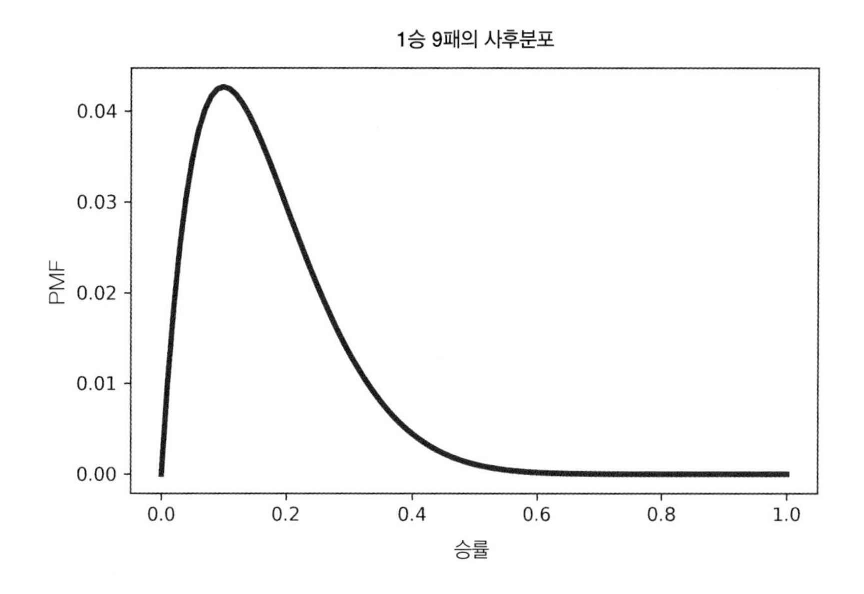

## 10.8 여러 개의 밴딧

이번에는 다음의 확률을 가지는 네 개의 슬롯 머신이 있다고 하자.

```
actual_probs = [0.10, 0.20, 0.30, 0.40]
```

슬롯 머신을 쓰는 사람은 이 확률을 모른다는 것을 기억하자.

다음 함수는 슬롯 머신의 인덱스를 가져와서, 슬롯 머신을 1회 시뮬레이션 하고, 결과를 W나 L로 반환한다.

```
from collections import Counter

# 각 슬롯 머신을 몇 회 실행했는지 센다.
counter = Counter()

def play(i):
    """슬롯 머신 i를 실행한다.

    i: 실행할 슬롯 머신의 인덱스

    반환값: 문자열 'W' 혹은 'L'
    """
    counter[i] += 1
    p = actual_probs[i]
    if np.random.random() < p:
        return 'W'
    else:
        return 'L'
```

counter는 각 슬롯 머신이 몇 회 실행되었는 지를 추적하기 위해 사용하는 딕셔너리 유형인 Counter다.

다음은 각 슬롯 머신을 10회 돌리는 경우를 테스트한 것이다.

```
for i in range(4):
    for _ in range(10):
        outcome = play(i)
        update(beliefs[i], outcome)
```

내부 반복문이 한 번씩 실행될 때마다, 슬롯 머신을 한 번 돌리고 믿음을 갱신한다.

이 때 사후 믿음은 다음과 같이 나타난다.

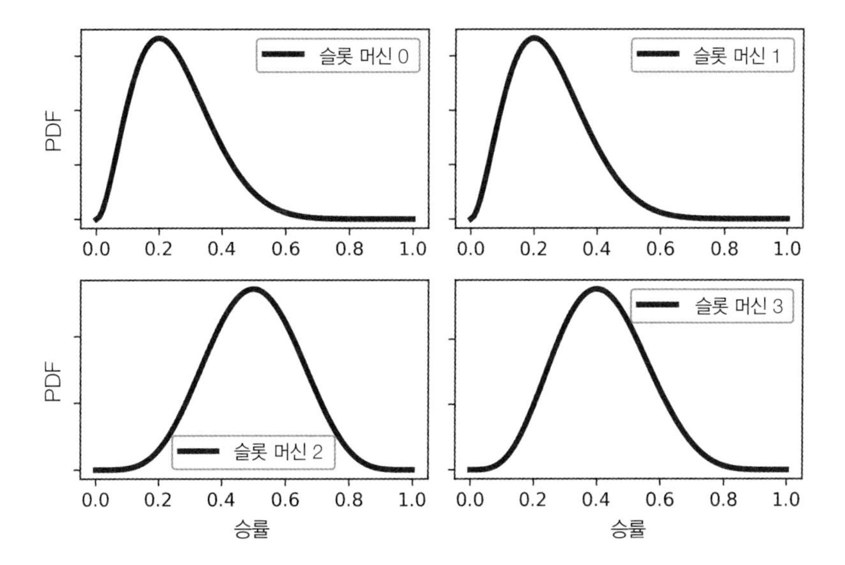


실제 확률과 사후평균, 90% 신뢰구간은 다음과 같다.

| | Actual P(win) | Posterior mean | Credible interval |
|---|---|---|---|
| 0 | 0.1 | 0.25 | [0.08,0.47] |
| 1 | 0.2 | 0.25 | [0.08,0.47] |
| 2 | 0.3 | 0.5 | [0.27,0.73] |
| 3 | 0.4 | 0.417 | [0.2,0.65] |

신뢰구간에 대부분의 실제 확률이 포함되어 있을 것이라고 예상한다.

## 10.9 탐색과 활용

이 사후분포를 근거로 했을 때, 다음에는 어떤 슬롯 머신을 선택할까? 한 가지 선택지로는 가장 높은 사후평균을 가진 슬롯 머신을 선택하는 방법이 있다.

이는 나쁜 생각은 아니지만, 한 가지 단점이 있다. 우리는 각 슬롯 머신에서 몇 번씩밖에 게임을 하지 않았기 때문에, 사후분포는 넓고 겹치는 부분도 많다. 즉 어느 슬롯 머신이 가장 나은지 확실하지 않다는 말이다. 만약 한 슬롯 머신에 너무 빨리 정착해 버린다면, 잘못 고른 슬롯 머신에서 더 많이 게임을 하게 될 수도 있다.

이런 문제를 피하려면, 다른 극단적인 경우를 생각해 볼 수 있을 것이다. 우리가 가장 확률이 좋은 슬롯 머신을 찾았다고 확신할 수 있을 때까지 모든 슬롯 머신에서 동일한 횟수로 게임을 한 후, 슬롯 머신을 골라서 게임을 하는 방법이 있다.

이 역시도 나쁜 생각은 아니지만, 여기에도 단점이 있다. 데이터를 모으는 동안에는 그 데이터를 제대로 활용하지 못한다. 우리가 어떤 슬롯 머신이 가장 나은 지를 알 때까지, 안 좋은 슬롯 머신에서도 그만큼 게임해야 한다.

베이지안 밴딧 전략은 데이터 수집과 활용을 동시에 함으로써 양쪽의 단점을 모두 피한다. 달리 말해서, 탐색과 활용 사이에서 균형을 잡는다.

이 아이디어의 핵심은 톰슨 샘플링Thompson sampling[4]이라고 불린다. 슬롯 머신을 임의로 고를 때, 각 슬롯 머신을 고를 확률이 이 슬롯 머신이 가장 나을 확률에 비례하도록 한다.

주어진 사후분포에서, 각 슬롯 머신이 '가장 우수할 확률'을 구할 수 있다.

다음은 이를 구하는 한 가지 방법이다. 다음과 같이 각 사후분포에서 1,000개의 값을 임의로 가져온다.

```
samples = np.array([b.choice(1000)
                    for b in beliefs])
samples.shape
```

```
(4, 1000)
```

4 *https://oreil.ly/YgExH*

결괏값은 4개의 행과 1,000개의 열을 가진다. 이 결과에 argmax()를 취해서 각 열에서 가장 큰 값의 인덱스를 찾을 수 있다.

```
indices = np.argmax(samples, axis=0)
indices.shape
```

```
(1000,)
```

이 인덱스의 Pmf는 각 슬롯 머신에서 가장 높은 값이 나올 횟수의 비율이다.

```
pmf = Pmf.from_seq(indices)
pmf
```

| | probs |
|---|---|
| 0 | 0.048 |
| 1 | 0.043 |
| 2 | 0.625 |
| 3 | 0.284 |

이 비율은 각 슬롯 머신이 가장 우수할 확률을 대략적으로 보여준다. 이제 이 Pmf로부터 값을 가져와서 다음 슬롯 머신을 선택한다.

```
pmf.choice()
```

```
1
```

하지만 매번 단일 값을 선택하는 것은 번거롭고, 이를 훨씬 간단하게 하는 방법이 있으므로 굳이 이렇게 할 필요가 없다.

각 사후분포에서 임의로 값을 하나씩 가져와서 이 중 가장 높은 값을 갖는 슬롯 머신을 고른다면, 가장 우수할 확률의 비율대로 각 슬롯 머신을 고르게 되는 것을 알 수 있다.

다음 함수는 이 과정을 실행한다.

```
def choose(beliefs):
    """톰슨 샘플링을 사용해서 슬롯 머신을 선택한다.

    각 분포에서 값을 하나씩 가져온다.

    반환값: 가장 높은 값을 가진 슬롯 머신의 인덱스
    """
    ps = [b.choice() for b in beliefs]
    return np.argmax(ps)
```

이 함수에서는 각 슬롯 머신의 사후분포에서 값을 하나씩 가지고 와서, `argmax()`를 사용해서 가장 높은 값을 가진 슬롯 머신의 인덱스를 찾는다.

실행한 예는 다음과 같다.

```
choose(beliefs)
```

```
3
```

## 10.10 전략

이 과정을 종합해서 다음과 같이 슬롯 머신을 고르고 한 번 실행한 후, 믿음을 갱신하는 함수를 만든다.

```
def choose_play_update(beliefs):
    """슬롯 머신을 고르고, 실행한 후, 믿음을 갱신함."""

    # 슬롯 머신을 고름
    machine = choose(beliefs)

    # 실행
```

```
    outcome = play(machine)

    # 믿음 갱신
    update(beliefs[machine], outcome)
```

새로운 믿음 집합과 빈 Counter를 사용해서 테스트해보자.

```
beliefs = [prior.copy() for i in range(4)]
counter = Counter()
```

밴딧 알고리즘을 100회 실행하면, 다음과 같이 믿음이 갱신된 것을 볼 수 있다.

```
num_plays = 100

for i in range(num_plays):
    choose_play_update(beliefs)

plot(beliefs)
```

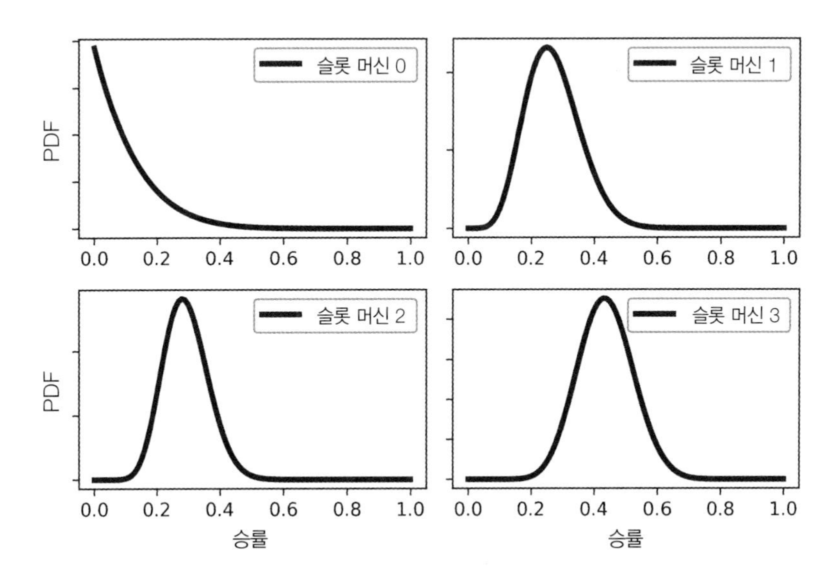


결과는 다음 표와 같이 요약할 수 있다.

|  | Actual P(win) | Posterior mean | Credible interval |
|---|---|---|---|
| 0 | 0.1 | 0.107 | [0.0, 0.31] |
| 1 | 0.2 | 0.269 | [0.14, 0.42] |
| 2 | 0.3 | 0.293 | [0.18, 0.41] |
| 3 | 0.4 | 0.438 | [0.3, 0.58] |

보통 신뢰구간에는 실제 승률이 포함된다. 추정치는 여전히 대략적이고, 특히 낮은 확률의 슬롯 머신에서는 이런 경향이 더 나타난다. 하지만 이는 원래 그런 것이며, 잘못된 것이 아니다. 여기서의 목표는 가장 높은 승률을 가지는 슬롯 머신에서 게임을 더 많이 하는 것이다. 추정치를 보다 명확하게 하는 것은 이 목표를 향한 과정이지, 이 자체가 목표는 아니다.

더욱 중요한 내용인, 슬롯 머신을 각각 몇 번이나 실행했는 지를 살펴보자.

|  | Actual P(win) | Times played |
|---|---|---|
| 0 | 0.1 | 7 |
| 1 | 0.2 | 24 |
| 2 | 0.3 | 39 |
| 3 | 0.4 | 30 |

모든 것이 계획대로 된다면, 높은 확률을 가진 슬롯 머신을 보다 자주 실행하게 된다.

## 10.11 요약

이 장에서는 유로 동전 문제에서 이 데이터가 동전이 균일한지 한 쪽으로 치우쳤는지에 대한 가설에 대해 데이터가 근거가 되는 지를 판단하는 부분을 드디어 해결했다. 우리는 이 답이 '치우침'을 어떻게 정의하는 지에 따라 달라질 수 있다는 것을 알아냈다. 그리고 이 결과를 증거의 강도를 수치로 나타내는 베이즈 계수로 요약했다.

하지만 질문 자체가 흥미롭지 않았기 때문에 답변 역시 그다지 만족스럽지 않았을 것이다. 동전이 치우쳤는 지의 여부를 알았을 때 보다 나은 의사결정이 가능하다든가 더 좋은 예측을 하는 데 도움이 되는 게 아니라면, 이 내용은 그다지 필요가 없다.

보다 흥미로운 질문의 예로, 슬롯 머신 문제와 이를 푸는 전략을 살펴보았다. 베이지안 밴딧 알고리즘은 탐색과 활용 간에 균형을 잡으면서, 보다 많은 정보를 수집하고 현재 보유하고 있는 정보를 최적으로 활용할 수 있도록 한다.

연습 문제에서 표준화된 시험을 위한 적응형 전략을 살펴보자.

베이지안 밴딧과 적응형 시험은 사후분포를 의사결정 과정의 일부로 사용하는 개념인 베이지안 의사결정론[5]의 한 가지 예제다. 여기서는 평균적으로 예상 비용을 최소화하는(혹은 이득을 최대로 하는) 행동을 선택한다.

9.8절의 '예상 수익 최대화'에서 〈그 가격이 적당해요〉에서 입찰가를 정할 때 사용한 전략은 또 다른 예다.

이런 여러 전략은 전통적인 통계에 비해 베이지안 방법론이 가지고 있는 가장 큰 장점을 보여준다. 우리가 확률 분포 형태로 지식을 표현하면, 베이즈 이론은 우리가 데이터를 더 모았을 때 믿음이 어떻게 바뀔 지를 알려주고, 베이지안 의사결정론은 이런 지식을 어떻게 실현해야 할지 보여준다.

## 10.12 연습 문제

### 문제 10-2

SAT[6]같이 표준화된 시험은 종종 대학 입학 과정 중 하나의 단계로 쓰인다. SAT의 목적은 시험 대상자가 대학 과정을 이수할 준비가 되었는지를 측정하는 것이다. 만약 이 시험이 정확하다면, 결과 점수는 시험 영역의 실제 능력을 반영할 것이다.

최근까지 SAT같은 시험은 수기로 치뤄졌으나, 오늘날에는 온라인으로 시험을 보는 선택지도 제공된다. 온라인으로 시험을 보는 경우 시험을 '적응형'[7], 즉 이전 질문에 어떤 답을 했는지에 따라 다음 질문을 선택하는 방식으로 만들 수 있다.

---

5 *https://oreil.ly/KnMeS*

6 *https://oreil.ly/AdzPO*

7 *https://oreil.ly/b20lk*

한 학생이 처음 몇 문제를 맞췄다면, 더 어려운 문제를 제시하여 시험 난이도를 높일 수 있다. 만약 계속 고전하고 있다면, 보다 쉬운 문제를 제시할 수 있다. 적응형 시험은 동일한 수의 문제를 가지고 시험을 보는 사람의 능력을 보다 정확하게 측정할 수 있으므로 보다 '효율적'일 가능성이 있다.

이 가정이 맞을지 살펴보기 위해, 적응형 시험의 모델을 만들고 측정치의 정확성을 수치화해 보자.

이에 대한 보다 자세한 내용은 파이썬 노트북을 참고하자.

CHAPTER 11

# 비교

이 장에서는 하나 이상의 변수에 대한 분포를 사용할 때 유용한 수단인 결합분포를 소개한다.

결합분포를 사용해서 실제 문제를 풀기 전에, 우리 방식대로 먼저 우스운 문제를 풀어보자. 우스운 문제가 무엇이냐면, 한 사람이 다른 사람보다 크다는 정보 하나만으로 두 사람의 키가 어떻게 되는 지를 추정한다. 그리고 실제 문제는 경기 결과를 기반으로 체스 선수(혹은 다른 경기 참가자)의 순위를 매긴다. 결합분포를 만들고 이 문제의 가능도를 구하는 데는 외적 및 비슷한 연산을 사용한다. 그럼 이 연산부터 살펴보도록 하자.

## 11.1 외적 연산

두 수열의 '외적'을 사용하면 많은 유용한 연산을 할 수 있다. 다음과 같이 x와 y의 두 수열이 있다고 하자.

```
x = [1, 3, 5]
y = [2, 4]
```

이 수열의 외적은 각 수열의 값의 모든 쌍의 곱으로 이루어진 배열이다. 외적을 구하는 방법엔 여러 가지가 있으나, 추측컨대 가장 다용도로 사용되는 것은 '메쉬 그리드mesh grid'다.

넘파이에는 메쉬 그리드를 구하는 `meshgrid()`라는 함수가 있다. 이 함수에 수열 두 개를 넣으면, 두 개의 배열을 반환한다.

```
import numpy as np

X, Y = np.meshgrid(x, y)
```

첫 배열은 x를 행으로 복사해서 넣는다. 이 때 행의 수는 y의 길이와 같다.

```
X
```

```
array([[1, 3, 5],
       [1, 3, 5]])
```

두 번째 배열은 y를 열로 복사해서 넣는다. 이 때 열의 수는 x의 길이다.

```
Y
```

```
array([[2, 2, 2],
       [4, 4, 4]])
```

두 배열은 크기가 같으므로, 곱셈 같은 수학 연산을 적용할 수 있다.

```
X * Y
```

```
array([[ 2, 6, 10],
       [ 4, 12, 20]])
```

이 결과는 x와 y의 외적이다. 이 값을 데이터프레임에 넣으면 보다 확실하게 이해할 수 있다.

```
import pandas as pd

df = pd.DataFrame(X * Y, columns=x, index=y)
df
```

| | 1 | 3 | 5 |
|---|---|---|---|
| 2 | 2 | 6 | 10 |
| 4 | 4 | 12 | 20 |

x의 값이 열 이름으로 나오고, y의 값이 행 이름으로 나왔다. 각각의 값은 x의 한 개의 값과 y의 한 개의 값의 곱이다.

메쉬 그리드를 사용해서 x의 각 원소와 y의 각 원소의 합을 갖는 배열을 만드는 외적 합 같은 다른 연산도 할 수 있다.

```
X + Y
```

```
array([[3, 5, 7],
       [5, 7, 9]])
```

x의 원소와 y의 원소를 비교하는 비교 연산자도 사용할 수 있다.

```
X > Y
```

```
array([[False, True, True],
       [False, False, True]])
```

이 때 결과는 불리언 값의 배열로 나타난다.

이 연산자를 사용하는 게 유용한 지 아직은 잘 모르겠지만, 곧 예제를 접하면 알게 된다. 이 연산자를 사용해서 새로운 베이지안 문제를 풀어보자.

## 11.2 A의 키는 얼마인가?

미국의 성인 남성 중 두 명을 임의로 골랐다고 하자. 이 둘을 A와 B라고 부르자. 만약 A가 B보다 큰 것 같을 때, A의 키는 얼마인가?

이 문제를 풀려면 다음과 같은 단계가 필요하다.

1. 키에 대한 사전분포를 만들기 위해 미국 남성의 키에 대한 배경지식을 사용한다.
2. A와 B의 키에 대한 사전결합분포를 만든다(그리고 이에 대해서 설명한다).
3. A가 더 크다는 정보를 사용해서 사전분포를 갱신한다.
4. 사후결합분포에서 A의 키의 사후분포를 가져온다.

미국 성인 남성의 평균 키는 178cm이고 표준 편차는 7.7cm다. 키의 분포는 정확히 정규분포를 따르지 않는데, 아마도 현실 세계에서 정규분포를 따르는 수치는 없을 것이다. 하지만 정규분포는 실제 분포에 대한 꽤 좋은 모델이므로, 여기서는 일단 A와 B의 키의 사전분포를 모델링하는 데 정규분포를 사용하기로 한다.

다음은 평균에서 위 아래로 3 표준편차까지의 구간에 동일한 간격을 둔 배열이다(일부 반올림을 했다).

```
mean = 178
qs = np.arange(mean-24, mean+24, 0.5)
```

사이파이에는 평균과 표준편차를 넣으면 정규분포를 만들어주는 `norm()`이라는 함수가 있다. 이 함수에는 정규분포의 확률밀도함수(PDF)를 구해주는 `pdf()`가 있다.

```
from scipy.stats import norm

std = 7.7
ps = norm(mean, std).pdf(qs)
```

확률 밀도는 확률은 아니지만, 이 값을 `Pmf()`에 넣고 정규화하면, 정규분포의 이산 근사치가 나온다.

```
from empiricaldist import Pmf

prior = Pmf(ps, qs)
prior.normalize()
```

결과는 다음과 같다.

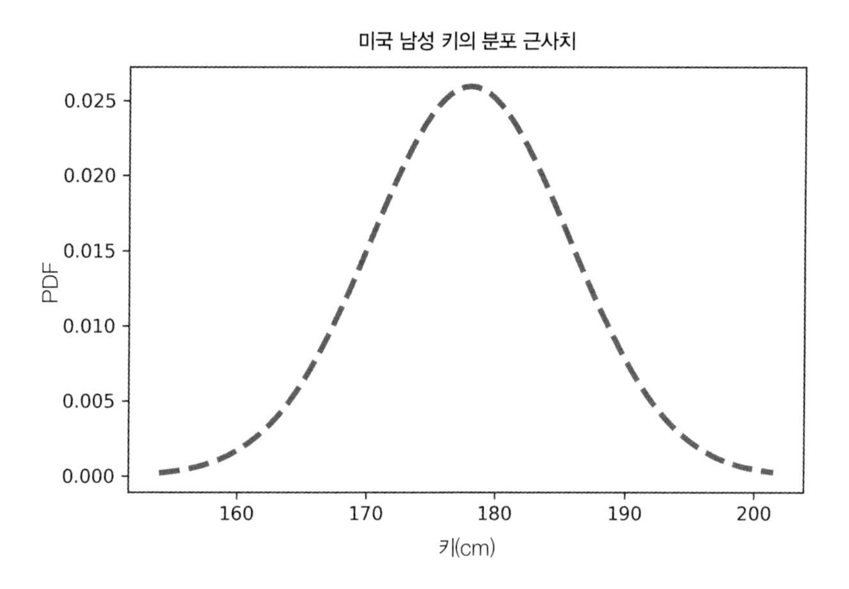


이 분포는 A가 B보다 크다는 데이터를 접하기 전에 A와 B의 키에 대한 믿음을 나타낸다.

## 11.3 결합분포

다음 단계는 키의 모든 쌍에대한 확률을 나타내는 분포인 결합분포를 만드는 것이다. 결합분포의 원소는 다음과 같이 표기한다.

$$P(A_x \ and \ B_y)$$

이 값은 모든 $x$와 $y$에 대해 A의 키가 $x$ cm이고 B의 키가 $y$ cm일 확률을 나타낸다.

지금까지 우리가 알고 있는 전부는 A와 B가 남성인 미국 거주자라는 것뿐이므로, 이 둘의 키는 서로 독립적이다. 즉, A의 키에 대해서 안다고 해도 이 정보가 B의 키를 파악하는 데 어떤 도움도 되지 않는다.

이 경우, 결합 확률은 다음과 같이 구할 수 있다.

$$P(A_x \ and \ B_y) = P(A_x)P(B_y)$$

각 결합분포는 x의 분포 중의 한 원소와 y의 분포 중 한 원소 간의 곱이다.

따라서 A와 B의 키의 분포를 나타내는 Pmf 객체가 있다면 각 Pmf의 확률의 외적을 구함으로써 결합분포를 만들 수 있다.

다음 함수는 두 개의 Pmf 객체를 취해서 결합분포를 나타내는 데이터프레임을 만든다.

```
def make_joint(pmf1, pmf2):
    """두 Pmf의 외적을 구함."""
    X, Y = np.meshgrid(pmf1, pmf2)
    return pd.DataFrame(X * Y, columns=pmf1.qs, index=pmf2.qs)
```

결괏값의 열의 이름은 pmf1의 값이고, 행의 이름은 pmf2의 값이다.

이 예제에서, A와 B의 사전분포는 동일하므로 다음과 같이 결합분포를 구할 수 있다.

```
joint = make_joint(prior, prior)
joint.shape
```

```
(96, 96)
```

이 결괏값으로 열 이름에 A의 가능한 키가 들어가고, 행 이름에 B의 가능한 키가 들어가며, 원소로는 각 값의 결합 확률이 들어간 데이터프레임이 나온다.

사전분포가 정규화되어 있다면, 사전결합분포 역시 정규화되어 있다.

```
joint.to_numpy().sum()
```

```
1.0
```

모든 원소의 값을 더하려면 sum()을 호출하기 전에 데이터프레임을 넘파이 배열로 변환해야 한다. Dataframe.sum()은 열의 값을 구한 후 시리즈 형태의 결괏값을 반환한다.

## 11.4 결합분포 시각화

다음 함수는 pcolormesh()를 사용해서 결합분포의 그래프를 그린다.

```
import matplotlib.pyplot as plt

def plot_joint(joint, cmap='Blues'):
"""컬러 메쉬를 사용해서 결합분포를 그래프로 나타냄."""
    vmax = joint.to_numpy().max() * 1.1
    plt.pcolormesh(joint.columns, joint.index, joint,
                   cmap=cmap,
                   vmax=vmax,
                   shading='nearest')
    plt.colorbar()

    decorate(xlabel='A height in cm',
             ylabel='B height in cm')
```

사전결합분포는 다음과 같이 나타난다.

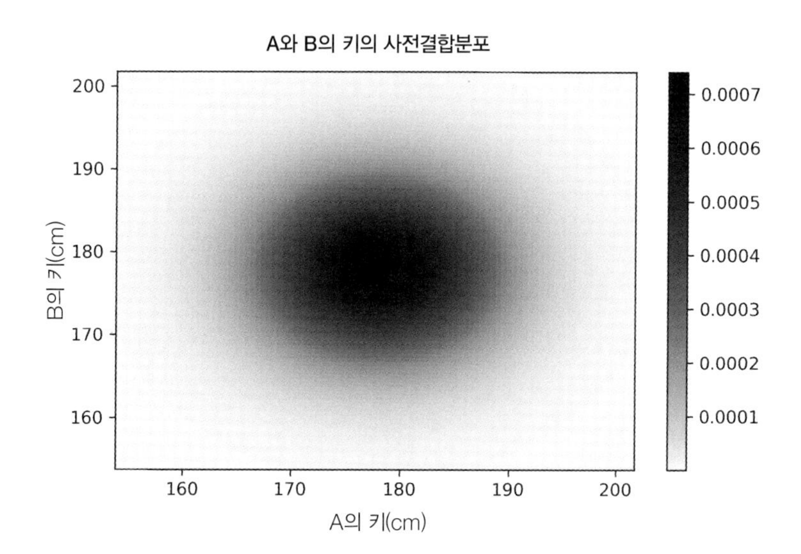

예상했겠지만, 확률은 평균 키 부근에서 가장 높고(그래프에서 가장 어둡고) 평균에서 떨어질수록 낮아진다. 결합분포를 나타내는 다른 방법은 등고선 형태로 나타내는 방법이다.

```
def plot_contour(joint):
    """결합분포를 등고선 그래프로 그림."""
    plt.contour(joint.columns, joint.index, joint,
                linewidths=2)
    decorate(xlabel='A height in cm',
             ylabel='B height in cm')
```

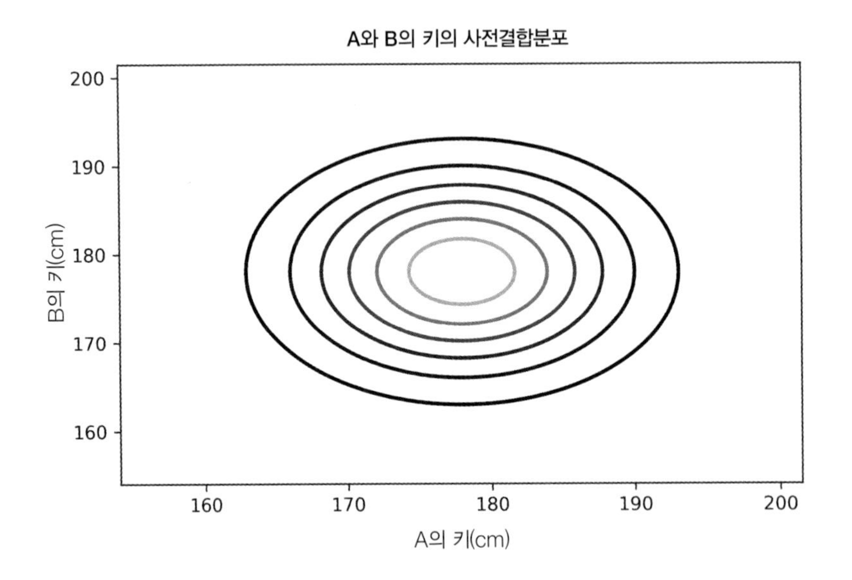


각 선은 동일한 확률 범위를 나타낸다.

## 11.5 가능도

사전결합분포가 마련되었으니, 여기에 $A$가 $B$보다 크다는 데이터를 사용해서 갱신할 수 있다. 결합분포의 각 원소는 $A$와 $B$의 키에 대한 가설을 나타낸다. 키에 대한 모든 쌍의 가능도를 구하려면, 다음과 같이 사전분포에서 행과 열의 이름을 추출한다.

```
x = joint.columns
y = joint.index
```

이렇게 구한 값으로 메쉬 그리드를 만든다.

```
X, Y = np.meshgrid(x, y)
```

X에는 A의 가능한 키의 값인 x의 값이 복사되어 들어있고, Y에는 y에 있는 B의 가능한 키 값이 들어있다. X와 Y를 비교하게 되면, 그 결괏값은 불리언 배열이 된다.

```
A_taller = (X > Y)
A_taller.dtype
```

```
dtype('bool')
```

여기서는 np.where()을 사용해서 A_taller가 True인 경우 1이 되고 아닌 경우 0이 되는 배열을 만든 후, 이를 사용해서 가능도를 구한다.

```
a = np.where(A_taller, 1, 0)
```

x의 값을 열 이름으로 놓고 y의 값을 행 이름으로 놓은 데이터프레임을 만들어 이 가능도 배열을 시각화한다.

```
likelihood = pd.DataFrame(a, index=x, columns=y)
```

그러면 다음과 같이 나타난다.

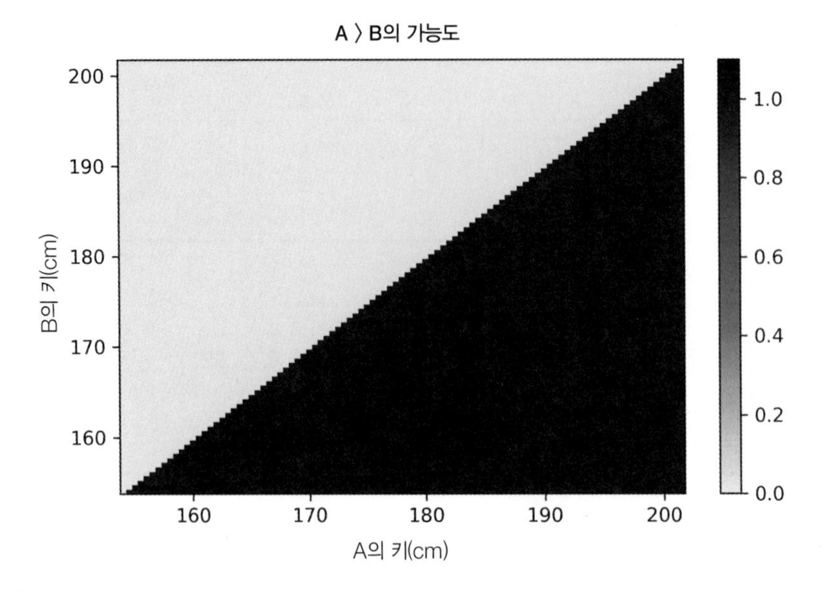


이 데이터의 가능도는 X > Y인 경우 1이고 아닌 경우 0이다.

## 11.6 갱신

사전분포도 있고, 가능도도 있으니, 이제 갱신을 할 수 있다. 늘 그렇듯이, 정규화되지 않은 사후분포는 사전분포와 가능도의 곱이다.

```
posterior = joint * likelihood
```

다음 함수를 사용해서 사후분포를 정규화한다.

```
def normalize(joint):
    """결합분포를 정규화한다."""
    prob_data = joint.to_numpy().sum()
    joint /= prob_data
    return prob_data
```

```
normalize(posterior)
```

결과는 다음과 같다.

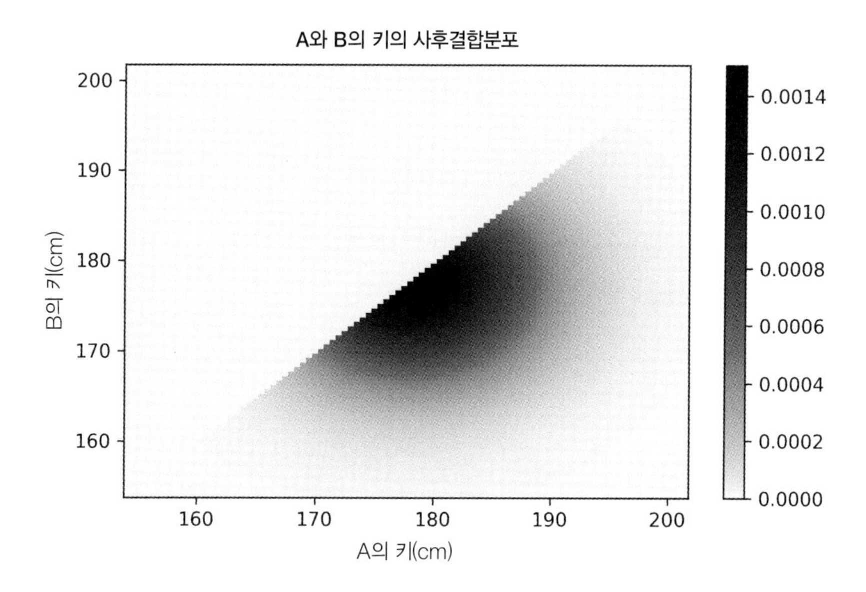


B가 A보다 큰 경우에 해당하는 모든 쌍은 제거했다. 남은 사후확률은 재정규화되었다는 것을 제외하면 사전분포와 동일하게 생겼다.

## 11.7 주변분포

사후결합분포는 주어진 사전분포와 A가 더 크다는 정보하에서 A와 B의 키에 대한 믿음이 어떤지를 보여준다.

이 결합분포로부터 A와 B의 사후분포를 구할 수 있다. 어떻게 하는 지는 다음의 간단한 문제를 풀면서 살펴보자.

A가 180cm일 확률을 알아보고자 한다고 하자. 그럼 우선 이 결합분포에서 x=180인 열을 선택한다.

```
column = posterior[180]
column.head()
```

```
154.0 0.000010
154.5 0.000013
155.0 0.000015
155.5 0.000019
156.0 0.000022
Name: 180.0, dtype: float64
```

이 열에는 x=180일 때의 모든 경우에 대한 사후확률값이 들어있다. 이 값을 다 더하면, A의 키가 180cm일 때의 총 확률이 나올 것이다.

```
column.sum()
```

```
0.03017221271570807
```

약 3% 정도 된다.

그럼, A의 사후확률분포를 구하려면, 다음과 같이 각 열을 모두 더하면 된다.

```
column_sums = posterior.sum(axis=0)
column_sums.head()
```

```
154.0 0.000000e+00
154.5 1.012260e-07
155.0 2.736152e-07
155.5 5.532519e-07
156.0 9.915650e-07
dtype: float64
```

axis=0 인자는 열 기준으로 더하고 싶다는 뜻이다.

결과는 A의 가능한 모든 키에 대한 확률을 가지는 시리즈 형태로 나타난다. 즉, 이 객체는 A의 키의 분포다.

이 값을 다음과 같이 Pmf에 넣어보자.

```
marginal_A = Pmf(column_sums)
```

결합분포로부터 단일 변수의 분포를 가져오는 경우, 이 결과를 **주변분포** marginal distribution 이라고 한다. 이 이름은 보통 가운데에 결합분포를 나타내고 주변에 주변분포를 나타내는 일반적인 시각화 기법에서 가지고 왔다.

A의 주변분포는 다음과 같다.

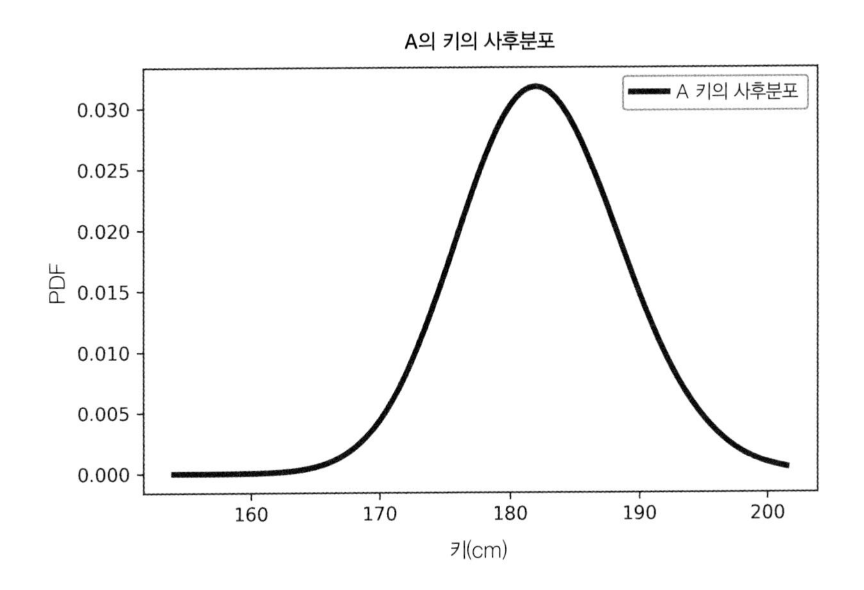


비슷한 방식으로, 각 행을 더해서 B의 사후분포를 구한 후 이 값을 Pmf에 넣는다.

```
row_sums = posterior.sum(axis=1)
marginal_B = Pmf(row_sums)
```

결과는 다음과 같다.

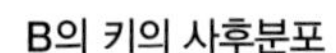


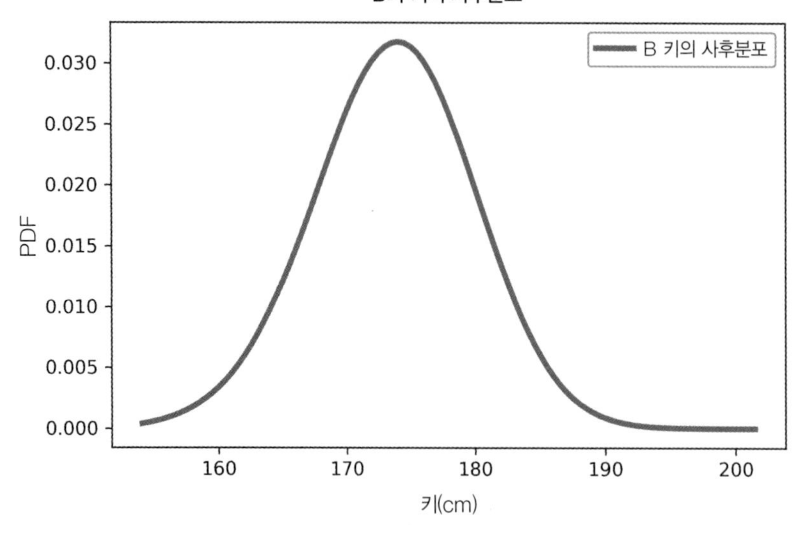


이 절의 코드를 함수로 만들어보자.

```
def marginal(joint, axis):
    """주변분포를 구한다."""
    return Pmf(joint.sum(axis=axis))
```

`marginal()`은 매개변수로 결합분포와 축 번호를 받는다.

- `axis=0` 이면, 첫 번째 인자($x$축 기준)의 주변분포를 구한다.
- `axis=1` 이면, 두 번째 인자($y$축 기준)의 주변분포를 구한다.

따라서 다음과 같이 실행하면 두 주변분포를 모두 구할 수 있다.

```
marginal_A = marginal(posterior, axis=0)
marginal_B = marginal(posterior, axis=1)
```

이 결과를 사전분포와 같이 나타내면 다음과 같다.

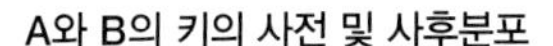


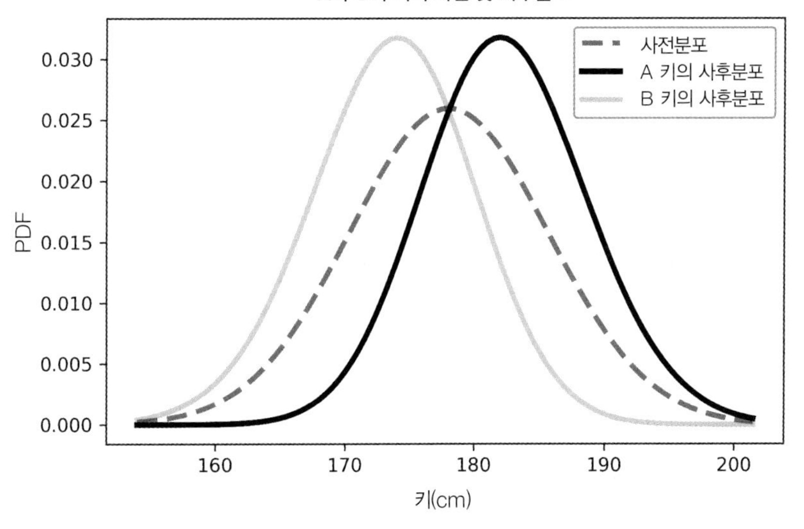


예상했던 것처럼, A의 사후분포는 오른쪽으로 이동했고 B의 사후분포는 왼쪽으로 이동했다.

사후평균을 구해서 이 결과를 요약할 수 있다.

```
prior.mean()
```

```
177.99516026921506
```

```
print(marginal_A.mean(), marginal_B.mean())
```

```
182.3872812342168 173.6028600023339
```

A가 B보다 크다는 관측 결과를 기반으로, A는 평균보다 조금 더 크고, B는 조금 작다고 믿게 되었다.

이 때 사후분포가 사전분포보다 좀 더 가운데로 모인 구조임을 확인하자. 이는 표준편차를 통해 수치로 나타낼 수 있다.

```
prior.std()
```

```
7.624924796641578
```

```
print(marginal_A.std(), marginal_B.std())
```

```
6.270461177645469 6.280513548175111
```

사후분포의 표준편차가 좀 더 작으므로, A와 B의 키를 비교한 결과를 안 후 둘의 키에 대해 좀 더 확신이 생겼다는 것을 알 수 있다.

## 11.8 사후조건부확률

A의 키를 잰 후 키가 170cm임을 알게 되었다고 하자. 그러면 B에 대해서 어떤 말을 할 수 있을까?

결합분포에서, 각 열은 A의 가능한 키 값이다. 다음과 같이 170cm에 해당하는 열을 선택한다.

```
column_170 = posterior[170]
```

이 결과는 B의 가능한 키와 이 키에 해당하는 가능도를 나타내는 시리즈다. 이 가능도는 정규화되지 않았으므로, 다음과 같이 정규화할 수 있다.

```
cond_B = Pmf(column_170)
cond_B.normalize()
```

```
0.004358061205454471
```

`Pmf`를 만들면 기본적으로 데이터를 복사하므로, `column_170`이나 `posterior`에 아무런 영향을 주지 않고 `cond_B`를 정규화할 수 있다. 이 결과는 A의 키가 170cm라는 정보가 주어졌을 때의 B의 키에 대한 조건부확률분포다.

결과는 다음과 같다.

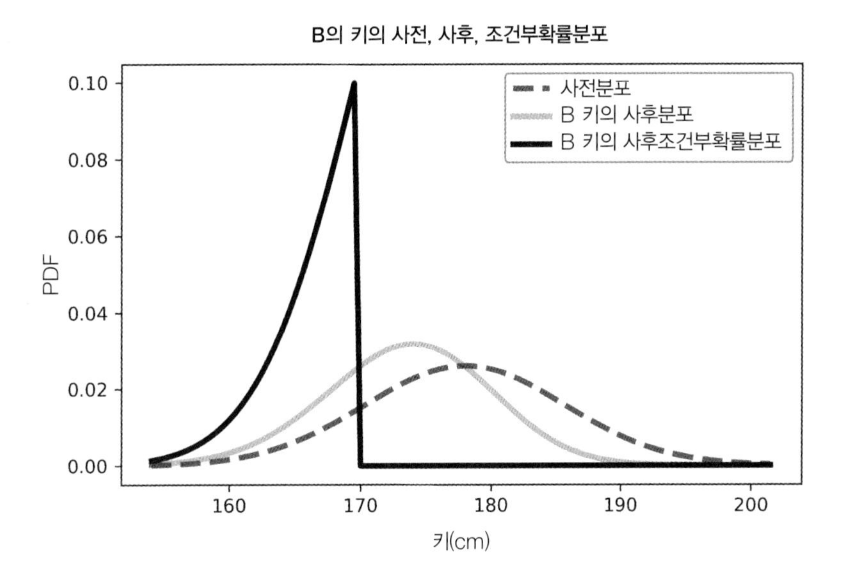


사후조건부확률분포는 170cm에서 잘려 나가있다. 이미 우리는 B가 A보다 작고 A가 170cm라는 사실을 확실히 알고 있기 때문이다.

## 11.9 의존성과 독립성

사전결합분포를 만들때, A와 B의 키는 독립적이라고 언급했다. 즉 이 둘 중 한 명의 키를 안다고 해도 이 정보가 다른 한 명의 키를 아는 데 아무런 도움이 되지 않는다는 말이다. 달리 말하자면, $P(A_x|B_y)$는 조건부확률이 아닌 $P(A_x)$와 동일하다.

하지만 사후분포의 경우, $A$와 $B$는 독립적이지 않다. 우리가 A가 B보다 크다는 사실과, A의 키가 얼마인지 안다는 것은, B의 키에 대한 정보가 된다.

앞서 구한 조건부확률분포를 통해 이런 의존성을 파악할 수 있다.

## 11.10 요약

이 장에서는 결합분포를 구하는 데 사용한 외적 곱 같은 '외적' 연산을 익히는 것에서부터 시작했다.

일반적으로는 두 개의 주변분포로부터 결합분포를 만들 수 없지만, 두 분포가 독립적인 경우에는 가능하다.

베이지안 갱신 과정을 확장해서 여기에 결합분포를 적용해 보았다. 그리고 사후결합분포로부터 사후주변분포와 사후조건부분포를 만들어냈다.

연습 문제에서는, 이 장의 내용과 동일한 과정을 조금 더 어렵지만 훨씬 유용한 문제인, 경기 결과를 사용해서 체스 선수의 순위를 갱신하는 문제를 풀면서 동일한 과정을 적용할 기회를 접하게 된다.

## 11.11 연습 문제

### 문제 11-1

전 예제의 결과를 기반으로, B가 180cm라고 했을 때 A의 사후조건부확률분포를 구하라.

**HINT** 데이터프레임에서 행을 가져올 때는 `loc()`을 사용한다.

### 문제 11-2

A가 B보다 크다는 것이 확실하다는 것을 알게 되었지만, B가 얼마나 큰 지는 모른다고 하자.

이 때 임의의 여성 C가 나타났고, C는 A보다 15cm 이상 작다는 사실을 알게 되었다. 이 때 A와 C의 키의 사후분포를 구해보자.

미국 평균 여성 신장은 163cm고, 표준편차는 7.3cm다.

## 문제 11-3

ELO 평점 시스템[1]은 체스 같은 경기에서 선수들의 기술 등급을 수치화하는 한 가지 방법이다. 이 시스템은 선수들의 평점과 경기 결과 간의 관계를 모델링한 것을 기반으로 한다. 좀 더 자세히 들여다보면, $R_A$가 A의 평점이고 $R_B$가 B의 평점이라고 했을 때, A가 B를 이길 확률은 로지스틱 함수[2] 형태로 만들 수 있다.

$$P(A\ beats\ B) = \frac{1}{1 + 10^{(R_B - R_A)/400}}$$

인수 10과 400은 평점 범위를 결정하기 위해 임의로 선택한 값이다. 체스의 경우 범위는 100에서 2,800까지다.

이길 확률은 단순히 순위 차이에 따라 달라진다고 하자. 예를 들어, 만약 $R_A$가 $R_B$보다 100점 높다면, A가 이길 확률은 다음과 같다.

```
1 / (1 + 10**(-100/400))
```

```
0.6400649998028851
```

A는 현재 평점이 1,600점이지만 정확한지는 모른다. 우리의 불확실성에 따라, 실제 평점은 평균 1,600에 표준편차 100인 정규분포로 나타낼 수 있다.

B는 현재 평점은 동일한 불확실 정도로, 현재 평점은 1,800점이고, 불확실 정도는 동일하자고 하자.

그러면 A와 B가 경기했을 때 A가 이겼다면, 평점을 어떻게 갱신해야 할까?

---

1 옮긴이_ 물리학 교수이자 체스 마스터인 아르파드 엘오(Arpad Elo) 교수가 미국 체스 연맹(USCF)에서 기존에 사용되던 하크니스 시스템(Harkness System)의 개선안으로 제시한 방법. 모든 선수의 실력이 정규분포를 띈다고 가정하고 만든 시스템으로 USCF에서 1960년에 이를 구현하고 사용하기 시작한 이후 지금까지 다양한 분야에서 널리 사용되고 있다. *https://oreil.ly/KooQn*

2 *https://oreil.ly/1BlBZ*

CHAPTER 12

# 분류

1990년대에 1세대 스팸 메일 필터[1]가 유명해지면서, 분류는 가장 유명한 베이지안 방식 활용 기법이 되었다.

이 장에서는, 남극의 팔머 장기 생태 연구 기지Palmer Long-Term Ecological Research Station에서 크리스틴 고먼 박사Dr.Kristen Gorman가 수집하고 공개한 데이터[2]를 사용해서, 베이지안 분류로 펭귄을 종별로 구분해본다.

## 12.1 펭귄 데이터

판다스를 사용해서 데이터를 데이터프레임 형태로 불러오자.

```
import pandas as pd

df = pd.read_csv('penguins_raw.csv')
df.shape
```

1 *https://oreil.ly/SsIt7*

2 Gorman, Williams, and Fraser, "Ecological Sexual Dimorphism and Environmental Variability within a Community of Antarctic Penguins(Genus Pygoscelis)", March 2014 (*https://oreil.ly/hTOM9*)

```
(344, 17)
```

데이터셋의 각 행은 펭귄별로 구분되고 각 열은 특성별로 구분되어 있다.

데이터셋에는 아델리Adélie, 턱끈Chinstrap, 젠투Gentoo 세 종의 펭귄 데이터가 들어있다.

여기서 사용할 측정치는 다음과 같다.

- 그램(g) 단위 체중
- 밀리미터(mm)단위 발 길이
- 밀리미터 단위 부리 상부 길이
- 밀리미터 단위 부리 상부 폭

이 측정치는 종 간 차이가 분명하고 동일한 종의 경우에는 분산이 작아 분류에 사용하기에 매우 유용하다. 이 말이 맞는지, 그리고 이게 어느 정도인지를 확인하기 위해 각 종의 각 측정치별로 누적분포함수를 그림으로 나타내 보도록 하겠다.

다음 함수는 데이터프레임과 열 이름을 입력값으로 사용한다. 결괏값으로는 각 종의 이름을 colname 열에 있는 값의 Cdf로 매핑하는 딕셔너리를 반환한다.

```
def make_cdf_map(df, colname, by='Species2'):
    """ 각 종에 대한 CDF를 만듦"""
    cdf_map = {}
    grouped = df.groupby(by)[colname]
    for species, group in grouped:
        cdf_map[species] = Cdf.from_seq(group, name=species)
    return cdf_map
```

다음은 부리 상부 길이 분포다.

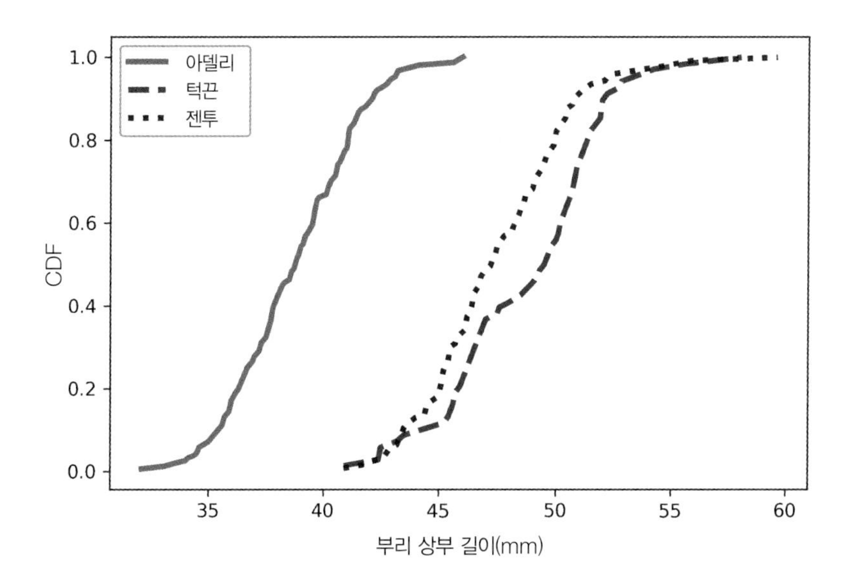


이 그래프를 보면 부리 상부 길이를 사용해서 아델리 펭귄을 구분하는 것이 가능할 것 같지만, 다른 두 종의 분포는 거의 겹친다.

다음은 발 길이 분포다.

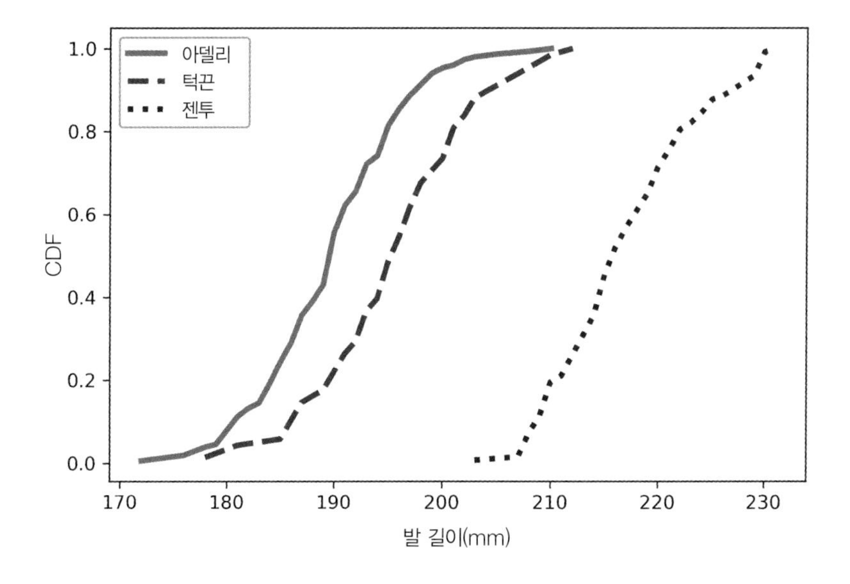


발 길이로 젠투 펭귄과 다른 두 종을 구분할 수 있으므로, 이 두 가지 값을 사용해서, 어느 정도

정확하게 펭귄 종을 구분할 수 있다.

모든 CDF 가 정규분포의 특징인 시그모이드 형태를 보인다. 이런 형태에는 장점이 있는데, 이는 다음 절에서 사용하도록 하자.

## 12.2 정규 모델

앞서 살펴본 값들을 사용해서 펭귄을 분류해보자. 다음과 같은 일반적인 베이지안 방식으로 진행한다.

1. 세 가능한 종에 대한 사전분포와 각 종에 대한 사전확률을 정의한다.
2. 각 종에 대한 가설에 대해 데이터의 가능도를 구한다.
3. 그 후, 각 가설에 대한 사후분포를 구한다.

각 가설 하에서의 데이터의 가능도를 구하기 위해, 이 데이터를 사용해서 각 종에 대한 정규분포의 매개변수를 추정해보자.

다음 함수에서는 데이터프레임과 열의 이름을 사용해서, 각 종의 이름과 norm 객체를 연결한 딕셔너리를 반환한다.

norm은 사이파이에 정의되어 있다. 이 객체는 주어진 평균과 표준편차에 대한 정규분포를 나타낸다.

```
from scipy.stats import norm

def make_norm_map(df, colname, by='Species2'):
    """종과 norm 객체를 연결하기"""
    norm_map = {}
    grouped = df.groupby(by)[colname]
    for species, group in grouped:
        mean = group.mean()
        std = group.std()
        norm_map[species] = norm(mean, std)
    return norm_map
```

예를 들어, 발 길이에 대한 norm 객체의 딕셔너리는 다음과 같다.

```
flipper_map = make_norm_map(df, 'Flipper Length (mm)')
flipper_map.keys()
```

```
dict_keys(['Adelie', 'Chinstrap', 'Gentoo'])
```

그럼 펭귄의 신체를 측정해서 발길이가 193mm임을 알았다고 하자. 그럼 각 가설 하에서 이 측정치가 맞을 확률은 얼마인가?

norm 객체는 확률밀도함수를 구하는 pdf()를 제공한다. 이 함수를 사용해서 주어진 분포에서 관측 데이터의 가능도를 구한다.

```
data = 193
flipper_map['Adelie'].pdf(data)
```

```
0.054732511875530694
```

결과는 확률 밀도로 나오므로, 이 값을 확률로 해석하면 안된다. 하지만 이는 데이터의 가능도에 따른 비율이므로, 이 값을 사용해서 사전분포를 갱신할 수 있다. 다음은 각 분포에서 데이터의 가능도를 구하는 방법이다.

```
hypos = flipper_map.keys()
likelihood = [flipper_map[hypo].pdf(data) for hypo in hypos]
likelihood
```

```
[0.054732511875530694, 0.05172135615888162, 5.8660453661990634e-05]
```

그럼 갱신할 준비가 끝났다.

## 12.3 갱신

앞서 해왔던 것처럼 Pmf를 사용해서 사전분포를 나타낼 것이다. 간단히 하기 위해, 세 종이 발견될 가능성은 동일하다고 가정하자.

```
from empiricaldist import Pmf

prior = Pmf(1/3, hypos)
prior
```

| | probs |
|---|---|
| Adelie | 0.333333 |
| Chinstrap | 0.333333 |
| Gentoo | 0.333333 |

그러면 앞서 해왔던 것처럼 갱신을 해보자.

```
posterior = prior * likelihood
posterior.normalize()
posterior
```

| | probs |
|---|---|
| Adelie | 0.513860 |
| Chinstrap | 0.485589 |
| Gentoo | 0.000551 |

발 길이가 193mm인 펭귄이 젠투일 가능성은 거의 없지만, 아델리 펭귄이나 턱끈 펭귄일 가능성은 비슷하다(측정 전에는 세 종 중 각 종일 가능성은 동일하다고 가정한다).

다음 함수는 앞서 실행한 과정을 묶었다. 사전분포를 나타내는 Pmf와 관측 데이터, 각 가설과 특성의 분포를 엮은 딕셔너리를 사용한다.

```
def update_penguin(prior, data, norm_map):
    """가설 하의 종 분포를 갱신한다."""
    hypos = prior.qs
    likelihood = [norm_map[hypo].pdf(data) for hypo in hypos]
    posterior = prior * likelihood
    posterior.normalize()
    return posterior
```

결괏값은 사후확률분포다.

update_penguin()을 사용해서 이전 예제를 다시 실행해보면 다음과 같다.

```
posterior1 = update_penguin(prior, 193, flipper_map)
posterior1
```

| | probs |
|---|---|
| Adelie | 0.513860 |
| Chinstrap | 0.485589 |
| Gentoo | 0.000551 |

CDF에서 봤던 것처럼, 아델리 펭귄과 턱끈 펭귄은 발 길이로 뚜렷이 구분되지는 않는다.

하지만 부리 상단 길이로는 구분할 수 있으므로, 분류 2회전으로 들어가자. 우선 다음과 같이 각 종의 부리 상단 길이의 분포를 추정하자.

```
culmen_map = make_norm_map(df, 'Culmen Length (mm)')
```

이번에는 부리 상단 길이가 48mm인 펭귄을 봤다고 해보자. 이 데이터를 사용해서 다음과 같이 사전분포를 갱신할 수 있다.

```
posterior2 = update_penguin(prior, 48, culmen_map)
posterior2
```

| | probs |
|---|---|
| Adelie | 0.001557 |
| Chinstrap | 0.474658 |
| Gentoo | 0.523785 |

부리 상단 길이가 48mm인 펭귄은 거의 비슷한 확률로 턱끈 펭귄이거나 젠투 펭귄인 것으로 보인다. 한 번에 하나의 특징을 사용하면 한 종을 후보에서 빼버릴 수 있지만, 한 종을 확실히 고르기는 보통 쉽지 않다. 여러 특징을 사용하면 나아질 것이다.

## 12.4 나이브 베이지안 분류

다음 함수를 사용해서 여러 번의 갱신을 더 쉽게 할 것이다. 이 함수에서는 사전 **Pmf**, 측정값의 순열과 이 값에 대응하는 추정 분포를 포함하는 딕셔너리의 순열을 입력값으로 사용한다.

```
def update_naive(prior, data_seq, norm_maps):
    """나이브 베이지안 분류

    prior: Pmf
    data_seq: 측정값 순열
    norm_maps: 종에 분포를 연결한 순열

    결괏값: 사후분포를 나타내는 Pmf
    """
    posterior = prior.copy()
    for data, norm_map in zip(data_seq, norm_maps):
    posterior = update_penguin(posterior, data, norm_map)
    return posterior
```

이 함수는 한 번에 한 변수씩 갱신을 연속적으로 수행해서 사후 **Pmf**를 반환한다. 확인차, 앞 절에서 살펴본 것과 동일한 특징(부리 상단 길이와 발 길이)을 사용해서 실행해 보도록 하자.

```
colnames = ['Flipper Length (mm)', 'Culmen Length (mm)']
norm_maps = [flipper_map, culmen_map]
```

이번에는 발 길이가 193mm이고 부리 상단 앞 길이가 48mm인 펭귄을 발견했다고 해보자. 그럼 다음과 같이 갱신을 할 수 있다.

```
data_seq = 193, 48
posterior = update_naive(prior, data_seq, norm_maps)
posterior
```

| | probs |
|---|---|
| Adelie | 0.003455 |
| Chinstrap | 0.995299 |
| Gentoo | 0.001246 |

이 펭귄은 거의 확실히 턱끈 펭귄로 추측된다.

```
posterior.max_prob()
```

```
'Chinstrap'
```

반복문에 데이터셋을 넣어 두 특징을 사용해서 여러 펭귄을 분류할 수 있다.

```
import numpy as np

df['Classification'] = np.nan

for i, row in df.iterrows():
    data_seq = row[colnames]
    posterior = update_naive(prior, data_seq, norm_maps)
    df.loc[i, 'Classification'] = posterior.max_prob()
```

이 반복문에서는 데이터프레임에 `Classification`이라는 열을 추가한다. 이 열에는 각 펭귄별로 최대 사후확률을 가지는 종 이름을 기록한다.

이 함수 결과가 얼마나 제대로 나오는지 확인해보자.

```
valid = df['Classification'].notna()
valid.sum()
```

```
342
```

```
same = df['Species2'] == df['Classification']
same.sum()
```

```
324
```

데이터셋에 있는 펭귄의 수는 344지만, 두 마리는 측정값이 들어있지 않아서 유효한 개체는 342마리였다. 이 중에서 맞게 분류된 펭귄은 324마리로, 이는 대략 전체의 95%정도다.

```
same.sum() / valid.sum()
```

```
0.9473684210526315
```

다음 함수는 이 단계를 하나로 묶었다.

```
def accuracy(df):
    """이 분류의 정확도를 계산한다"""
    valid = df['Classification'].notna()
    same = df['Species2'] == df['Classification']
    return same.sum() / valid.sum()
```

이 장에서 사용한 분류기의 경우 특징 간의 연관성을 고려하지 않으므로 '나이브'[3]라고 불린다. 이게 왜 중요한 지를 확인하기 위해, 특징의 결합분포도 사용하는 덜 나이브한 분류기를 만들어서 비교해보자.

3 옮긴이_ 순진한, 의심하지 않고 보이는 대로 한다는 뜻으로 해석할 수 있으나, 일반적으로 '나이브 베이지안'이라고 음차로 사용되므로 그대로 옮겼다.

## 12.5 결합분포

일단 데이터의 산점도를 만들어 보자.

```
import matplotlib.pyplot as plt

def scatterplot(df, var1, var2):
    """산점도를 그림"""
    grouped = df.groupby('Species2')
    for species, group in grouped:
        plt.plot(group[var1], group[var2],
             label=species, lw=0, alpha=0.3)

    decorate(xlabel=var1, ylabel=var2)
```

다음은 세 종에 대한 부리 상단과 발 길이에 대한 산점도다.

```
var1 = 'Flipper Length (mm)'
var2 = 'Culmen Length (mm)'
scatterplot(df, var1, var2)
```

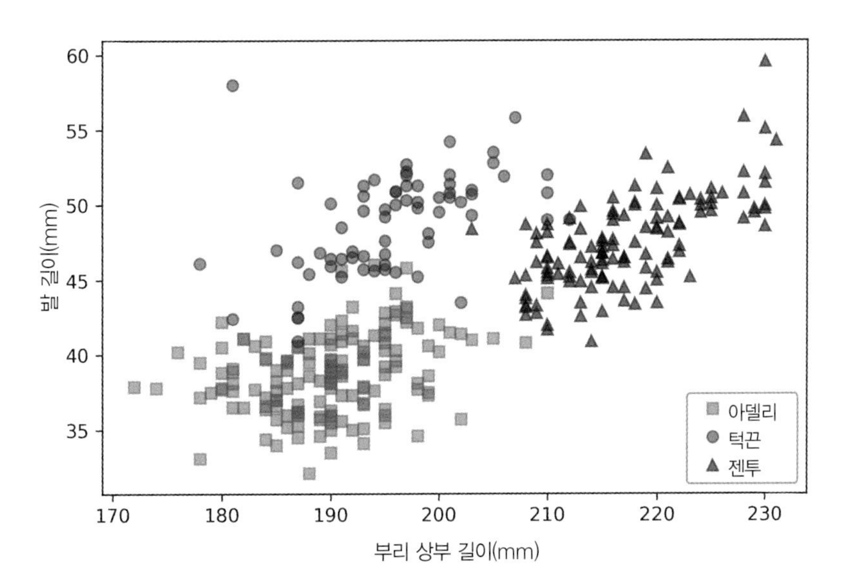

각 종 간의 측정치에 대한 결합분포는 대략 타원 형태로 나타난다. 타원의 방향은 그래프의 대각선 쪽으로, 이는 부리 상부 길이와 발 길이 간 상관관계가 있음을 나타낸다.

만약 이 상관관계를 무시한다면, 각 특징은 독립적이라고 가정할 수 있다. 이 경우 어떻게 되는지 살펴보자. 각 특징 간 독립적이라고 가정하고 각 종의 결합분포를 만들어 보겠다.

다음 함수는 정규분포에 근사하는 이산 Pmf를 만든다.

```
def make_pmf_norm(dist, sigmas=3, n=101):
    """ 정규분포에 근사하는 Pmf를 생성함"""
    mean, std = dist.mean(), dist.std()
    low = mean - sigmas * std
    high = mean + sigmas * std
    qs = np.linspace(low, high, n)
    ps = dist.pdf(qs)
    pmf = Pmf(ps, qs)
    pmf.normalize()
    return pmf
```

이 함수와 make_joint()를 사용해서 각 종의 부리 상부 길이와 발 길이의 결합분포를 만든다.

```
from utils import make_joint

joint_map = {}
for species in hypos:
    pmf1 = make_pmf_norm(flipper_map[species])
    pmf2 = make_pmf_norm(culmen_map[species])
    joint_map[species] = make_joint(pmf1, pmf2)
```

다음은 독립성을 가정했을 때의 결합분포 경계선을 그린 것과 데이터의 산점도를 같이 나타내보았다.

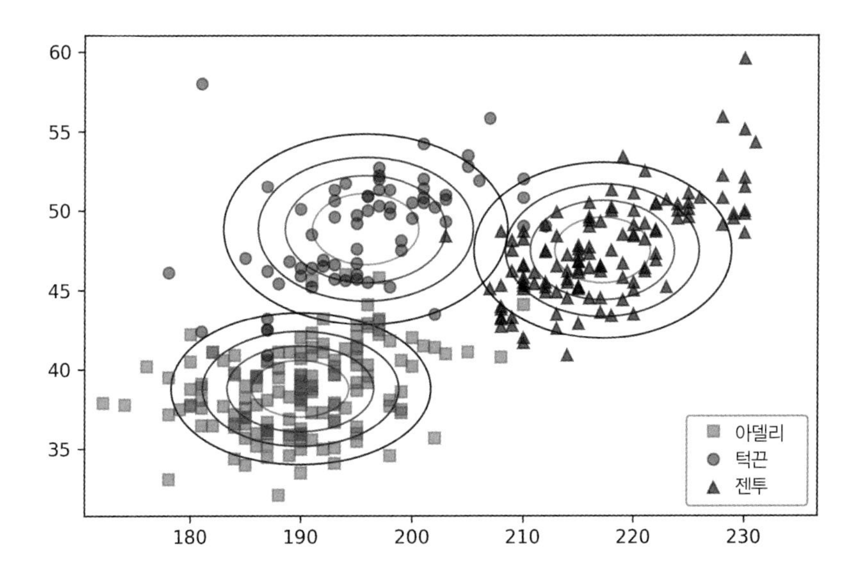


결합 정규분포의 경계선은 타원형을 띈다. 이 예제에서는 특징 간 연관성이 없다고 가정했기 때문에 타원이 축에 평행하게 배치되었다. 하지만 데이터의 분포와는 그다지 잘 맞지 않는 것 같다.

다변량 정규분포를 사용하면 데이터를 더 나은 모델링을 통해 가능도를 더 잘 구할 수 있다.

## 12.6 다변량 정규분포

앞서 살펴본 것처럼, 일변량 정규분포는 평균과 표준 편차로 정의할 수 있다.

다변량 정규분포는 특징값의 평균과, 각 특징의 값이 얼마나 퍼져 있는 지를 숫자로 나타낸 값인 **분산**과, 특징 간의 관계를 숫자로 나타낸 **공분산**이 들어있는 **공분산행렬**로 정의한다.

데이터를 사용해서 펭귄에 대한 평균과 공분산행렬을 추정할 수 있다. 우선 필요한 열을 선택한다.

```
features = df[[var1, var2]]
```

이 열의 평균을 구한다.

```
mean = features.mean()
mean
```

```
Flipper Length (mm) 200.915205
Culmen Length (mm) 43.921930
dtype: float64
```

다음과 같이 공분산행렬도 구한다.

```
cov = features.cov()
cov
```

| | Flipper Length (mm) | Culmen Length (mm) |
|---|---|---|
| Flipper Length (mm) | 197.731792 | 50.375765 |
| Culmen Length (mm) | 50.375765 | 29.807054 |

결과는 각 특징 별로 한 행과 한 열을 갖는 데이터프레임이다. 대각선의 값은 분산이고, 대각선 외의 값은 공분산이다.

분산과 공분산은 이 값만으로는 해석하기 힘들다. 이 값으로 표준편차와 상관계수를 구하면 해석하기 더 쉽겠지만, 이 계산에 대해 자세히 이해하는 것은 당장 필요하지는 않다.

대신 다변량 정규분포를 나타내는 객체를 생성하는 사이파이 함수인 `multivariate_normal()`에 이 공분산행렬을 넣어보자.

이 함수는 평균의 순열과 공분산행렬을 취한다.

```
from scipy.stats import multivariate_normal

multinorm = multivariate_normal(mean, cov)
```

다음 함수는 각 종별로 `multivariate_normal` 객체를 만든다.

```
def make_multinorm_map(df, colnames):
    """각 종과 다변량 정규분포를 연결하는 객체 생성"""
    multinorm_map = {}
    grouped = df.groupby('Species2')
    for species, group in grouped:
        features = group[colnames]
        mean = features.mean()
        cov = features.cov()
        multinorm_map[species] = multivariate_normal(mean, cov)
    return multinorm_map
```

다음은 발 길이와 부리 상단 길이의 두 특징에 대한 이 객체를 만드는 코드다.

```
multinorm_map = make_multinorm_map(df, [var1, var2])
```

다음 그림은 각 종에 대한 다변량 정규분포의 경계선과 데이터의 산점도를 동시에 보여준다.

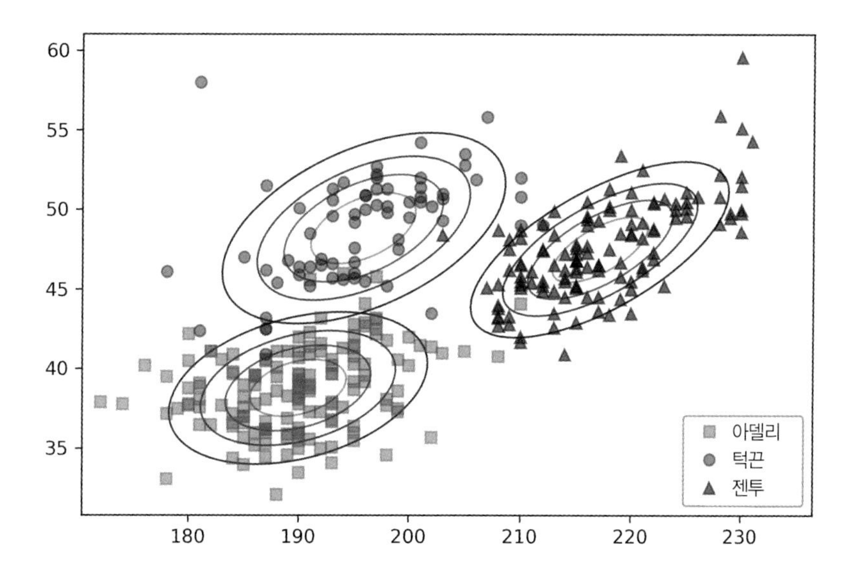


다변량 정규분포는 특징 간의 상관관계를 고려하므로, 이 데이터에는 이 모델이 더 적합하다. 또한 이 경우 분포 간의 경계선 간에 겹치는 부분이 덜 생기기 때문에, 이를 사용하면 분류 성능이 더 좋을 것이다.

## 12.7 덜 나이브한 분류기

앞서 관측 데이터와 각 가설 하에서의 분포를 모델링한 norm 객체의 컬렉션을 update_penguin()에 적용해서 사전 Pmf를 갱신했다. 이 부분을 다시 살펴보자.

```
def update_penguin(prior, data, norm_map):
    """가설 하의 종 분포를 갱신한다."""
    hypos = prior.qs
    likelihood = [norm_map[hypo].pdf(data) for hypo in hypos]
    posterior = prior * likelihood
    posterior.normalize()
    return posterior
```

앞에서 이 함수를 사용했을 때, norm_map의 값은 norm 객체였다. 하지만 이 값에 multivariate_normal 객체를 넣어도 함수는 동작한다.

이를 사용해서 발길이가 193이고 부리 길이가 48인 펭귄을 분류해 볼 수 있다.

```
data = 193, 48
update_penguin(prior, data, multinorm_map)
```

| | probs |
|---|---|
| Adelie | 0.002740 |
| Chinstrap | 0.997257 |
| Gentoo | 0.000003 |

이 수치를 가진 펭귄은 아마도 턱끈 펭귄일 것이다.

그럼 이 분류기가 나이브 베이지안 분류기보다 더 나은지 살펴보자. 데이터셋의 각 펭귄을 이 분류기에 넣어보겠다.

```
df['Classification'] = np.nan

for i, row in df.iterrows():
    data = row[colnames]
```

```
    posterior = update_penguin(prior, data, multinorm_map)
    df.loc[i, 'Classification'] = posterior.idxmax()
```

정확도는 다음과 같다.

```
accuracy(df)
```

```
0.9532163742690059
```

나이브 베이지안 분류기의 정확도인 94.7%보다 아주 조금 더 나아진 95.3%으로, 정확도는 아주 조금 나아졌다.

## 12.8 요약

이 장에서는, 분류에 사용하는 특징들이 독립적이라고 가정한다는 측면에서 '나이브'한 나이브 베이지안 분류기를 구현했다.

이 가정이 얼마나 안 좋은지 살펴보기 위해, 다변량 정규분포를 사용해서 특징 간 의존성을 고려한 결합분포를 모델링한 분류기도 만들었다.

이 사례에서, 나이브하지 않은 분류기가 아주 조금 더 나았다. 어떻게 보면 실망스럽다. 최종적으로 성능이 훨씬 나았어야 만족스러웠을 것이다. 하지만 달리 살펴보면 이는 좋은 일이다. 일반적으로 나이브 베이지안 분류기는 구현하기 쉽고 연산을 덜 한다. 이런 알고리즘이 훨씬 복잡한 알고리즘과 성능이 비슷하다면, 실제로 사용할 때는 이 알고리즘을 고르는 게 유용하다.

사실 이 장에서 다룬 예제는 그다지 실용적이지 않다. 펭귄의 종을 구별할 때는 발과 부리의 길이를 재는 것보다 더 쉬운 방법이 있다.

하지만 이런 분류 방식은 과학적으로 여러 방면에서 활용된다. 살펴볼 만한 과학 논문 중 하나로는 같은 동물의 암수 간 나타나는 신체적 차이인 성적 이형sexual dimorphism[4]에 대한 것이다.

4 *https://oreil.ly/xk0KF*

아구 같은 종은 암수가 매우 다르게 생겼다. 앵무새 같은 종은 암수 구분이 어렵다. 성적 이형에 대해 연구하면서 동물의 사회적 행동, 성 선택, 진화에 대해 더 많이 이해할 수 있게 된다.

특정 종의 성적 이형 정도를 계량하는 한 가지 방법은 이 장에서 사용한 것 같은 분류 알고리즘을 사용하는 것이다. 높은 정확도로 각 개체의 성별을 구분할 수 있는 특징을 발견한다면, 이는 성적 이형이 높다는 증거가 될 수 있다.

연습 문제에서는 이 장에서 사용한 데이터셋으로 펭귄의 성별을 구분하고 세 종 중 어떤 종이 가장 성적 이형 정도가 높은 지를 알아보자.

## 12.9 연습 문제

### 문제 12-1

본문의 예시에서 부리 상단 길이와 발 길이 데이터를 사용한 이유는 이 특징이 세 종을 가장 잘 구분하는 것 같았기 때문이다. 하지만 더 많은 특징들을 사용하면 더 높은 성능이 나올 지도 모른다. 데이터셋에 있는 부리 상단 길이, 부리 상단 폭, 발 길이, 체중을 모두 사용하는 나이브 베이지안 분류기를 만들자. 이 분류기가 두 특징만 사용했을 때보다 정확도가 더 높은가?

### 문제 12-2

펭귄 데이터를 수집한 이유 중 하나는 각각의 펭귄 종 별로 암수가 얼마나 다른지에 대한 성적 이형 정도를 계량하기 위함이다. 성적 이형을 계량하는 한 가지 방법은 특징별 수치를 사용해서 펭귄을 성별로 구분하는 것이다. 만약 어떤 종이 성적 이형 정도가 더 높다면, 이 종의 암수를 더 정확하게 구분할 수 있다.

한 종을 골라서 베이지안 분류기(나이브 여부는 상관없다)를 사용해서 펭귄을 성별로 구분해 보자. 어떤 특징을 사용하는 게 가장 좋은가? 정확도는 어느 정도나 되는가?

CHAPTER 13

# 추론

사람들이 보통 일반적 추론 방식과 베이지안 추론을 비교할 때마다, 가장 자주 나오는 질문 중 하나는 "p-값은 어쩌고?"같은 것이다. 또한 가장 일반적인 예제 중 하나는 두 집단 간의 평균에 차이가 있는 지를 통해 집단을 비교하는 것이다.

고전적 통계 추론에서, 이 설정에서 사용하는 가장 일반적인 도구는 스튜던트의 $t$-검정[1]이고, 이 결괏값은 p-값[2]이다. 이 과정은 영가설 유의성 검정null hypothesis significance testing[3]이다.

베이지안 방식에서는 두 집단 간의 차이에 대한 사후분포를 구한다. 이 분포를 기준으로 가장 가능성 있는 차이가 어떻게 되고, 실제 차이 정도의 신뢰구간은 어떻게 되는지, 한 집단이 가장 클 확률은 얼마인지, 차이 정도가 특정 기준을 넘어갈 확률은 얼마인지 같은 질문에 답을 할 수 있다.

통계 교과서에서 가져온, 통제 집단과의 비교를 통해 교육적 '조치'의 효과를 측정하는 문제를 풀면서 이 과정을 설명해 보도록 하겠다.

1 *https://oreil.ly/fvdWj*

2 *https://oreil.ly/rsG85*

3 *https://oreil.ly/GRRnL*

## 13.1 독해 능력 향상

여기서는 1989년부터 통계 교과서[4]에 예제로 실렸고, 데이터 관련 예제를 수집한 웹페이지인 DASL[5]에 게시되었던, 1987년 교육 심리학 박사 학위 논문에서 사용된 데이터를 사용한다.

다음은 DASL에 서술된 내용이다.

> 한 교육자는 교실에서 새로운 지시적 읽기 활동이 초등학생의 읽기 능력의 일부 측면을 향상시키는 데 도움이 되는지 여부를 알아보기 위해 실험을 수행했다. 이 교육자는 21명의 3학년생을 대상으로 8주간 실험을 진행했다. 다른 3학년 23명의 통제군 교실에서는 이 활동이 없는 기존과 동일한 커리큘럼을 따랐다. 8주 후 모든 학생들은 이 새로운 활동이 읽기 능력에 얼마나 도움이 되는지를 측정하는 읽기 능력 등급Degree of Reading Power(DRP) 시험을 치렀다.

데이터셋은 웹사이트[6]에서 받을 수 있다. 판다스를 사용해서 데이터를 데이터프레임으로 가져오자.

```
import pandas as pd

df = pd.read_csv('drp_scores.csv', skiprows=21, delimiter='\t')
df.head(3)
```

| | Treatment | Response |
|---|---|---|
| 0 | Treated | 24 |
| 1 | Treated | 43 |
| 2 | Treated | 58 |

`Treatment` 열에는 각 학생이 실험군인지 통제군인지 표시되어 있다. `Response` 열의 값은 시험 점수다.

이번에는 `groupby()`를 사용해서 이 데이터를 `Treated`(실험군)와 `Control`(비교군)으로 나

4 Introduction to the Practice of Statistics, David S. Moore, George P. McCabe, W.H. Freeman, 1989

5 옮긴이_ *https://oreil.ly/K4Eev*, 현재는 본 게시물은 사라지고 웹 아카이빙 형태로만 남아있다.

6 *https://oreil.ly/FFdP5*

눠보겠다.

```
grouped = df.groupby('Treatment')
responses = {}

for name, group in grouped:
    responses[name] = group['Response']
```

다음은 두 집단의 점수의 CDF와 요약통계값이다.

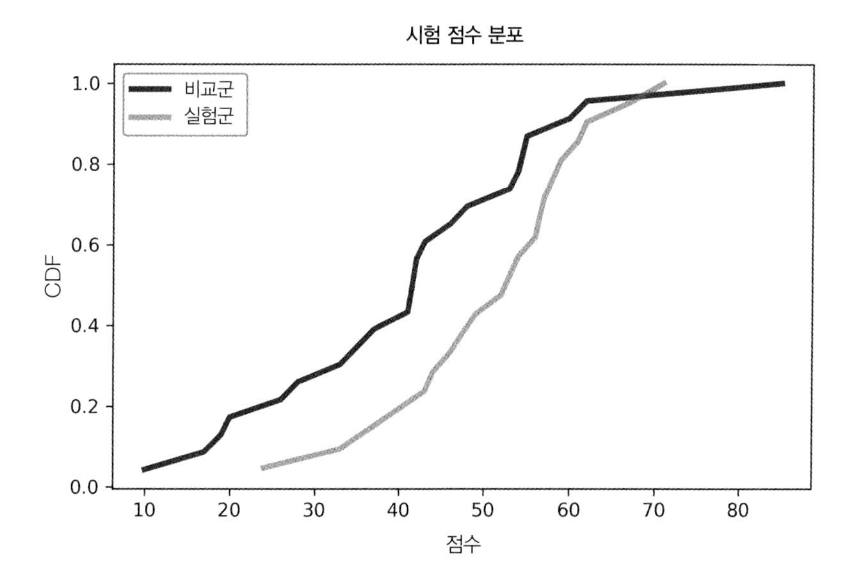


두 분포 간에 겹치는 부분이 있으나, 전반적으로 실험군의 점수가 더 높아보인다. 점수 분포는 각 그룹 모두 정확한 정규분포를 나타내지는 않으나, 정규분포 모델을 선택해도 충분히 납득할 수 있는 정도의 형태다.

따라서 학생의 모집단(실험에 포함된 학생만을 말하는 것이 아님)에서, 점수의 분포는 정규분포를 띄고, 아직 평균과 표준편차는 알 수 없다고 가정하도록 하겠다. 이 두 값을 `mu`와 `sigma`로 나타낼 것이고, 이 값을 추정하기 위해 베이지안 갱신을 사용할 것이다.

## 13.2 매개변수 추정

앞에서 했던 것처럼, 매개변수에 대한 사전분포가 필요하다. 여기에는 두 개의 매개변수를 사용하므로, 결합분포 형태가 된다. 각 매개변수에 대한 주변분포를 선택한 후 이 둘의 외적을 구해서 결합분포를 만들도록 한다.

mu와 sigma를 균등분포로 가정해서 간단히 시작해보자. 다음 함수는 균등분포를 나타내는 Pmf 객체를 만든다.

```
from empiricaldist import Pmf

def make_uniform(qs, name=None, **options):
    """균등분포 Pmf를 만든다."""
    pmf = Pmf(1.0, qs, **options)
    pmf.normalize()
    if name:
        pmf.index.name = name
    return pmf
```

make_uniform()은 다음의 두 매개변수를 사용한다.

- qs: 값의 배열
- name: 인덱스에 들어갈 문자열. Pmf를 출력할 때 표시된다.

다음은 mu에 대한 사전분포다.

```
import numpy as np

qs = np.linspace(20, 80, num=101)
prior_mu = make_uniform(qs, name='mean')
```

시행착오에 대한 상한선과 하한선을 지정해 주었다. 이 값이 사후분포에서는 어떻게 나타날지는 이후에 설명하겠다.

다음은 sigma의 사전분포다.

```
qs = np.linspace(5, 30, num=101)
prior_sigma = make_uniform(qs, name='std')
```

그럼 이제 make_joint()로 결합분포를 만들 수 있다.

```
from utils import make_joint

prior = make_joint(prior_mu, prior_sigma)
```

이제 비교군 데이터를 넣어보자.

```
data = responses['Control']
data.shape
```

```
(23,)
```

다음 절에서는 사전분포의 각 매개변수 쌍에 대해 이 데이터로 가능도를 구해보자.

## 13.3 가능도

mu와 sigma의 각 가설값 쌍에 대한 데이터셋의 각 점수별 확률을 알아보자. 첫 번째 축에는 mu의 값을, 두 번째 축에는 sigma의 값을, 세 번째 축에는 데이터셋의 점수를 넣은 3차원 그래프를 만들어서 확인해보자.

```
mu_mesh, sigma_mesh, data_mesh = np.meshgrid(
    prior.columns, prior.index, data)

mu_mesh.shape
```

```
(101, 101, 23)
```

여기에 norm.pdf()를 사용해서 매개변수의 각 가설값 쌍에 대한 각 점수의 확률 밀도를 구한다.

```
from scipy.stats import norm

densities = norm(mu_mesh, sigma_mesh).pdf(data_mesh)
densities.shape
```

```
(101, 101, 23)
```

결괏값은 3차원 배열로 나타난다. 데이터 축인 axis=2에 따라 이 밀도값을 곱해서 가능도를 구해보자.

```
likelihood = densities.prod(axis=2)
likelihood.shape
```

```
(101, 101)
```

결과는 각 매개변수의 가설값 쌍에 대한 전체 데이터셋의 가능도가 들어있는 2차원 배열이다.

이 배열을 다음과 같이 사전분포 갱신에 사용할 수 있다.

```
from utils import normalize

posterior = prior * likelihood
normalize(posterior)
posterior.shape
```

```
(101, 101)
```

결괏값은 사후결합분포를 나타내는 데이터프레임이다.

다음 함수는 이 과정을 함수로 묶은 것이다.

```
def update_norm(prior, data):
    """데이터를 기반으로 사전분포를 갱신"""
    mu_mesh, sigma_mesh, data_mesh = np.meshgrid(
        prior.columns, prior.index, data)

    densities = norm(mu_mesh, sigma_mesh).pdf(data_mesh)
    likelihood = densities.prod(axis=2)

    posterior = prior * likelihood
    normalize(posterior)

    return posterior
```

실험군과 비교군에 대해 다음과 같이 갱신한다.

```
data = responses['Control']
posterior_control = update_norm(prior, data)
```

```
data = responses['Treated']
posterior_treated = update_norm(prior, data)
```

결과는 다음과 같다.

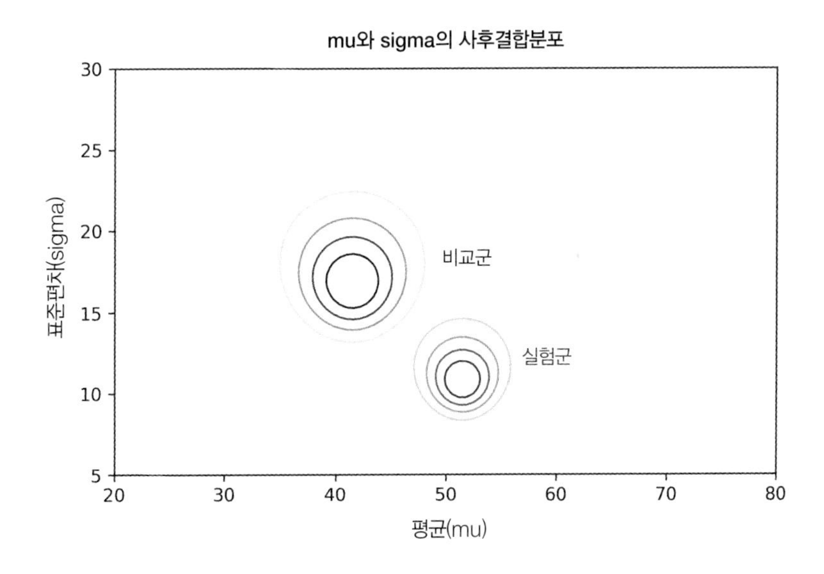

$x$축을 보면, 실험군의 평균 점수가 더 높다. $y$축을 보면, 실험군의 표준 편차가 더 낮다.

이 실험이 이런 차이를 만들어냈다고 생각한다면, 실험으로 인해 평균 점수를 올리고 분포 정도를 낮췄음을 데이터가 보여주고 있다고 볼 수 있다. `mu`와 `sigma`의 주변분포를 살펴보면 이 차이를 보다 명확히 알 수 있다.

## 13.4 사후주변분포

11.7절의 '주변분포'에서 살펴보았던 주변분포를 사용해서 모평균에 대한 사후주변분포를 구해보자.

```
from utils import marginal

pmf_mean_control = marginal(posterior_control, 0)
pmf_mean_treated = marginal(posterior_treated, 0)
```

결과는 다음과 같다.

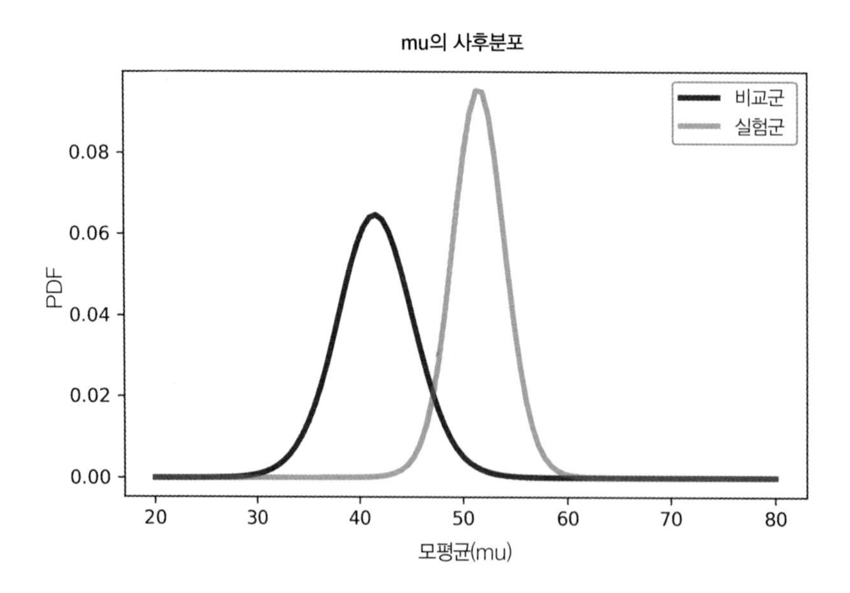

양쪽 모두 범위 끝쪽의 사후평균은 0에 가깝다. 이를 보면 사전 평균에서 정한 범위가 충분했음을 알 수 있다.

두 집단의 주변분포를 비교해보면, 실험군의 모평균이 더 높다. prob_gt()를 사용하면 높은 정도에 대한 확률을 구할 수 있다.

```
Pmf.prob_gt(pmf_mean_treated, pmf_mean_control)
```

```
0.980479025187326
```

실험군 평균이 더 높을 확률은 약 98%다.

## 13.5 차이의 분포

집단간 차이 정도를 수량화하기 위해, sub_dist()를 사용해서 차이의 분포를 구해보겠다.

```
pmf_diff = Pmf.sub_dist(pmf_mean_treated, pmf_mean_control)
```

sub_dist() 같은 메서드를 사용할 경우 두 가지 주의점이 있다. 하나는 결괏값이 대개의 경우 원래 Pmf보다 많은 원소를 포함한다. 이 예제에서는 원래의 두 분포는 동일한 원소 갯수를 가지므로, 크기가 늘어난 정도는 무난하다.

```
len(pmf_mean_treated), len(pmf_mean_control), len(pmf_diff)
```

```
(101, 101, 879)
```

최악의 경우, 결괏값의 크기는 원래 데이터의 크기 간의 외적만큼 커진다. 다른 주의할 점은 Pmf를 그릴 때다. 이 예제에서 차이의 분포를 그래프로 그린다면, 결과 그래프는 꽤 지저분할 것이다.

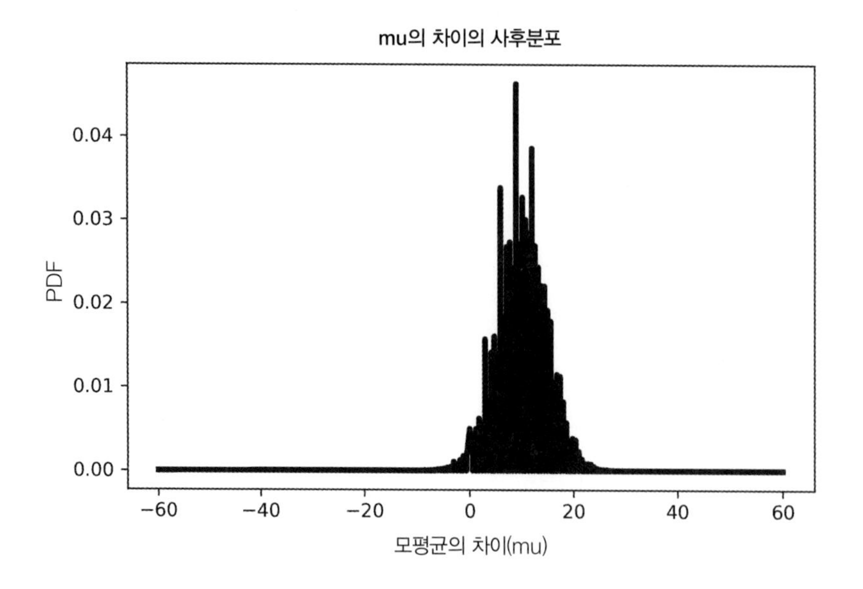


이런 제약 조건을 해소하는 두 가지 방법이 있다. 하나는 잡음을 다듬어주는 CDF를 그리는 것이다.

```
cdf_diff = pmf_diff.make_cdf()
```

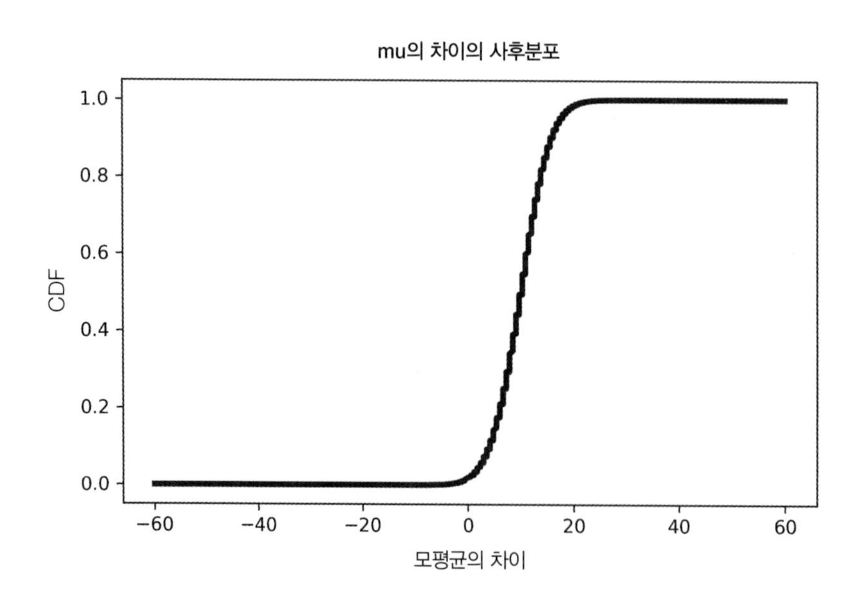

다른 방법은 커널 밀도 추정kernel density estimation(KDE)을 사용해서 동일하게 나눠진 격자 상에서 PDF의 평활 추정을 구하는 것이다. 이는 다음 함수와 같이 진행된다.

```
from scipy.stats import gaussian_kde

def kde_from_pmf(pmf, n=101):
    """PMF에 대한 커널 밀도 추정을 한다."""
    kde = gaussian_kde(pmf.qs, weights=pmf.ps)
    qs = np.linspace(pmf.qs.min(), pmf.qs.max(), n)
    ps = kde.evaluate(qs)
    pmf = Pmf(ps, qs)
    pmf.normalize()
    return pmf
```

`kde_from_pmf()`는 `Pmf`와 KDE를 구하는데 사용되는 수를 인자로 받는다.

이 함수에서는 9.3절의 '커널 밀도 추정'에서 살펴보았던 `gaussian_kde()`에 `Pmf`의 확률을 가중치로 적용한다. 이렇게 하면 `Pmf` 내의 확률이 높아지면 추정 밀도 값도 높아진다. 집단 간 차이의 `Pmf`에 대한 커널 밀도 추정은 다음과 같다.

```
kde_diff = kde_from_pmf(pmf_diff)
```

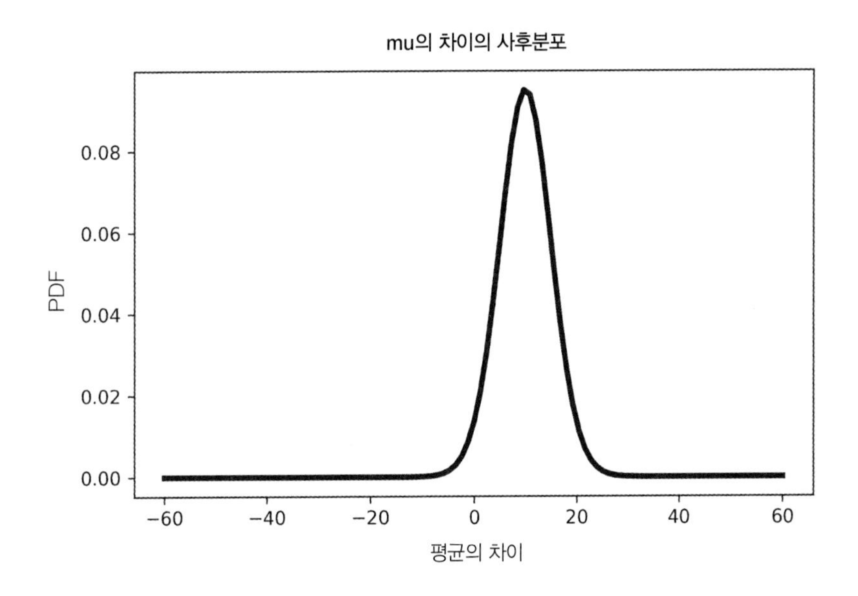

이 분포의 평균은 시험 점수 평균이 45점이었을 때 약 10점이므로, 이 실험은 상당한 효과를 거둔 것으로 보인다.

```
pmf_diff.mean()
```

```
9.954413088940848
```

credible_interval()로 90% 신뢰구간을 구해보자.

```
pmf_diff.credible_interval(0.9)
```

```
array([ 2.4, 17.4])
```

신뢰구간에 따르면, 이 실험은 시험 점수를 2점에서 17점 정도 올리는 효과가 있었던 것으로 보인다.

## 13.6 요약통계 사용하기

이 예제에서 사용한 데이터는 크지 않으므로, 모든 가설 하에서 모든 점수의 확률을 구하는 데 그다지 많은 시간이 걸리지 않는다. 하지만 이 결과가 3차원 배열이라는 것을 생각해 보면, 더 큰 데이터셋에서는 실제로 계산하는 데 오래 걸릴 수 있다.

또한, 더 큰 데이터셋을 사용하는 경우 가능도는 매우 작아져서, 부동 소숫점 연산을 사용해서 구하기 어려울 수도 있다. 그래서 특정 데이터셋에서의 확률을 구하는 것이다. 가능한 데이터셋은 무수히 많고, 그 중 하나의 확률은 매우 낮다.

이런 현상의 대안으로 데이터셋의 요약값을 구하고 그 요약값의 가능도를 구하는 방법이 있다. 예를 들어, 어느 데이터의 평균과 표준편차를 구하면, 각 가설 하에서 이 요약통계값의 가능도를 구할 수 있다.

예를 들어, 어느 집단의 모평균 $\mu$가 42고 모표준편차 $\sigma$가 17이라고 해보자.

```
mu = 42
sigma = 17
```

이 모집단에서 임의로 크기 n=20인 표본을 추출했다고 하자. 이 표본의 평균을 m이라고 하고, 표준편차를 s라고 하자.

그리고 표본에 대한 각 값은 다음과 같았다.

```
n = 20
m = 41
s = 18
```

요약통계값 m과 s는 $\mu$ 및 $\sigma$과 그다지 큰 차이가 나지 않으므로, 그다지 불가능한 값은 아니다.

수리통계의 다음 세 가지 결과를 사용하면 보다 편하게 이 값의 가능도를 구할 수 있다.

- $\mu$와 $\sigma$이 주어진 경우, m의 분포는 $\mu$와 $\sigma/\sqrt{n}$ 을 매개변수로 사용하는 정규분포를 따른다.
- s의 분포는 더 복잡하지만, $t = ns^2/\sigma^2$ 로 변환하면, $t$의 분포는 매개변수 $n$-1을 사용하는 카이제곱분포를 따른다.
- 바수의 정리 Basu's theorem[7]에 따르면, m과 s는 독립적이다.

그럼 주어진 $\mu$과 $\sigma$를 사용해서 m과 s의 가능도를 구하자.

우선 m의 분포를 나타내는 norm 객체를 만들 것이다.

```
dist_m = norm(mu, sigma/np.sqrt(n))
```

이 변수는 '평균의 표본 분포'다. 이를 사용해서 m이 41일 때 이 관측값의 가능도를 구할 수 있다.

```
like1 = dist_m.pdf(m)
like1
```

7 *https://en.wikipedia.org/wiki/Basu%27s_theorem*

```
0.10137915138497372
```

이번에는 s가 41때의 이 값의 가능도를 구해보자. 일단 변환값인 t를 만들자.

```
t = n * s**2 / sigma**2
t
```

```
22.422145328719722
```

그 후 t의 분포를 나타내는 chi2라는 객체를 만든다.

```
from scipy.stats import chi2

dist_s = chi2(n-1)
```

그럼 t의 가능도를 구할 수 있다.

```
like2 = dist_s.pdf(t)
like2
```

```
0.04736427909437004
```

마지막으로, m과 s가 서로 독립이므로, 둘의 결합 가능도는 가능도 간의 곱으로 구할 수 있다.

```
like = like1 * like2
like
```

```
0.004801750420548287
```

이제 어떤 $\mu$와 $\sigma$에 대해서도 데이터의 가능도를 구할 수 있다. 이에 대해서는 다음 절에서 갱신을 다루면서 살펴보자.

## 13.7 요약통계 갱신

이제 갱신을 할 수 있는 모든 준비를 마쳤다. 우선 다음 두 군집에 대해 요약통계를 구하자.

```
summary = {}

for name, response in responses.items():
    summary[name] = len(response), response.mean(), response.std()

summary
```

```
{'Control': (23, 41.52173913043478, 17.148733229699484),
'Treated': (21, 51.476190476190474, 11.00735684721381)}
```

결과는 각 군집별 이름에 표본 크기 n, 표본 평균 m, 표본 표준편차 s가 기록된 튜플을 연결한 딕셔너리다. 통제군의 요약통계를 갱신하는 과정을 살펴보자.

```
n, m, s = summary['Control']
```

$x$축에는 mu의 가설 값을 넣고 $y$축에는 sigma의 가설 값을 넣은 메쉬 그리드를 만들자.

```
mus, sigmas = np.meshgrid(prior.columns, prior.index)
mus.shape
```

```
(101, 101)
```

이제 각 매개변수의 쌍으로부터 표본 평균이 m이 될 가능도를 구할 수 있다.

```
like1 = norm(mus, sigmas/np.sqrt(n)).pdf(m)
like1.shape
```

```
(101, 101)
```

각 매개변수의 쌍으로부터 표본 표준편차가 s가 될 가능도 역시 다음과 같이 구할 수 있다.

```
ts = n * s**2 / sigmas**2
like2 = chi2(n-1).pdf(ts)
like2.shape
```

```
(101, 101)
```

마지막으로 두 가능도를 모두 갱신한다.

```
posterior_control2 = prior * like1 * like2
normalize(posterior_control2)
```

앞의 단계를 하나의 함수로 묶어서 실험군의 사후분포를 구해보자.

```
def update_norm_summary(prior, data):
    """요약통계량을 사용해서 정규분포를 갱신한다."""
    n, m, s = data
    mu_mesh, sigma_mesh = np.meshgrid(prior.columns, prior.index)

    like1 = norm(mu_mesh, sigma_mesh/np.sqrt(n)).pdf(m)
    like2 = chi2(n-1).pdf(n * s**2 / sigma_mesh**2)

    posterior = prior * like1 * like2
    normalize(posterior)

    return posterior
```

다음과 같이 실험군에 대한 값을 갱신할 수 있다.

```
data = summary['Treated']
posterior_treated2 = update_norm_summary(prior, data)
```

결과는 다음과 같다.

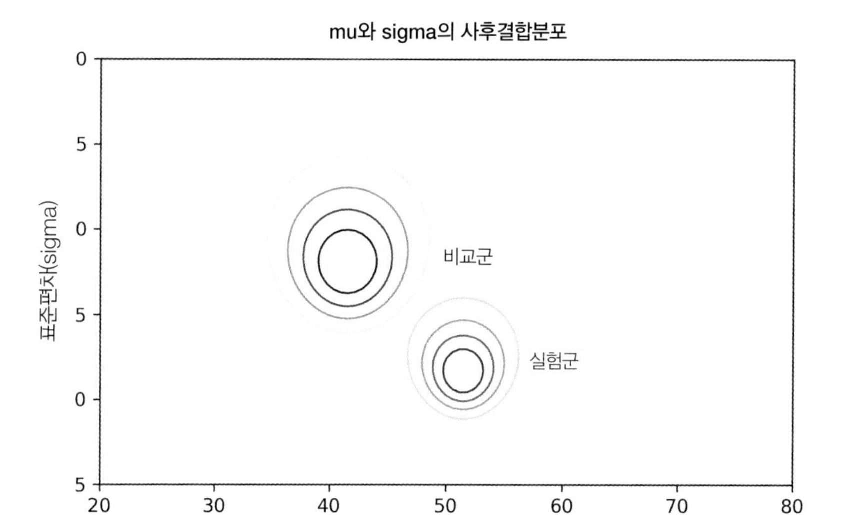


보기에는 이 사후결합분포는 요약통계량이 아닌 전체 데이터셋을 가지고 계산했던 것과 비슷하다. 하지만 주변분포를 비교해 보면 완전히 같지는 않다는 것을 알 수 있다.

## 13.8 주변분포 비교

앞서 구한 값을 기반으로 다시 사후주변분포를 구해보자.

```
from utils import marginal

pmf_mean_control2 = marginal(posterior_control2, 0)
pmf_mean_treated2 = marginal(posterior_treated2, 0)
```

그 후 전체 데이터셋에서 구했던 결과(점선)와 비교해보자.

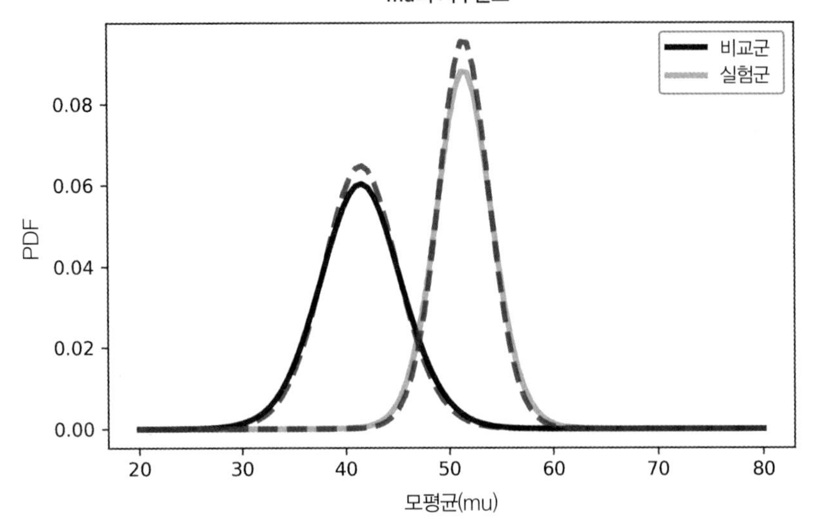


요약통계량 기반 사후분포는 전체 데이터셋을 사용해서 구했던 사후분포와 유사하지만, 두 경우 모두 좀 더 짧고 옆으로 넓은 형태를 보인다.

이는 데이터의 분포가 정규분포를 따른다고 가정하고 요약통계량을 사용하여 갱신을 하기 때문이다. 하지만 이 가정은 불완전하기 때문에, 전체 데이터셋 대신 요약통계량을 사용하는 경우 데이터의 실제 분포에 따른 일부 정보를 잃어버릴 수 있다. 정보가 적어지면, 매개변수에 대한 확실성이 낮아질 수밖에 없다.

## 13.9 요약

이 장에서는 결합분포를 사용해서 정규분포의 매개변수인 `mu`와 `sigma`의 사전확률을 나타냈다. 그리고 이 분포를 두 가지 방법을 사용해서 갱신해 보았다. 우선 전체 데이터셋과 PDF를 사용해서 갱신해 보고, 다음으로 요약통계와 정규분포 PDF, 카이스퀘어 PDF를 사용했다. 요약통계량을 사용하면 더 효율적으로 계산할 수 있지만, 과정 중에 일부 정보를 잃을 수 있다.

많은 도메인에서 정규분포가 나타나므로, 이 장에서 사용한 방법은 널리 응용할 수 있다. 이 장 끝의 연습 문제에서 이를 활용해 볼 수 있다.

## 13.10 연습 문제

### 문제 13-1

mu와 sigma의 사후결합분포를 다시 살펴보자. 실험군의 표준편차가 좀 더 낮을 것이다. 그렇다면 이 실험이 점수가 낮은 학생들에게 더 효과적이라고 할 수 있을 것이다. 하지만 이렇게 생각해 버리기 전에, 차이의 크기를 추정한 후 이 값이 실질적으로 0인지를 살펴보는 게 좋겠다.

두 집단의 sigma의 사후주변분포를 구하자. 통제군의 표준 편차가 더 높을 확률은 얼마인가?

두 집단 간의 sigma의 차이의 분포를 구하자. 이 차이의 평균은 얼마인가? 90% 신뢰구간은 어떻게 되는가?

### 문제 13-2

효과크기effect size[8]는 특정 현상의 크기를 계량한 통계량이다. 이 현상이 두 군집 간의 평균에 차이를 만든다면, 이는 일반적으로 $d$라고 나타내는 코헨의 효과크기Cohen's effect size 로 측정할 수 있다. 군집 1의 매개변수를 $(\mu 1, \sigma 1)$이라고 하고, 군집 2의 매개변수를 $(\mu 2, \sigma 2)$라고 했을 때, 코헨의 효과 크기는 다음과 같다.

$$d = \frac{\mu_1 - \mu_2}{(\sigma_1 + \sigma_2)/2}$$

두 군집 간의 사후결합분포를 사용해서 코헨의 효과크기의 사후분포를 구해보자.

### 문제 13-3

이 문제는 레딧[9]에서 발췌했다.

한 선생님이 시험 결과에 대해 다음과 같이 발표했다.

---

8 https://oreil.ly/ZthGE

9 옮긴이_ 유명한 소셜 뉴스 및 커뮤니티 웹사이트. http://www.reddit.com

"이 시험의 평균 점수는 81점이다. 25명의 학생 중, 5명이 90점을 넘겼고, 탈락자(60점 미만)가 없어서 기쁘다."

이 정보를 기반으로 했을 때, 점수의 표준편차는 어떻게 될까?

점수의 분포는 대략 정규분포라고 가정하자. 이 때 표본 평균이 81이라고 하면, 이 값은 모평균과 동일하므로, `sigma`만 구하면 된다.

**HINT** 점수가 90점이 넘을 확률을 구할 때는 보완 CDFcomplementary CDF라고도 하는 생존함수 `1-cdf(x)`를 구하는 `norm.sf()`를 사용할 수 있다.

## 문제 13-4

변이 가설Variability Hypothesis[10]은 많은 종에서 암컷보다 수컷에서 많은 신체적 특성이 더 변동폭이 크게 나타난다는 관측 결과다.

이 이론은 1800년대 초반부터 논쟁의 대상이 되어 왔으며, 이는 우리가 이 장에서 배운 내용을 연습하는 데 사용할 수 있는 문제를 제시해준다. 미국의 남녀 키의 분포를 살펴보며 어느 쪽이 더 다양한지 확인해보자.

이 문제에서는 CDC의 행동 위험 요인 감독 시스템Behavioral Risk Factor Surveillance System(BRFSS)에서 가져온 2018년도 데이터를 사용한다. 여기에는 154,407명의 남성과 254,722명의 여성이 직접 입력한 키가 포함되어 있다.

이 데이터를 분석한 결과는 다음과 같다.

- 남성의 평균 키는 178cm이다. 여성의 평균 키는 163cm다. 따라서 평균적으로는 남성이 여성보다 키가 크다. 별로 놀랍지 않다.
- 남성의 경우 표준편차는 8.27cm이다. 여성의 표준편차는 7.75cm이다. 따라서 절대치로만 따지면 남성의 키가 더 변동 폭이 크다.

하지만 집단 간의 변이 정도를 확인하려면, 변동계수coefficient of variation(CV)[11]를 확인하는 것이

---

10 *https://oreil.ly/bFkI7*

11 *https://oreil.ly/yAMmQ*

더 의미가 있다. 변동계수는 표준편차를 평균으로 나눈 것으로, 규모에 비례하지 않고 가변성을 측정할 수 있다.

남성의 경우 CV는 0.0465고, 여성은 0.0475다. 변동 계수는 여성이 더 높으므로, 이 데이터셋은 변이 가설의 증거가 된다. 하지만 이 결론을 보다 정확하게 내기 위해 베이지안 기법을 사용해보자.

이 요약통계량을 사용해서 남성과 여성의 키의 분포에 대한 사후분포의 `mu`와 `sigma`를 구하자. `Pmf.div_dist()`를 사용하면 CV의 사후분포를 구할 수 있다. 이 데이터셋과 키의 분포가 정규분포라는 가정 하에, 남성 키의 변동계수가 더 클 확률은 얼마인가? 가장 가능성 높은 CV의 비율은 얼마며 해당 비에 대한 90% 신뢰구간은 어떻게 되는가?

CHAPTER 14

# 생존 분석

이 장에서는 특정 사건이 지속되는 시간에 대한 질문에 답하는 데 사용되는 통계적 방법을 모은 '생존 분석'에 대해 설명하겠다. 의약품의 경우 이는 말 그대로 '생존'이란 의미가 되지만, 어떤 종류의 사건이 지속되는 시간에도 적용할 수 있고, 혹은 시간 대신 공간이나 다른 차원에도 적용 가능하다.

우리가 보유한 데이터는 때때로 불완전해서 생존 분석을 하기 어렵다. 하지만 곧 살펴보겠지만, 베이지안 방법론은 불완전한 데이터를 사용해야 하는 경우 특히 좋은 선택이다. 예를 들어, 생사를 다루는 것보다는 다소 가벼운, 전구의 수명과 보호소의 개가 입양될 때까지의 시간에 대한 문제를 푼다고 하자.

이 '생존 시간'을 나타내는 데는 와이불분포를 사용할 것이다.

## 14.1 와이불분포

와이불분포[1]는 여러 범위의 제품 수명 분포를 나타내는 데에 좋은 모델이어서 생존 분석에서도 종종 사용된다.

사이파이에서는 여러 버전의 와이불분포를 제공한다. 여기서 사용할 것은 `weibull_min()`이

1 *https://oreil.ly/tj7h0*

다. 사용 기호의 일관성을 맞추기 위해, 위치나 분포의 '중심 경향치'에 가장 영향을 미치는 매개변수 $\lambda$와 모양에 영향을 미치는 매개변수 $k$를 사용하는 함수 형태로 만들도록 하겠다.

```
from scipy.stats import weibull_min

def weibull_dist(lam, k):
    return weibull_min(k, scale=lam)
```

예를 들어, $\lambda = 3$과 $k = 0.8$을 사용하는 와이불분포는 다음과 같이 나타낼 수 있다.

```
lam = 3
k = 0.8
actual_dist = weibull_dist(lam, k)
```

결과는 분포를 나타내는 객체다. 이 매개변수를 사용한 와이불 CDF는 다음과 같다.

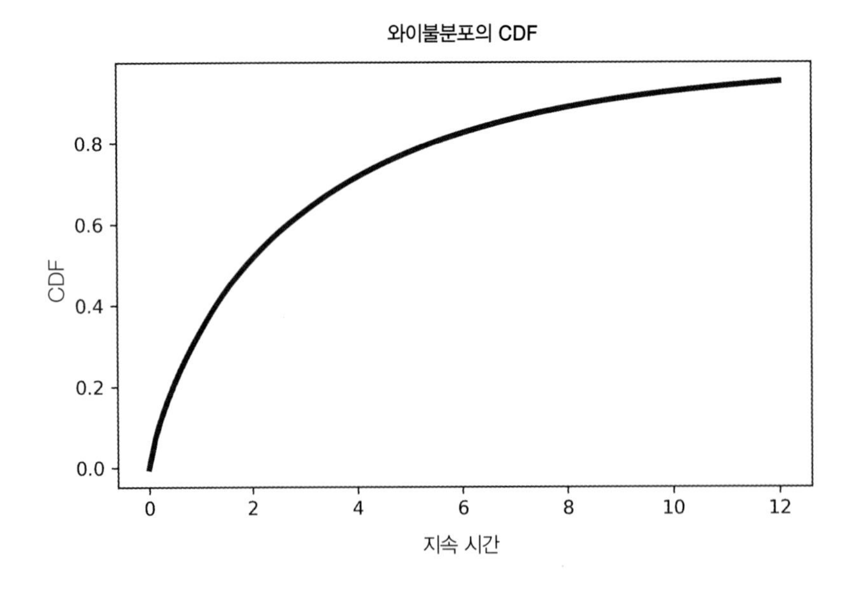


`actual_dist`에는 이 분포에서 임의의 표본을 만드는 `rvs()`가 있다.

```
data = actual_dist.rvs(10)
data
```

```
array([0.80497283, 2.11577082, 0.43308797, 0.10862644, 5.17334866,
       3.25745053, 3.05555883, 2.47401062, 0.05340806, 1.08386395])
```

이런 식으로 분포의 매개변수가 주어지면 표본을 만들 수 있다. 그러면 다른 방향으로, 표본이 있을 때 매개변수를 추정하는 법을 알아보자.

다음은 $\lambda$에 대한 사전균등분포다.

```
from utils import make_uniform

lams = np.linspace(0.1, 10.1, num=101)
prior_lam = make_uniform(lams, name='lambda')
```

다음은 $k$의 사전균등분포다.

```
ks = np.linspace(0.1, 5.1, num=101)
prior_k = make_uniform(ks, name='k')
```

make_joint()를 사용해서 두 매개변수에 대한 사전결합분포를 구해보자.

```
from utils import make_joint

prior = make_joint(prior_lam, prior_k)
```

결과는 열에 $\lambda$의 가능한 값이 나열되고 $k$의 가능한 값이 행으로 나열된 사전균등분포값을 나타내는 데이터프레임 형식으로 나타난다.

여기에 meshgrid()를 적용해서 첫 축(axis=0)에 $\lambda$를, 두 번째 축(axis=1)에 $k$를, 세 번째 축(axis=2)에 데이터를 넣은 3차원 메쉬를 만들자.

```
lam_mesh, k_mesh, data_mesh = np.meshgrid(
    prior.columns, prior.index, data)
```

그럼 이제 weibull_dist()를 사용해서 각 매개변수의 쌍과 데이터값에 사용해서 와이불분포의 PDF를 구할 수 있다.

```
densities = weibull_dist(lam_mesh, k_mesh).pdf(data_mesh)
densities.shape
```

```
(101, 101, 10)
```

데이터의 가능도는 axis=2의 확률 밀도의 외적이다.

```
likelihood = densities.prod(axis=2)
likelihood.sum()
```

```
2.0938302958838208e-05
```

이제 일반적인 방식으로 사후분포를 구할 수 있다.

```
from utils import normalize

posterior = prior * likelihood
normalize(posterior)
```

다음 함수는 지금까지 했던 과정을 하나로 묶은 것이다. 이 함수는 사전결합분포와 데이터를 사용해서 사후결합분포를 반환한다.

```
def update_weibull(prior, data):
    """데이터를 사용해서 사전분포를 갱신한다"""
    lam_mesh, k_mesh, data_mesh = np.meshgrid(
        prior.columns, prior.index, data)
```

```
    densities = weibull_dist(lam_mesh, k_mesh).pdf(data_mesh)
    likelihood = densities.prod(axis=2)

    posterior = prior * likelihood
    normalize(posterior)

    return posterior
```

이 함수는 다음과 같이 사용한다.

```
posterior = update_weibull(prior, data)
```

다음은 사후결합분포의 등고선 그래프다.

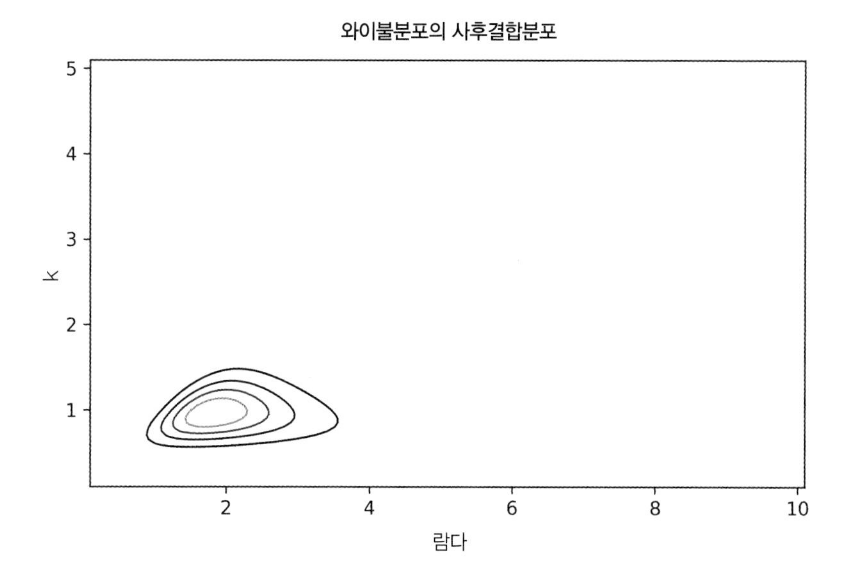


$\lambda$는 대략 1에서 4에 걸쳐 분포하는 것으로 보이며, 이 안에는 처음에 넣은 값인 3도 포함되어 있다. $k$의 범위는 0.5에서 1.5로, 역시 실제 사용한 0.8도 포함되어 있다.

## 14.2 불완전한 데이터

앞에서 와이불분포에서 10개의 임의의 값을 가져와서 이를 사용해서 매개변수를 (마치 몰랐던 양) 추정했다.

하지만 많은 실제 상황의 경우, 데이터가 완전하지 않을 수 있다. 특히 특정 시간에 시스템을 관찰하는 경우, 과거의 정보는 남아있지만 미래에 대한 정보는 전혀 없다.

예를 들어, 유기견 보호소에서 일하면서 유기견이 들어온 후 입양되는 데까지 걸리는 시간에 관심을 가지게 되었다고 하자. 어떤 개는 오자마자 바로 입양자가 나타날 수도 있고, 어떤 개는 오래 기다릴 수도 있다. 보호소를 운영하는 사람들은 개들을 임시보호하는 시간을 추론할 수 있으면 좋을 것이다.

유기견 보호소에서 8주 동안 10마리의 개가 들어왔다가 입양되는 것을 살펴보았다고 하자. 개가 들어오는 시간은 균등분포를 따른다고 가정하면, 다음과 같이 임의의 값을 생성할 수 있다.

```
start = np.random.uniform(0, 8, size=10)
start
```

```
array([0.78026881, 6.08999773, 1.97550379, 1.1050535 , 2.65157251,
       0.66399652, 5.37581665, 6.45275039, 7.86193532, 5.08528588])
```

그럼 임시보호 시간은 앞에서 사용했던 와이불분포를 따른다고 하자. 그럼 이 분포에서 다음과 같은 표본을 만들어낼 수 있다.

```
duration = actual_dist.rvs(10)
duration
```

```
array([0.80497283, 2.11577082, 0.43308797, 0.10862644, 5.17334866,
       3.25745053, 3.05555883, 2.47401062, 0.05340806, 1.08386395])
```

이 값을 사용해서 각 개가 들어오고 나가는 시간에 대한 데이터프레임을 만들 것이다. 이 데이터프레임을 각각 start와 end라고 하자.

```
import pandas as pd

d = dict(start=start, end=start+duration)
obs = pd.DataFrame(d)
```

화면에 출력하기 위해 데이터프레임을 들어오는 시간 순서대로 정렬해보자.

```
obs = obs.sort_values(by='start', ignore_index=True)
obs
```

| | start | end |
|---|---|---|
| 0 | 0.663997 | 3.921447 |
| 1 | 0.780269 | 1.585242 |
| 2 | 1.105053 | 1.21368 |
| 3 | 1.975504 | 2.408592 |
| 4 | 2.651573 | 7.824921 |
| 5 | 5.085286 | 6.16915 |
| 6 | 5.375817 | 8.431375 |
| 7 | 6.089998 | 8.205769 |
| 8 | 6.45275 | 8.926761 |
| 9 | 7.861935 | 7.915343 |

몇몇 생존시간선이 관측 기간인 8주를 넘는다. 이 경우 이 시스템을 8주 시작 시점에 살펴본다면, 일부 정보는 불완전한 상태이다. 개 6, 7, 8번의 경우 미래의 입양 시점을 알 수 없다.

관측 기간을 넘기는 생존시간선을 구분하여 이 불완전한 데이터를 시뮬레이션해보자.

```
censored = obs['end'] > 8
```

censored는 생존시간선이 8주를 넘기는 경우 True라고 표기되는 불리언 시리즈다.

사용할 수 없는 데이터는 우리에게 숨겨져 있다는 의미에서 '제한됨censored'이라고 한다. 이 경우는 누군가가 데이터를 제한하고 있어서가 아니라 미래의 값을 알 수 없기 때문에 가려진 것이다.

제한된 생존시간선의 end는 최종 관측된 시점의 값으로 변경하고, status에는 관측값이 불완전하다는 것을 표기한다.

```
obs.loc[censored, 'end'] = 8
obs.loc[censored, 'status'] = 0
```

그러면 이제 각 개에 대한 '생존시간선'을 그려서 시간에 따른 보호소 도착 시간과 입양 시간을 나타낼 수 있다.

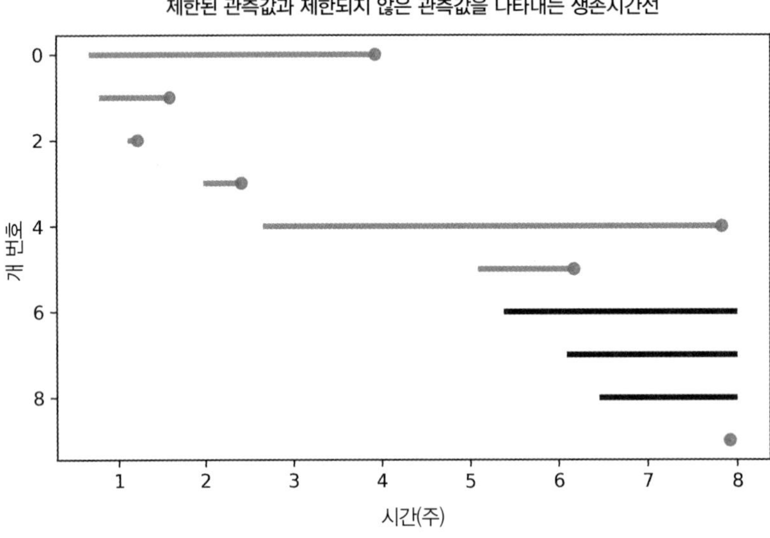


데이터 테이블에 생존시간선의 기간에 대한 열을 추가하자.

```
obs['T'] = obs['end'] - obs['start']
```

이렇게 시뮬레이션한 데이터는 8주차 초반에 사용할 수 있다.

## 14.3 불완전한 데이터 사용하기

그럼 완전한 데이터와 불완전한 데이터 모두를 사용해서 임시보호 시간의 분포에 대한 모수를 추정해보자.

일단 데이터를 두 개의 집합으로 나눌 것이다. data1에는 도착 및 입양 시점을 모두 아는 개의 임시보호 시간을 기록하고, data2에는 관측 기간동안 입양되지 않은 개의 불완전한 임시보호 시간을 기록한다.

```
data1 = obs.loc[~censored, 'T']
data2 = obs.loc[censored, 'T']
```

완전한 데이터의 경우 update_weibull()을 사용해서 와이불분포의 PDF로 데이터의 가능도를 구할 수 있다.

```
posterior1 = update_weibull(prior, data1)
```

불완전한 데이터의 경우에는 좀 더 어렵다. 관측이 끝나는 시점에서, 보호 시간이 얼마나 더 지속될지 알 수 없다. 하지만 보호 시간의 최소한도를 정해두면, 보호 시간이 T보다는 클 것이라고 말할 수 있다.

즉, 분포의 값이 T를 초과할 확률을 구하는 생존 함수를 사용하여 데이터의 가능도를 구할 수 있다.

다음 함수는 update_weibull()과 동일하지만, 여기서는 pdf() 대신 생존 함수 sf()를 사용한다.

```
def update_weibull_incomplete(prior, data):
    """불완전한 데이터를 사용해서 사전분포를 갱신함."""
    lam_mesh, k_mesh, data_mesh = np.meshgrid(
        prior.columns, prior.index, data)

    # 생존 함수 계산
    probs = weibull_dist(lam_mesh, k_mesh).sf(data_mesh)
    likelihood = probs.prod(axis=2)
```

```
    posterior = prior * likelihood
    normalize(posterior)

    return posterior
```

불완전한 데이터를 사용해서 다음과 같이 분포를 갱신한다.

```
posterior2 = update_weibull_incomplete(posterior1, data2)
```

두 갱신을 거친 후 결합분포는 다음과 같다.

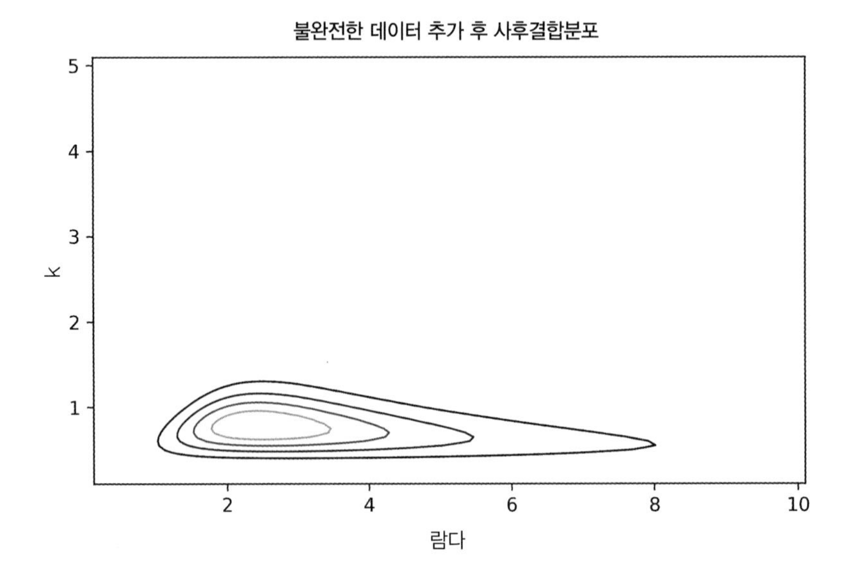


이전 등고선 그래프와 비교했을 때, 가능한 $\lambda$의 값의 범위가 상대적으로 넓어진 것으로 보인다. 주변분포를 살펴보면 보다 명확히 확인할 수 있다.

```
posterior_lam2 = marginal(posterior2, 0)
posterior_k2 = marginal(posterior2, 1)
```

완전한 데이터만을 사용해서 파악한 분포와 비교한 $\lambda$의 사후주변분포는 다음과 같다.

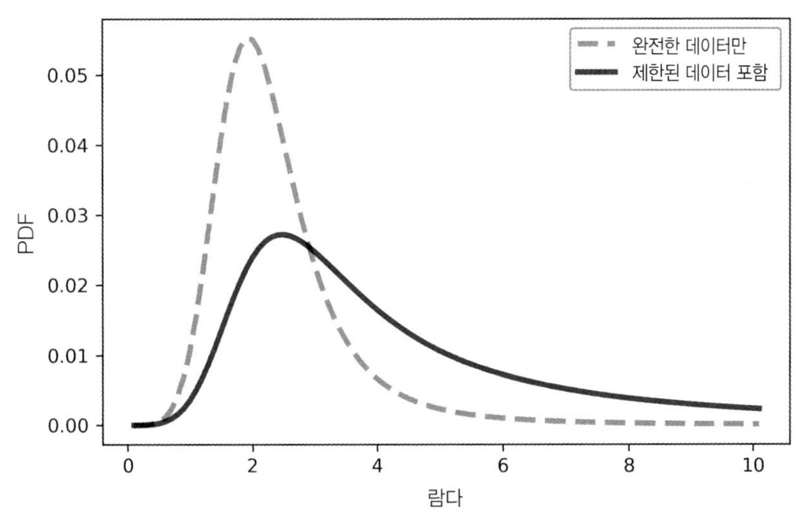


불완전 데이터를 포함한 분포가 상대적으로 폭이 넓다.

여담으로, 사후분포의 경우 오른쪽으로 아무리 가도 0이 되는 경우는 없다는 점을 주의하자. 따라서 사전분포의 범위는 이 매개변수에 대해 가능성 값들을 모두 포함할 만큼 충분히 넓지 않다. 이 분포를 보다 정확하게 만들고 싶다면, 사전분포를 보다 넓게 설정한 후 갱신을 하면 된다.

다음은 $k$의 사후주변분포다.

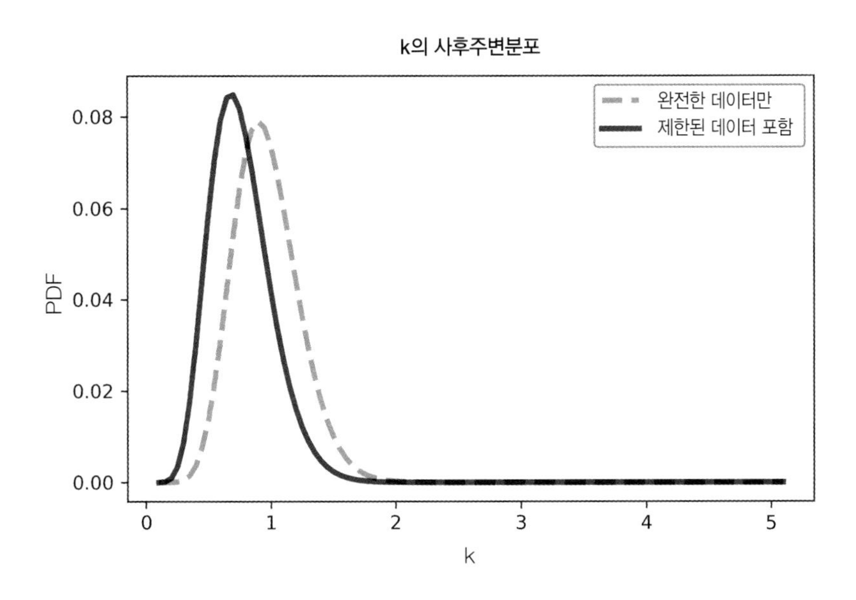

이 예제의 경우, 불완전한 데이터를 사용한 경우 주변분포가 왼쪽으로 이동했다. 하지만 이 역시 충분히 넓지 않다.

지금까지, 일부 데이터가 제한된 경우의 많은 실제 상황에서 유용하게 활용할 수 있는 와이블 분포의 매개변수를 추정하기 위해 완전한 데이터와 불완전한 데이터를 어떻게 같이 사용할 수 있는 지를 살펴보았다.

일반적으로 불완전한 데이터를 사용하는 경우, 정보가 부족함으로 인해 불확실성이 높아지기 때문에, 사후분포의 폭이 넓어진다.

이 예제의 데이터는 내가 만든 것이지만, 다음 절에서는 실제 데이터를 사용해서 비슷한 분석을 해보자.

## 14.4 전구

2007년 전구의 수명 분포를 파악하기 위한 실험[2]이 진행되었다. 실험 내용은 다음과 같다.

> 40W, 220V(AC)로 매겨진 50개의 새 인도산 필립스 전등 50개를 11 m x 7 m의 연구실에 동일한 간격을 두고 일렬로 설치했다.
>
> 12시간 간격으로 전구가 나가는지 확인하여, 수명이 다 한 전구 내역을 [기록했다]. 마지막 전구가 나갈 때까지 총 32개의 데이터를 확보했다.

이 데이터를 다음과 같이 데이터프레임으로 불러왔다.

```
df = pd.read_csv('lamps.csv', index_col=0)
df.head()
```

2 *https://oreil.ly/WEbsd*

| i | h | f | K |
|---|---|---|---|
| 0 | 0 | 0 | 50 |
| 1 | 840 | 2 | 48 |
| 2 | 852 | 1 | 47 |
| 3 | 936 | 1 | 46 |
| 4 | 960 | 1 | 45 |

h열에는 전구가 나갈때까지의 시간이 들어있다. f열에는 매 시간 나간 전구의 수가 들어있다. 이 값과 빈도를 다음과 같이 Pmf를 사용해서 나타내보자.

```
from empiricaldist import Pmf

pmf_bulb = Pmf(df['f'].to_numpy(), df['h'])
pmf_bulb.normalize()
```

```
50
```

실험 설계 과정상, 적어도 지속적으로 켜져 있는 전구에 대해서는 이 데이터를 수명 분포를 대표하는표본으로 간주한다. 이 데이터가 와이불분포를 따른다고 가정하면, 이 데이터에 적합한 매개변수를 추정할 수 있다. $\lambda$ 와 $k$ 가 사전균등분포를 따른다고 하자.

```
lams = np.linspace(1000, 2000, num=51)
prior_lam = make_uniform(lams, name='lambda')
```

```
ks = np.linspace(1, 10, num=51)
prior_k = make_uniform(ks, name='k')
```

이 예제에서, 사전분포에는 보통 사용하던 101개의 값이 아닌 51개의 값이 들어가는 것을 확인할 수 있다. 사후분포를 사용하여 많은 연산을 사용하는 계산을 할 것이어서 이렇게 만들었다. 이렇게 만들면 더 적은 값을 사용하기 때문에 연산 속도가 빨라지지만, 결과의 정확도는 떨어진다.

앞에서 했던 것처럼, `make_joint()`를 사용해서 사전결합분포를 만든다.

```
prior_bulb = make_joint(prior_lam, prior_k)
```

실험에는 50개의 전구를 사용했지만, 데이터셋에는 서로 다른 전구 수명이 32개가 있다. 하지만 각 수명에 대해 주어진 횟수만큼 반복해서 50개의 주기를 만드는 것이 갱신에 용이하다. `np.repeat()`를 사용해서 데이터를 변형하도록 하자.

```
data_bulb = np.repeat(df['h'], df['f'])
len(data_bulb)
```

```
50
```

`update_weibull()`을 사용해서 갱신을 한다.

```
posterior_bulb = update_weibull(prior_bulb, data_bulb)
```

사후결합분포는 다음과 같다.

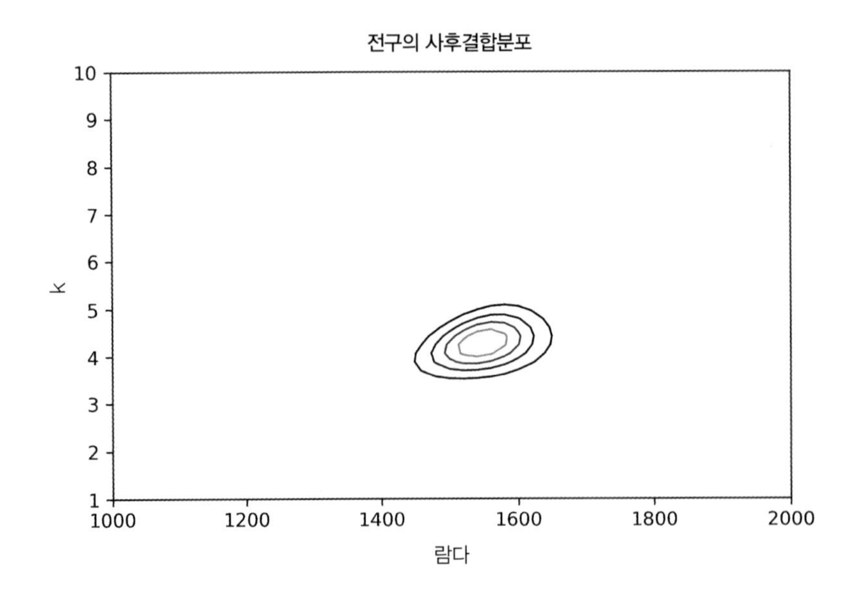

이 사후결합분포를 요약하면, 사후평균 수명을 구할 수 있다.

## 14.5 사후평균

$\lambda$와 $k$의 값을 포함하는 메쉬를 만들어서 결합분포의 사후평균을 구해보자.

```
lam_mesh, k_mesh = np.meshgrid(
    prior_bulb.columns, prior_bulb.index)
```

각 매개변수쌍에 대해 `weibull_dist()`을 취해서 평균을 구하자.

```
means = weibull_dist(lam_mesh, k_mesh).mean()
means.shape
```

```
(51, 51)
```

결과는 결합분포와 동일한 차원의 배열 형태다.

그럼 각 평균에 사후결합분포에서 나온 확률을 가중치로 곱해보자.

```
prod = means * posterior_bulb
```

마지막으로 가중치 평균의 합을 구한다.

```
prod.to_numpy().sum()
```

```
1412.7242774305005
```

사후분포를 기반으로 했을 때, 전구 평균 수명은 약 1,413시간이라고 볼 수 있다. 다음 함수는 이 과정을 통합한 것이다.

```
def joint_weibull_mean(joint):
    """와이불 결합분포의 평균을 구한다."""
    lam_mesh, k_mesh = np.meshgrid(
        joint.columns, joint.index)
    means = weibull_dist(lam_mesh, k_mesh).mean()
    prod = means * joint
    return prod.to_numpy().sum()
```

## 14.6 사후예측분포

앞 절에서 사용한 것과 동일한 전구 100개를 설치한 후, 1,000시간 후 확인하러 돌아왔다고 하자. 앞서 구한 사후분포를 기반으로 했을 때, 이미 나간 전구 수의 분포는 어떻게 될까?

이제 와이불분포의 매개변수를 알고 있으니, 답은 이항분포 형태가 된다.

예를 들어, $\lambda = 1550$이고 $k = 4.25$라면, 돌아오기 전에 전구가 나갈 확률을 `weibull_dist()`를 사용해서 다음과 같이 구할 수 있다.

```
lam = 1550
k = 4.25
t = 1000

prob_dead = weibull_dist(lam, k).cdf(t)
prob_dead
```

```
0.14381685899960547
```

100개의 전구가 있고 각각 수명 확률이 있으며, 나간 전구의 수는 이항분포를 따른다고 하자.

```
from utils import make_binomial

n = 100
p = prob_dead
dist_num_dead = make_binomial(n, p)
```

다만 이 가정은 $\lambda$와 $k$ 를 안다는 전제 하에서 가능하지만, 우리는 이 값을 모른다. 대신 우리는 이 매개변수의 가능한 값과 각각의 확률에 대한 사후분포를 알고 있다.

따라서 사후예측분포는 단일 이항분포는 아니다. 이항분포에 사후확률 가중치를 부과한 형태의 혼합분포가 된다.

make_mixture()를 사용해서 사후예측분포를 구할 수 있다. 이 함수는 결합분포를 사용하지 않지만, 결합분포 데이터프레임을 다음과 같이 시리즈 형태로 변환할 수 있다.

```
posterior_series = posterior_bulb.stack()
posterior_series.head()
```

```
k lambda
1.0 1000.0 8.146763e-25
1020.0 1.210486e-24
1040.0 1.738327e-24
1060.0 2.418201e-24
1080.0 3.265549e-24
dtype: float64
```

결과는 두 '단계'를 가지는 멀티인덱스 시리즈MultiIndex Series다. 첫 단계는 k의 값이고, 두 번째 단계는 lam의 값이다.

이 형태의 사후분포를 사용해서 가능한 매개변수를 하나씩 반복해가며 각 쌍에 대해 예측분포를 구할 수 있다.

```
pmf_seq = []
for (k, lam) in posterior_series.index:
    prob_dead = weibull_dist(lam, k).cdf(t)
    pmf = make_binomial(n, prob_dead)
    pmf_seq.append(pmf)
```

이제 make_mixture()에 posterior_series의 사후확률과 pmf_seq의 이항분포 수열을 대입할 수 있다.

```
from utils import make_mixture

post_pred = make_mixture(posterior_series, pmf_seq)
```

다음 그래프를 통해 매개변수를 아는 경우로 구했던 이항분포와 비교했을 때 사후예측분포가 어떻게 나타나는지 알 수 있다.

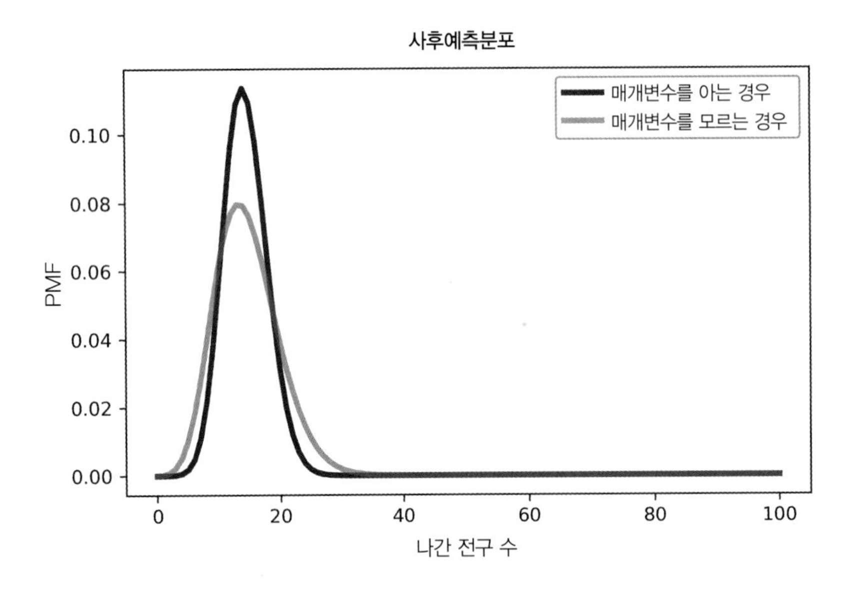


매개변수에 대한 불확실성은 나간 전구의 수에 대한 불확실성을 반영하는 만큼 사후예측분포가 더 넓게 분포하는 것으로 나타난다.

## 14.7 요약

이 장에서는 특정 사건까지의 시간에 대한 문제에 답하는 데 사용되는 생존 분석과, 다양한 분야에서 (넓은 의미에서의) '수명'을 모델링하는데 사용되는 와이불분포를 소개했다.

와이불분포의 매개변수의 사전분포에는 결합분포를 사용했고, 이를 다음의 세 가지 방식으로 갱신했다. 수명의 정확한 기간을 아는 경우, 최소 범위를 아는 경우, 수명이 주어진 구간 내에 있다는 것을 아는 경우에 대해 각각 살펴보았다. 각각의 경우는 약간 수정해서 불완전한, 혹은 '제한된' 데이터로 변환할 수 있어, 여기에 대해 베이지안 방법론의 기법을 적용했다. 연습 문제에서는 수명의 최대 범위가 주어진 또 다른 형태의 제한된 데이터를 다뤄 볼 수 있다.

이 장에서 사용한 방법은 두 개의 매개변수를 사용하는 모든 분포에 적용 가능하다. 연습 문제에서는 두 개의 매개변수를 사용하는 감마분포의 매개변수를 추정해보자. 이 분포는 자연 현상을 설명하는 데 활용할 수 있다. 그리고 다음 장에서는 세 개의 매개변수를 사용하는 모델을 살펴보도록 하자.

## 14.8 연습 문제

### 문제 14-1

앞서 전구 수명 데이터를 사용해서 와이불분포의 매개변수인 $\lambda$와 $k$의 사후분포와 1,000시간 후 100개의 전구 중 나간 전구의 수의 사후예측분포를 구했다.

이번에는 100개의 전구를 설치한 후, 1,000 시간 후 살펴보니 20개가 나가있는 것을 발견했다고 해보자. 이 데이터를 기반으로 사후분포를 갱신해보자. 이 때 사후평균은 어떻게 달라졌는가?

### 문제 14-2

여기서는 시애틀의 일일 강수량 한 달치 데이터를 사용해서 강수량 분포에 대한 매개변수를 추정해 볼 것이다. 그리고 일일 강수량에 대한 사후예측분포를 구하고, 이를 사용해서 매우 드문 경우인, 하루 강수량이 1.5인치가 넘을 확률을 구해 보도록 하자.

수문학자에 의하면, 총 일일 강수량 분포는 두 개의 매개변수를 사용하는 감마분포로 모델링할 수 있다.

8.3절의 '감마분포'에서 하나의 매개변수를 사용하는 감마분포를 사용했었고, 이 때는 매개변수로 그리스 문자 $\alpha$를 사용했다.

두 개의 매개변수를 사용하는 감마분포의 경우, 분포의 형태를 결정하는 '형태 변수'에는 $k$를 사용하고, '배율 변수'에는 그리스 문자 $\theta$ 혹은 `theta`를 사용한다.

그럼 다음 단계대로 진행해보자.

1. 감마분포의 매개변수에 대한 사전분포를 만들자. 이 때 $k$와 $\theta$는 0보다 커야 한다.
2. 관측한 강수량으로 이 매개변수 분포를 갱신하자.
3. 강수량의 사후예측분포를 구한 후, 이를 사용해서 하루에 1.5인치 이상의 비가 올 확률을 추정해보자.

CHAPTER 15

# 표식과 재포획

이 장에서는 모집단에서 각각의 표본을 추출해서 특정 표식을 해 둔 후, 동일한 모집단에서 다시 표본을 추출하는 방식인 '표식과 재포획mark and recapture' 실험을 소개한다. 두 번째 추출에서 표식이 있는 개체가 얼마나 많은 지를 살펴보면 모집단의 크기를 추정할 수 있다.

이런 방식의 실험은 생태학에서 시작되었으나, 다른 여러 분야에서도 유용한 것으로 알려져 있다. 이 장의 예제는 소프트웨어 공학과 역학에서 가져왔다.

또한 이 장에서는 세 개의 매개변수를 사용하는 모델을 사용하므로, 3차원 결합분포로 기존 내용을 확장해 볼 수 있다.

하지만 일단, 그리즐리 곰부터 살펴보자.

## 15.1 그리즐리 곰 문제

1996년과 1997년에 과학자들은 캐나다의 브리티시컬럼비아 주와 앨버타 주에 그리즐리 곰의 개체 수 추정을 위해 덫을 놓았다. 이 실험의 내용은 다음 글[1]에 실려있다.

'덫'은 곰을 유인해서 털 표본을 채취하기 위한 미끼와 철조망 몇 줄로 만들어져 있다. 과학자들

1 https://oreil.ly/aJOdC

은 털 표본을 사용해서 DNA 분석을 해서 각각의 곰을 식별한다.

첫 실험에서는, 과학자가 76개 지역에 덫을 설치했다. 10일 후 돌아온 과학자는 1,043개의 털 표본을 채취했고 이를 통해 23마리의 서로 다른 곰을 식별할 수 있었다. 두 번째의 10일간의 실험에서는 19마리의 곰으로부터 1,191개의 털 표본을 얻었고, 이 중 4마리는 첫 번째 실험에서 파악된 곰인 것으로 확인되었다.

이 데이터로 곰의 개체수를 추정하려면, 각 실험간 각각의 곰이 관측될 확률을 모델링해야 한다. 일단 이 모집단의 모든 곰이 동일한 (알려지지 않은) 확률로 각 실험에 포착된다고 간단히 가정해보자.

예를 들어, 실제 곰의 모집단 개체수가 100이라고 해보자.

첫 실험에서 100마리 중 23마리가 확인되었다. 두 번째 실험에서 19마리를 임의로 선택한 것이라고 하면, 이 중 4마리가 이전에 확인된 곰일 확률은 얼마일까?

여기서는 다음과 같이 정의했다.

- $N$: 실제 개체수, 100.
- $K$: 첫 실험에서 확인된 곰의 수, 23.
- $n$: 두 번째 실험에서 관측된 곰의 수, 19
- $k$: 두 번째 실험에서 관측된 곰 중 첫 실험에서 이미 확인된 곰의 수, 4.

주어진 $N$, $K$, $n$을 사용해서 이전에 확인된 곰의 수인 $k$에 대한 확률은 초기하분포hypergeometric distribution[2]를 사용할 수 있다.

$$\binom{K}{k}\binom{N-K}{n-k}/\binom{N}{n}$$

이항계수 $\binom{K}{k}$는 크기 $K$의 모집단에서 크기 $k$의 부분집합의 수다.

왜 이렇게 되는 지를 알려면 다음을 고려해 보아야 한다.

- 분모 $\binom{N}{n}$은 $N$마리의 곰 개체에서 $n$만큼의 곰을 골랐을 때 가능한 부분집합의 수다.
- 분자는 이전에 파악된 $K$에서 $k$마리의 곰을 고르고 아직 파악되지 않은 $N$-$K$에서 $n$-$k$만큼을 고를 때 가능한 부분집합의 수다.

2 https://oreil.ly/6flcf

사이파이에는 $k$의 값의 범위에 대한 확률을 구할 때 사용할 `hypergeom()` 함수가 있다.

```
import numpy as np
from scipy.stats import hypergeom

N = 100
K = 23
n = 19

ks = np.arange(12)
ps = hypergeom(N, K, n).pmf(ks)
```

$N, K, n$ 이 주어졌을 때의 $k$의 분포가 결과로 나온다. 형태는 다음과 같다.

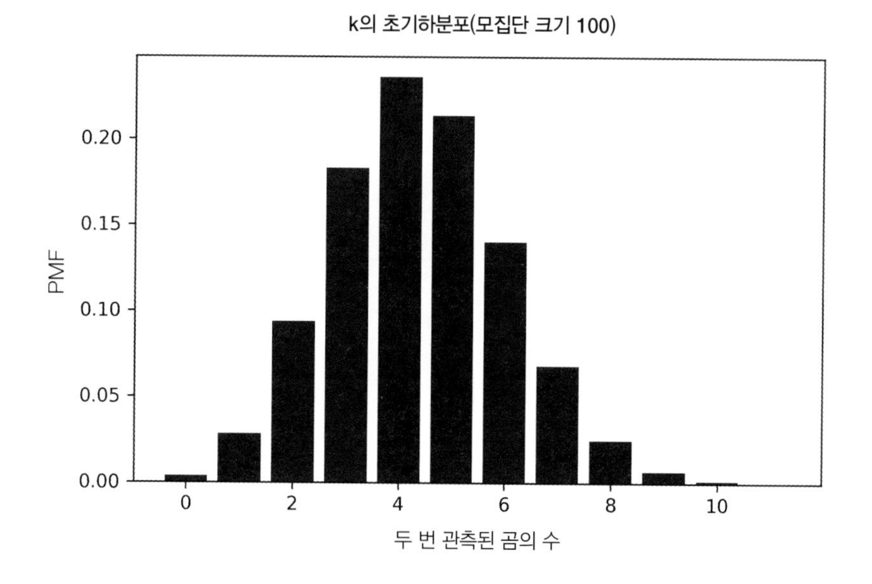


가장 가능성이 큰 $k$의 값은 4로, 이 실험에서 실제로 관측된 값이다. 따라서 이 데이터로 봤을 때 N=100 은 모집단의 추정값으로 쓸만 하다고 볼 수 있다.

$N, K, n$ 이 주어졌을 때의 $k$의 분포를 구했으니, 이제 다른 것을 살펴보자. $K, n, k$ 이 주어졌을 때의 $N$은 어떻게 추정할 수 있을까?

## 15.2 갱신

우선, 이 실험 전에, 전문가들은 이 지역의 곰의 개체 수는 50과 500 사이고, 이 범위 내에서의 확률은 모두 동일하다고 추정했다고 가정하자.

make_uniform()으로 이 범위 내의 자연수에 대한 균등분포를 만들어 보자.

```
import numpy as np
from utils import make_uniform

qs = np.arange(50, 501)
prior_N = make_uniform(qs, name='N')
prior_N.shape
```

```
(451,)
```

우리가 사용할 사전분포가 만들어졌다.

상수 K와 n, N의 가능범위를 적용한 hypergeom()을 사용해서 데이터의 가능도를 구해보자.

```
Ns = prior_N.qs
K = 23
n = 19
k = 4

likelihood = hypergeom(Ns, K, n).pmf(k)
```

그러면 늘 하던대로 사후분포를 구할 수 있다.

```
posterior_N = prior_N * likelihood
posterior_N.normalize()
```

```
0.07755224277106727
```

결과 분포의 형태는 다음과 같다.

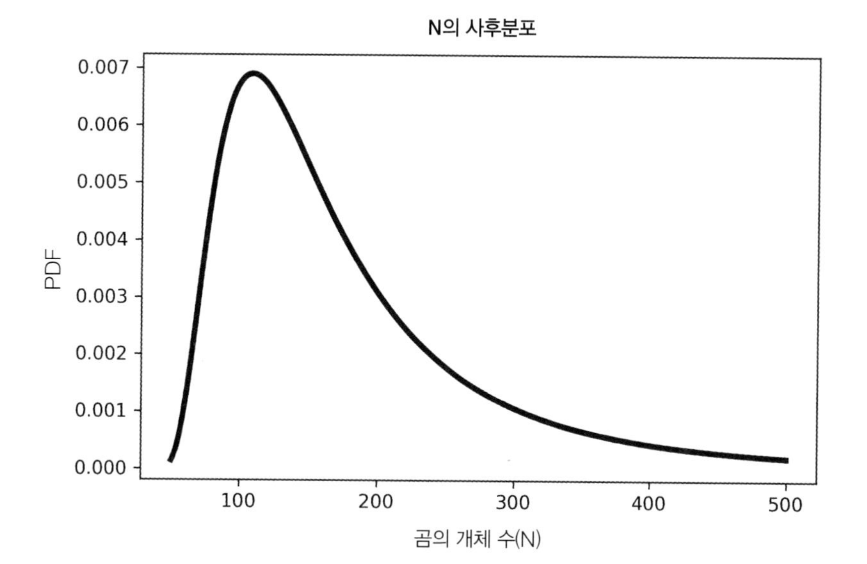


가장 가능성 높은 값은 109다.

```
posterior_N.max_prob()
```

```
109
```

하지만 분포가 오른쪽에 더 몰려 있기 때문에, 사후평균은 이보다 높다.

```
posterior_N.mean()
```

```
173.79880627085637
```

또한 신뢰구간은 꽤 넓다.

```
posterior_N.credible_interval(0.9)
```

```
array([ 77., 363.])
```

답을 구하는 과정은 상대적으로 단순했지만, 곰의 관측 확률을 보다 명확하게 모델링한다면 더 좋은 값을 구할 수 있을 것으로 보인다.

## 15.3 두 개의 매개변수를 사용하는 모델

이번에는 곰의 수 $N$과 곰을 관측할 확률 $p$의 두 개의 매개변수를 사용하는 모델을 만들도록 하겠다.

두 번의 실험에서의 확률은 동일하다고 가정하자. 덫의 형태나 설치 지역이 동일하므로 충분히 가능성이 있다.

또한 확률은 독립적이라고 가정한다. 즉, 2회차 실험에서 곰이 관측될 확률은 1회차에서 곰이 관측되었는지의 여부와 상관이 없다는 뜻이다. 이 가정은 다소 말이 안 될 수 있지만, 일단은 문제를 간단히 하기 위해 사용하도록 하자.

사용할 값은 앞서 사용한 값 그대로다.

```
K = 23
n = 19
k = 4
```

새로 만들 모델에서는, 다음의 표기법을 사용해서 2회차 이상의 실험을 하게 되는 경우에 대해 일반화를 더 용이하게 하도록 한다.

- `k10`: 1회차에서는 관측되었지만 2회차에서는 관측되지 않은 곰의 수
- `k01`: 2회차에서는 관측되었지만 1회차에서는 관측되지 않은 곰의 수
- `k11`: 양 회차에서 모두 관측된 곰의 수

각각의 값은 다음과 같다.

```
k10 = 23 - 4
k01 = 19 - 4
k11 = 4
```

우리가 실제 N과 p의 값을 알고 있다고 하자. 그럼 이 값을 사용해서 데이터의 가능도를 구할 수 있다. 예를 들어, N=100 이고 p=0.2라고 하자. N으로 아예 관측되지 않은 곰의 수인 k00을 예측해보자.

```
N = 100

observed = k01 + k10 + k11
k00 = N - observed
k00
```

```
62
```

갱신하려면 각 그룹에 곰 수를 나타내는 형식의 리스트로 데이터를 저장하는 것이 편하다.

```
x = [k00, k01, k10, k11]
X
```

```
[62, 15, 19, 4]
```

그럼 p=0.2인 것을 알고 있으니, 각 그룹에 곰이 해당될 확률을 구할 수 있다.

예를 들어, 1, 2회 실험에서 모두 관측될 확률은 p*p고, 양쪽에서 모두 관측되지 않을 확률은 q*q다(q=1-p).

```
p = 0.2
q = 1-p
y = [q*q, q*p, p*q, p*p]
y
```

```
[0.6400000000000001,
0.16000000000000003,
0.16000000000000003,
0.04000000000000001]
```

데이터의 확률은 다항분포[3]로 나타난다.

$$\frac{N!}{\prod x_i!}\prod y_i^{x_i}$$

여기서 $N$이 모집단이고 $x$는 각 그룹의 수에 대한 수열이고, $y$는 각 그룹의 확률에 대한 수열이다.

사이파이의 `multinomial()`을 사용해서 이에 대한 확률을 구해주는 `pmf`를 만들 수 있다.

다음은 `N`과 `p`에 대한 데이터의 확률이다.

```
from scipy.stats import multinomial

likelihood = multinomial.pmf(x, N, y)
likelihood
```

```
0.0016664011988507257
```

`N`과 `p`를 알고 있다면 가능도를 구할 수 있겠지만, 물론 여기서는 구할 수 없다. 그러므로 `N`과 `p`에 대한 사전확률분포를 선택한 후, 이 가능도로 값을 갱신해야 한다.

## 15.4 사전분포

`N`의 사전분포에는 `prior_N`을 다시 사용하고, 각 곰을 관측할 확률인 `p`에는 균등분포를 사용하도록 한다.

```
qs = np.linspace(0, 0.99, num=100)
prior_p = make_uniform(qs, name='p')
```

늘 했던 것처럼 결합분포를 구해보자.

3 *https://oreil.ly/JVK5H*

```
from utils import make_joint

joint_prior = make_joint(prior_p, prior_N)
joint_prior.shape
```

```
(451, 100)
```

결과는 행에 N의 가능한 값이 나열되고 열에 p의 가능한 값이 나열된 형태의 판다스 데이터프레임 형태로 나타난다. 하지만 이 문제에서는 2차원 데이터프레임보다 1차원 시리즈로 사전분포를 나타내는 것이 좀 더 편할 것이다. stack()을 사용해서 형태를 바꿔보도록 하자.

```
from empiricaldist import Pmf

joint_pmf = Pmf(joint_prior.stack())
joint_pmf.head(3)
```

| N | p | probs |
|---|---|---|
| 50 | 0 | 0.000022 |
| | 0.01 | 0.000022 |
| | 0.02 | 0.000022 |

결과는 멀티인덱스MultiIndex를 갖는 Pmf다. 멀티인덱스는 하나 이상의 열을 갖는다. 이 예제에서는 첫 열의 N 값을 갖고, 두 번째 열은 p의 값을 갖는다.

Pmf는 매개변수 N과 p의 모든 가능한 쌍에 대해 각각 하나의 행(과 하나의 사전분포)을 갖는다. 따라서 총 행의 수는 prior_N과 prior_p의 길이의 곱과 같다.

이제 매개변수의 각 쌍에 대한 데이터의 가능도를 구하도록 하겠다.

## 15.5 갱신

joint_pmf의 복사본을 만들면 가능도를 위한 공간을 마련하기 편하다.

```
likelihood = joint_pmf.copy()
```

앞 절에서 말한 대로 매개변수 쌍 별로 데이터에 대한 가능도를 구한 후 결괏값을 likelihood의 원소로 저장하도록 하자.

```
observed = k01 + k10 + k11

for N, p in joint_pmf.index:
    k00 = N - observed
    x = [k00, k01, k10, k11]
    q = 1-p
    y = [q*q, q*p, p*q, p*p]
    likelihood[N, p] = multinomial.pmf(x, N, y)
```

그럼 앞서 해왔던 것처럼 사후분포를 구한다.

```
posterior_pmf = joint_pmf * likelihood
posterior_pmf.normalize()
```

이제 plot_contour()로 사후결합분포를 시각화할 것이다. 하지만 지금 구한 사후분포는 시리즈 형태인 Pmf로 나타나 있고, plot_contour()는 데이터프레임을 사용한다는 것을 생각해 보자.

앞서 stack()을 사용해서 데이터프레임에서 시리즈로 객체를 변환했었다. unstack()을 사용하면 반대 방향으로 변환할 수 있다.

```
joint_posterior = posterior_pmf.unstack()
```

최종 결과 형태는 다음과 같다.

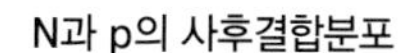
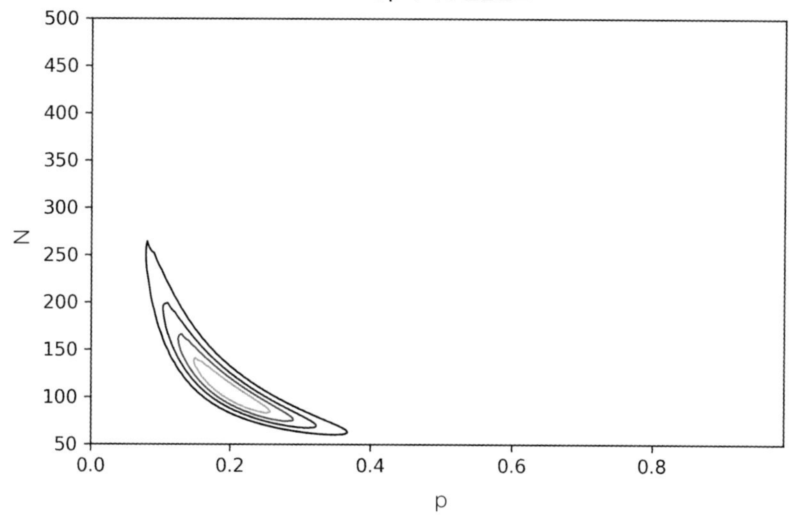


가장 가능성 높은 N값은 이전 모델과 마찬가지로 대략 100 정도다. 가장 가능성 높은 p의 값은 약 0.2다.

이 등고선의 형태를 봤을 때 매개변수들이 서로 상관관계가 있음을 알 수 있다. p가 범위 중 가장 낮은 끝의 값 근처일 때, N의 가장 가능성 높은 값은 더 커지고, p값이 최고값 부근일 때 N은 낮아진다.

사후분포에 대한 데이터프레임을 만들었으니, 앞서 해왔던 것처럼 주변분포를 구할 수 있다.

```
from utils import marginal

posterior2_p = marginal(joint_posterior, 0)
posterior2_N = marginal(joint_posterior, 1)
```

다음은 두 매개변수를 사용하는 모델 기반의 N의 사후분포로, 앞서 구한 단일 매개변수(초기하분포) 사후분포와 같이 나타냈다.

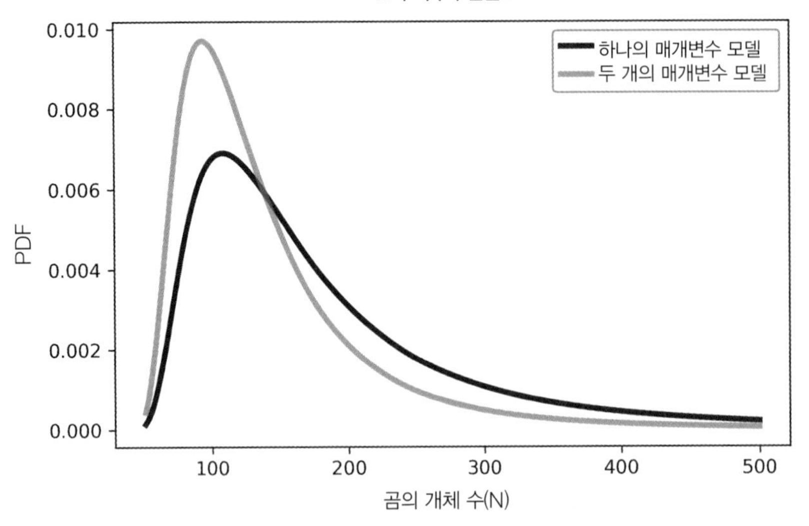


두 개의 매개변수 모델에서 평균은 좀 더 낮아지고 90% 신뢰구간은 좀 더 좁아진다.

## 15.6 링컨 지수 문제

존 D. 쿡John D. Cook의 훌륭한 블로그[4]글에서, 독립적인 두 검수자의 결과를 비교함으로써 문서(혹은 프로그램)의 오류 갯수를 추정하는 방법인 링컨 지수에 대해 설명하고 있다. 이에 대한 내용은 다음과 같다.

> 한 검수자가 프로그램에서 20개의 버그를 발견했다고 하자. 이 때 실제로 프로그램에는 몇 개의 버그가 있는지 추정해야 한다. 프로그램에 최소한 20개의 버그가 있다는 것은 알고 있고, 검수자에 대해 돈독한 신뢰가 있다면, 대략 버그의 수는 20개 내외일 것이라고 볼 것이다. 하지만 검수자의 능력이 그다지 좋지 않다면 수백개의 버그가 있을 지도 모를 일이다. 이 때 버그가 어느 정도인지를 파악할 만한 방안이 있을까? 한 명의 검수자로는 알 도리가 없다. 하지만 검수자가 두 명이라면, 해당 검수자들의 능력치를 알지 않고도 이를 추정할 방안이 있다.

4 *https://oreil.ly/YfzzJ*

첫 검수자가 20개의 버그를 발견했고, 두 번째 검수자가 15개의 버그를 발견했으며, 이 중 겹치는 것은 3개였다고 하자. 그러면 총 버그 수는 얼마나 된다고 추정할 수 있을까?

이 문제는 그리즐리 곰 문제와 비슷하므로, 동일한 방식으로 데이터를 나타내 보겠다.

```
k10 = 20 - 3
k01 = 15 - 3
k11 = 3
```

하지만 이 경우에는 검수자가 버그를 발견할 확률이 동일하다고 가정하는 것은 적절하지 않다. 그러므로 여기서는 매개변수를 따로 설정할 것이다. `p0`은 첫 번째 검수자가 버그를 발견할 확률이고, `p1`은 두 번째 검수자가 버그를 발견할 확률이다.

모든 버그는 독립적이고 발견될 확률은 동일하다고 가정한다. 이는 그다지 좋은 가정은 아니지만, 일단은 이렇게 진행하도록 하자.

이 예제에서 확률은 0.2와 0.15라고 가정한다.

```
p0, p1 = 0.2, 0.15
```

이 때 확률의 배열 `y`는 다음과 같이 구할 수 있다.

```
def compute_probs(p0, p1):
    """4개의 각 군집에 대한 확률을 계산한다."""
    q0 = 1-p0
    q1 = 1-p1
    return [q0*q1, q0*p1, p0*q1, p0*p1]

y = compute_probs(p0, p1)
y
```

```
[0.68, 0.12, 0.17, 0.03]
```

이 확률 상으로는, 두 검수자 모두가 특정 버그를 발견하지 못할 확률은 68%고 둘이 동시에 발견할 확률은 3%다.

이 확률을 알고 있다 치고, N에 대한 사후분포를 구해보자. 다음은 사전분포로 사용할 32부터 350개의 버그에 대한 균등분포다.

```
qs = np.arange(32, 350, step=5)
prior_N = make_uniform(qs, name='N')
prior_N.head(3)
```

| N | probs |
|---|---|
| 32 | 0.015625 |
| 37 | 0.015625 |
| 42 | 0.015625 |

확인되지 않은 값 k00을 넣을 자리 확보를 위해 해당 자리에 0을 넣은 배열을 다음과 같이 만든다.

```
data = np.array([0, k01, k10, k11])
```

다음은 각 N의 값에 대한 가능도로, ps는 상수다.

```
likelihood = prior_N.copy()
observed = data.sum()
x = data.copy()

for N in prior_N.qs:
    x[0] = N - observed
    likelihood[N] = multinomial.pmf(x, N, y)
```

사후확률은 늘 하던 방식대로 구한다.

```
posterior_N = prior_N * likelihood
posterior_N.normalize()
```

```
0.0003425201572557094
```

결과 형태는 다음과 같다.

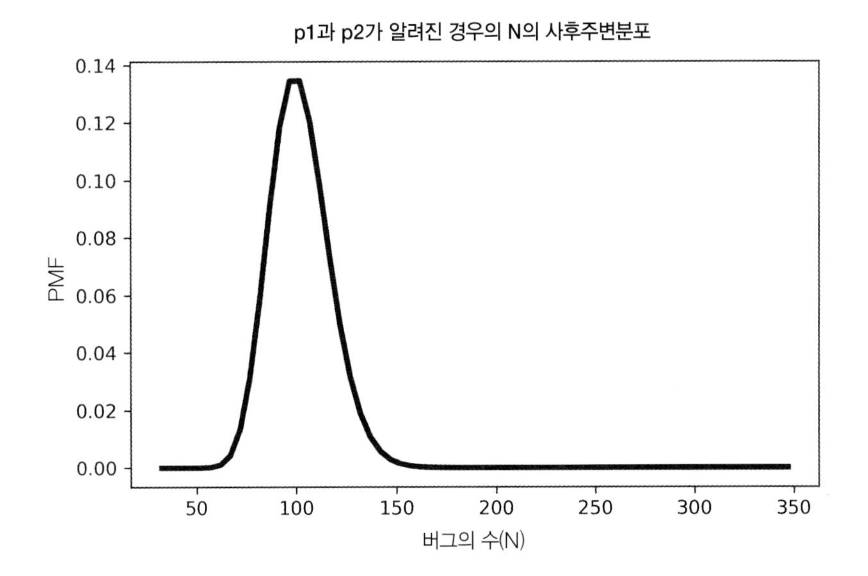


p0과 p1이 0.2와 0.15라고 알고 있다는 가정 하에서, 사후평균은 102고 90% 신뢰구간은 (77, 127)이다. 하지만 이 결과는 버그를 발견할 확률을 알고 있다는 가정을 기반으로 하고, 실상은 그렇지 않다.

## 15.7 세 개의 매개변수를 사용하는 모델

이 문제를 풀려면 N, p0, p1의 세 개의 매개변수를 사용하는 모델이 필요하다. N의 사전분포로는 prior_N을 다시 사용할 것이고, p0과 p1의 사전분포는 다음과 같다.

```
qs = np.linspace(0, 1, num=51)
prior_p0 = make_uniform(qs, name='p0')
prior_p1 = make_uniform(qs, name='p1')
```

이제 이 확률 분포를 조합해서 3차원의 사전결합분포를 만들어보자. 우선 처음 두 분포를 데이터프레임에 넣어보자.

```
joint2 = make_joint(prior_p0, prior_N)
joint2.shape
```

```
(64, 51)
```

그리고 앞서 했던 것처럼 이 값을 스택으로 만든 후 Pmf에 넣는다.

```
joint2_pmf = Pmf(joint2.stack())
joint2_pmf.head(3)
```

| N | p0 | probs |
|---|---|---|
| 32 | 0 | 0.000306 |
| | 0.02 | 0.000306 |
| | 0.04 | 0.000306 |

다시 make_joint()를 사용해서 세 번째 매개변수를 추가한다.

```
joint3 = make_joint(prior_p1, joint2_pmf)
joint3.shape
```

```
(3264, 51)
```

결과는 N과 p0의 값을 멀티인덱스의 행으로 넣고 이에 따른 p1의 값을 열 인덱스로 배치한 데이터프레임 형태로 만들어진다.

여기에 다시 스택을 적용하겠다.

```
joint3_pmf = Pmf(joint3.stack())
joint3_pmf.head(3)
```

| N | p0 | p1 | probs |
|---|---|---|---|
| 32 | 0 | 0 | 0.000006 |
| | | 0.02 | 0.000006 |
| | | 0.04 | 0.000006 |

세 매개변수의 모든 가능한 조합이 들어있는 멀티인덱스 Pmf로 결과가 만들어진다.

열의 수는 세 매개변수의 사전확률 갯수의 곱으로, 약 170,000개다.

```
joint3_pmf.shape
```

```
(166464,)
```

이는 실제로 쓰이기에는 여전히 작지만, 앞 예제보다 가능도를 구하는 시간은 더 오래 걸린다.

다음은 가능도를 구하는 반복문으로, 앞 절에서 했던 것과 비슷하다.

```
likelihood = joint3_pmf.copy()
observed = data.sum()
x = data.copy()

for N, p0, p1 in joint3_pmf.index:
    x[0] = N - observed
    y = compute_probs(p0, p1)
    likelihood[N, p0, p1] = multinomial.pmf(x, N, y)
```

사후분포는 앞서 해왔던 것처럼 구한다.

```
posterior_pmf = joint3_pmf * likelihood
posterior_pmf.normalize()
```

```
8.941088283758206e-06
```

그럼 앞서 했던 것처럼 결합분포의 스택을 풀어서 주변분포를 구할 수 있다. 하지만 Pmf()는 데이터프레임보다는 Pmf에서 동작하는 버전의 주변분포를 제공한다. 다음은 N의 사후분포를 구하는 방식이다.

```
posterior_N = posterior_pmf.marginal(0)
```

이 때 결과는 다음과 같다.

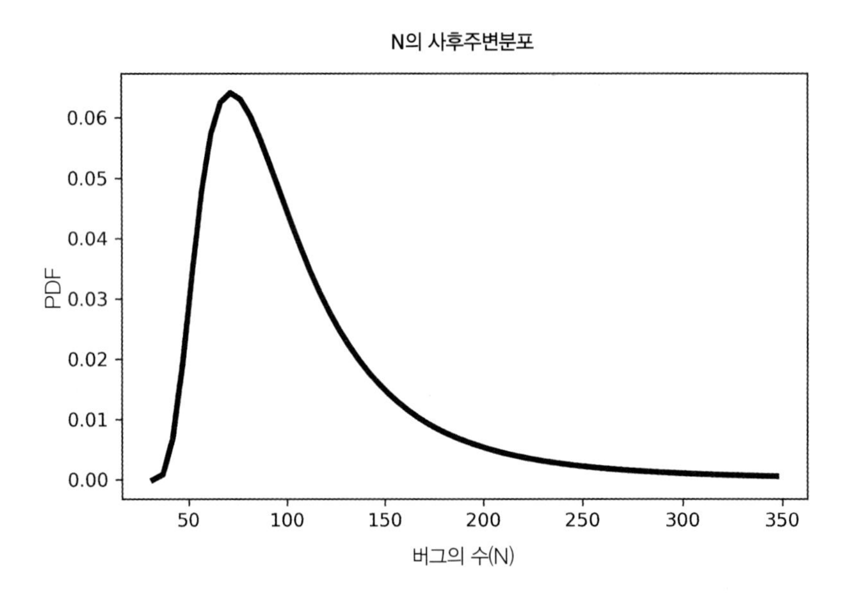


```
105.7656173219623
```

사후평균 버그 수는 105개로, 아직 검수자가 발견하지 못한 버그가 충분히 많이 있을 수 있음을 보여준다.

p0과 p1의 사후분포는 다음과 같다.

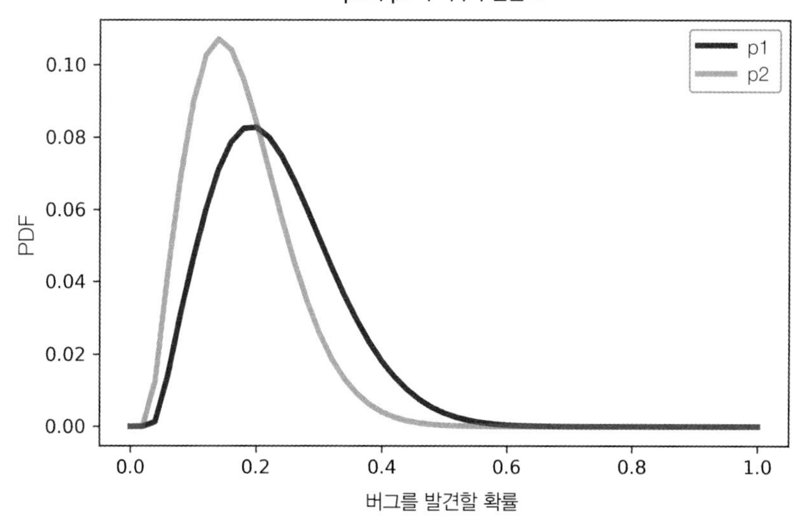


사후분포를 비교해보면, 아마도 더 많은 버그를 발견한 검수자는 버그를 발견할 확률이 더 높을 것이다. 사후평균은 약 23%와 18%지만, 분포가 겹치는 부분이 있으므로, 이를 너무 확정적으로 받아들이지는 말아야겠다.

이 예제는 처음으로 세 개의 매개변수를 다뤄본 사례였다. 매개변수의 수가 늘어날 수록, 조합의 수도 빠르게 늘어난다. 지금까지 사용한 기법에서는 모든 가능한 조합을 나열하므로, 매개변수의 수가 3이나 4 이상이 되면 실제로 활용하기는 어려워진다.

하지만 훨씬 많은 매개변수를 사용하는 모델을 다룰 수 있는 다른 기법들이 있다. 이에 대해서는 19장에서 다루도록 한다.

## 15.8 요약

이 장에서 다룬 문제는 생태학에서 동물의 개체수 추정에 사용되는 표식과 재포획[5] 관련 실험 사례였다. 표식과 재포획은 링컨 지수 문제같이 공학 분야에서도 응용되고 있다. 그리고 다음에 살펴볼 연습 문제에서는 역학에서의 응용 사례도 확인할 수 있을 것이다.

5 *https://en.wikipedia.org/wiki/Mark_and_recapture*

이 장에서는 새로운 두 가지 확률 분포를 소개했다.

- 초기하분포는 표본을 재표집하지 않고 추출하는 경우에 대한 이항분포의 변형 형태다.
- 다항분포는 두 개 이상의 가능한 결과가 있는 경우의 이항분포를 일반화한 형태다.

또한 이 장에서는 세 매개변수를 다루는 모델에 대해서도 처음으로 예제로 살펴보았다. 이에 대해서는 관련 장에서 더 살펴볼 수 있을 것이다.

## 15.9 연습 문제

### 문제 15-1

앤 차오Anne Chao는 본인의 훌륭한 논문[6]에서 표식과 재포획 실험을 역학 분야에 적용해서, 여러 개의 불완전한 증상 목록을 기반으로 특정 질병의 유병률을 추정하는 법을 설명했다.

이 논문에서 나온 한 가지 사례는 '1995년 4월부터 7월까지 대만 북부의 한 대학과 그 주변에서 발생한 간염에 감염된 사람의 수를 추정한 것'이다.

이 사례 관련해서 세 개의 목록을 사용할 수 있다.

1. 135개의 혈청 검사 내역
2. 지역 병원의 122개 기록
3. 역학 조사관의 설문조사에서 나온 126개의 기록

이 예제에서는 처음의 두 가지 목록을 사용하고, 다음 예제에서 세 번째 목록도 사용할 것이다.

결합 사전분포를 만들고 이 데이터를 사용해서 갱신을 한 후, N의 사후평균과 90% 신뢰구간을 구하라.

6 *https://oreil.ly/9yzPi*

## 문제 15-2

이제 세 가지 데이터를 다 사용해서 문제를 풀어보자. 다음은 차오의 논문에서 가져온 데이터다.

```
Hepatitis A virus list
P Q E Data
1 1 1 k111 =28
1 1 0 k110 =21
1 0 1 k101 =17
1 0 0 k100 =69
0 1 1 k011 =18
0 1 0 k010 =55
0 0 1 k001 =63
0 0 0 k000 =??
```

매개변수의 각 쌍에 대해 데이터의 가능도를 구하는 반복문을 만들고, 사전분포를 갱신한 후 N의 사후평균을 구하라. 앞 문제에서 두 개의 목록만 사용했을 때와 결과를 비교해보면 어떤 차이가 있는가?

CHAPTER 16

# 로지스틱 회귀

이 장에서는 로그 공산과 로지스틱 회귀라는 서로 연관이 있는 주제를 다룬다.

6.2절의 '베이즈 규칙'에서, 공산을 사용해서 베이즈 정리를 다시 풀어쓴 후 베이즈 규칙을 도출했다. 베이즈 규칙은 종이 위나 머릿속에서 베이지안 갱신을 풀 때 손쉽게 사용할 수 있는 방안이다. 이 장에서는, 로그 스케일의 베이즈 규칙을 살펴보면서, 연속 갱신을 통해서 증거를 누적하는 방법에 대한 통찰을 얻게 된다.

이는 증거와 가설의 로그 공산 간의 관계를 선형 모델로 나타내는 로지스틱 회귀와 직접적으로 연결된다. 여기서는 예제로 우주왕복선에서 가져온 데이터를 사용해서 온도와 O링의 손상 확률간의 관계를 알아보자.

연습 문제로는 학교에 입학한 어린이의 나이와 주의력결핍 과잉행동장애(ADHD) 진단 확률간의 관계를 나타내는 모델을 만들어보자.

## 16.1 로그 공산

학부 시절, 나는 계산 이론 수업을 들었다. 수업 첫 날, 나는 첫 번째로 도착했다. 몇 분 후, 다른 학생이 도착했다.

이 당시에는 전산학 전공 학생의 83%가 남자[1]였기 때문에, 다음에 온 학생이 여학생이어서 조금 놀랐다.

몇 분 후 다른 여학생이 강의실에 들어왔고, 나는 내가 강의실을 잘못 들어온 것이 아닌가 생각하기 시작했다. 세 번째 여학생이 도착했을 때, 나는 내가 강의실을 잘못 찾았다는 확신이 들었다. 그리고 그 것은 사실이었다.

이 일화를 사용해서 베이즈 규칙을 로그 스케일로 나타낸 후 이 것이 로지스틱 회귀와 어떻게 연결되는 지를 보일 것이다.

$H$는 내가 제대로 강의실을 찾아 들어갔다는 가설이고, $F$는 첫 번째 다른 학생이 여학생이라는 관측을 뜻한다. 이 때 베이즈 규칙은 다음과 같이 나타낼 수 있다.

$$O(H \mid F) = O(H) \frac{P(F \mid H)}{P(F \mid not\ H)}$$

다른 학생이 들어오는 것을 보기 전까지는, 나는 내가 제대로 강의실을 찾아왔다는 확신이 있었으므로, 사전 공산은 편의상 10:1로 정하겠다.

$$O(H) = 10$$

내가 맞는 강의실에 있었다면, 첫 번째로 온 학생이 여학생일 가능도는 17%다. 만약 내가 강의실을 잘못 찾은 것이라면, 첫 번째로 온 학생이 여학생일 가능도는 50% 이상일 것이다.

$$\frac{P(F \mid H)}{P(F \mid not\ H)} = 17 / 50$$

따라서 가능도비는 약 1/3이다. 여기에 베이즈 규칙을 적용하면, 사후 공산은 다음과 같다.

$$O(H|F) = 10 / 3$$

두 학생을 만난 후, 사후 공산은 다음과 같다.

$$O(H|FF) = 10 / 9$$

세 학생을 만난 후에는 다음과 같다.

$$O(H|FFF) = 10 / 27$$

1 https://oreil.ly/JGnGY

이 시점에서, 나는 강의실을 잘못 들어왔는 지를 의심해 봐야 하는 것이 맞다.

다음 표에는 각 갱신 후의 공산과 이에 대응하는 확률, 각 단계 후 확률 변동 정도가 소숫점 형태로 나와있다.

| | 공산 | 확률 | 확률 차 |
|---|---|---|---|
| 사전 | 10 | 0.909091 | — |
| 학생 1명 | 3.333333 | 0.769231 | −13.986014 |
| 학생 2명 | 1.111111 | 0.526316 | −24.291498 |
| 학생 3명 | 0.37037 | 0.27027 | −25.604552 |

각 갱신에서는 동일한 가능도를 사용하지만, 확률 변동 정도는 모두 다르다. 첫 갱신에서는 14%p가량 줄었으나, 두 번째 갱신에서는 24%p, 세 번째 갱신에서는 26%p 정도 줄었다. 이런 류의 갱신에서는 흔히 일어나는 일로, 사실은 이는 필요한 현상이다. 만약 변화량이 동일하다면, 갱신 후 빠르게 음의 확률로 떨어질 수 있다.

공산은 패턴이 더욱 명확하다. 각 갱신 시 공산에 동일한 가능도비를 곱하므로, 공산은 기하 수열 형태가 된다. 그리고 이를 보면 불확실성을 다른 방법으로 표현하는 것도 고려해 볼 수 있다. 로그 공산은 공산에 로그를 취한 것으로, 보통 자연로그($e$를 밑으로 함)를 사용한다.

로그 공산을 표에 추가해보자.

| | 공산 | 확률 | 확률 차 | 로그 공산 | 로그 공산 차 |
|---|---|---|---|---|---|
| 사전 | 10 | 0.909091 | — | 2.302585 | — |
| 학생 1명 | 3.333333 | 0.769231 | −13.986014 | 1.203973 | −1.098612 |
| 학생 2명 | 1.111111 | 0.526316 | −24.291498 | 0.105361 | −1.098612 |
| 학생 3명 | 0.37037 | 0.27027 | −25.604552 | −0.993252 | −1.098612 |

이를 보면 다음의 내용을 발견할 수 있다.

- 확률이 0.5보다 큰 경우, 공산은 1보다 크고, 로그 공산은 양수다.
- 확률이 0.5보다 작은 경우, 공산은 1보다 작고, 로그 공산은 음수다.

또한 로그 공산끼리는 동일한 크기의 차이를 보인다는 것을 알 수 있다. 갱신 후 로그 공산은 가능도비의 로그만큼 변한다.

```
np.log(1/3)
```

```
-1.0986122886681098
```

이 예제에서 이는 사실이고, 베이즈 규칙 양쪽에 로그를 취해서 이 말이 일반적으로도 사실임을 보일 수 있다.

$$\log O(H \mid F) = \log O(H) + \log \frac{P(F \mid H)}{P(F \mid not\ H)}$$

로그 공산 상태에서, 베이지안 갱신은 가산 형태가 된다. 따라서 만약 $Fx$가 내가 강의실에서 대기하는 동안 $x$명의 여학생이 도착했다는 뜻이라면, 내가 강의실을 제대로 찾았을 사후 로그 공산은 다음과 같다.

$$\log O(H \mid F^x) = \log O(H) + x \log \frac{P(F \mid H)}{P(F \mid not\ H)}$$

이 등식을 살펴보면 로그 가능도비와 사후 로그 공산 간에 선형 관계가 있음을 알 수 있다.

이 예제에서는 선형 등식이 정확히 성립하지만, 그렇지 않은 경우에도 관측 변수 $x$와 다음과 같은 로그 공산으로 나타나는 종속변수 간의 관계를 나타낼 때 보통 선형 함수를 쓴다.

$$\log O(H \mid x) = \beta_0 + \beta_1 x$$

이 때 $\beta_0$과 $\beta_1$은 불특정 매개변수다.

- $\beta_0$은 절편으로, $x$가 0일 때의 가설의 로그 공산 값이다.
- $\beta_1$은 기울기로, 가능도비의 로그다.

이 방정식은 로지스틱 회귀의 기본 구조다.

## 16.2 우주 왕복선 문제

로지스틱 회귀의 예제로는 캐머런 데이비슨 필론의 『프로그래머를 위한 베이지안 with 파이썬』에 나온 문제를 사용한다. 문제는 다음과 같다.

> 1986년 1월 28일, 미국 우주 왕복선 프로그램의 25번째 비행이 사고로 종료되었다. 챌린저호의 보조추진로켓 중 하나가 발사 직후 폭발하면서, 7명의 우주 비행사가 사망했다. 사고 원인 분석 대통령 직속 위원회에서 이 사고는 보조추진로켓의 이음 부분에 있는 O링에 문제가 생겼기 때문이며, 이 문제는 O링이 외부 온도 및 여러 요인에 극도로 민감하게 설계되었기 때문이라고 결론지었다. 이전 24회의 비행에서, O링 문제에 대한 데이터는 23회가 기록되어 있었고(한 번은 바다로 추락했다), 이 데이터는 챌린저호 발사를 앞둔 저녁에 논의가 되었으나, 불행히도 손상 사고가 발생한 7편의 항공편에 해당하는 데이터만 중요하게 다뤄졌고, 여기에는 뚜렷한 경향성이 나타나지 않는 것으로 판단되었다.

이 데이터셋의 원본은 다음 논문[2]에서 가져왔으나, 데이비드-필론 출판사 홈페이지[3]에서도 사용 가능하다.

다음은 이 데이터의 처음 일부 행이다.

| | Date | Temperature | Damage |
|---|---|---|---|
| 0 | 1981-04-12 | 66 | 0 |
| 1 | 1981-11-12 | 70 | 1 |
| 2 | 1982-03-22 | 69 | 0 |
| 4 | 1982-01-11 | 68 | 0 |
| 5 | 1983-04-04 | 67 | 0 |

열은 다음과 같다.

- `Date`: 발사일
- `Temperature`: 외부 온도, 화씨(F)
- `Damage`: 손상 사고가 있던 경우 `1`, 아닌 경우 `0`

데이터셋에는 23회 발사 건의 데이터가 있으며, 이 중 7번은 손상 사고가 있었다.

다음 그림은 손상과 온도 간의 관계를 나타낸다.

2 *https://oreil.ly/Ths7X*

3 *https://oreil.ly/d0VAE*

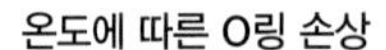


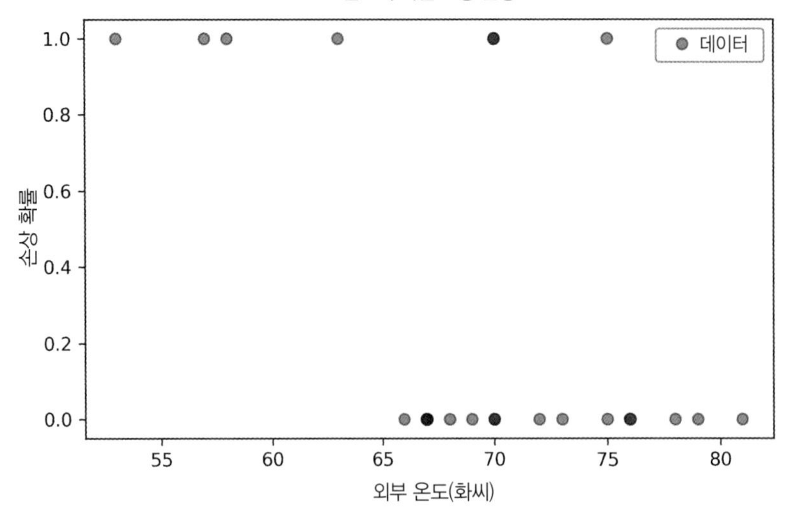


외부 온도가 화씨 65도 이하인 경우는 항상 O링에 손상이 있었다. 외부 온도가 화씨 65도 이상인 경우에는 보통 손상이 없었다.

이 그림에 따르면, 손상 확률이 온도와 연관되었다는 것은 일리있어 보인다. 만약 우리가 이 확률이 로지스틱 모델을 따른다고 하면, 다음과 같은 식을 쓸 수 있다.

$$\log O(H|x) = \beta_0 + \beta_1 x$$

여기서 $H$는 $O$링이 손상된다는 가설이고, $x$는 온도, $\beta_0$과 $\beta_1$는 추정해야 할 매개변수다. 이유는 차후 설명하겠지만, 우선 x는 평균이 0이 되도록 온도값을 이동시킨 값으로 정의한다.

```
offset = data['Temperature'].mean().round()
data['x'] = data['Temperature'] - offset
offset
```

```
70.0
```

그리고 혹시 모를 경우를 대비해 Damage의 값을 y에 복사하도록 하겠다.

```
data['y'] = data['Damage']
```

베이지안 갱신을 적용하기 전에, `statsmodels`[4]를 사용해서 일반적인(베이지안이 아닌) 로지스틱 회귀를 실행해 보겠다.

```
import statsmodels.formula.api as smf

formula = 'y ~ x'
results = smf.logit(formula, data=data).fit(disp=False)
results.params
```

```
Intercept -1.208490
x -0.232163
dtype: float64
```

`results`에는 각 매개변수 별로, 사후분포가 아닌 단일 값으로 나타나는 '점 추정치point estimate' 항목이 있다.

절편 값은 약 −1.2고, 추정 기울기는 약 −0.23이다. 이 값이 무엇을 의미하는지 살펴보기 위해, 이 값을 사용해서 온도 범위의 확률을 구해보겠다. 범위는 다음과 같다.

```
inter = results.params['Intercept']
slope = results.params['x']
xs = np.arange(53, 83) - offset
```

로그 공산을 계산하는데 로지스틱 회귀를 사용할 수 있다.

```
log_odds = inter + slope * xs
```

그리고 이 값을 확률로 바꾼다.

```
odds = np.exp(log_odds)
ps = odds / (odds + 1)
```

4 옮긴이_ 데이터 탐색, 통계 모형 생성 및 가설 검정 등에 널리 사용되는 파이썬 패키지

로그 확률을 확률로 변환하는 것은 expit라는 이름이 있을 만큼 충분히 널리 사용되는 작업이고, 사이파이에는 이를 구하는 함수가 있다.

```
from scipy.special import expit

ps = expit(inter + slope * xs)
```

다음은 이 추정 매개변수를 사용했을 때 로지스틱 모델이 어떤 형태가 되는지 나타낸 것이다.

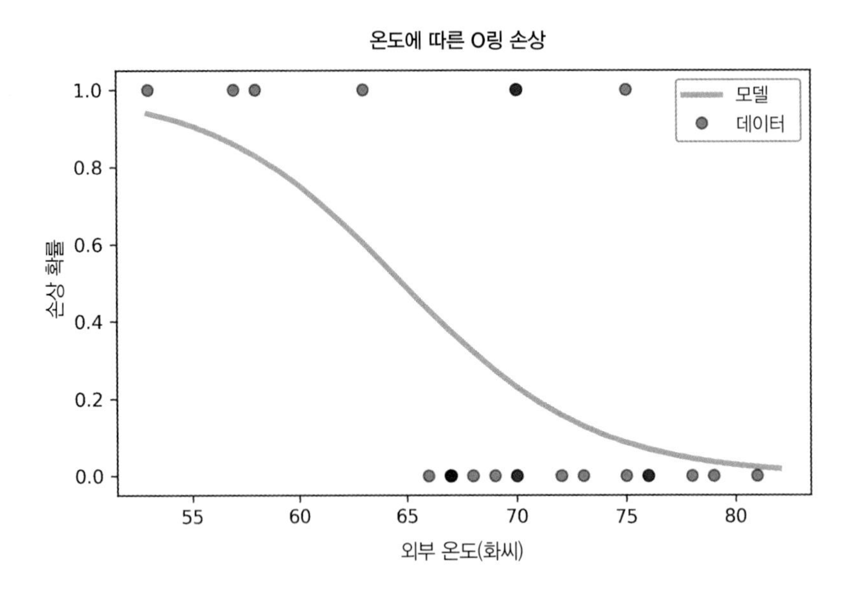


낮은 온도에서, 손상 확률은 높고, 높은 온도에서는, 0 부근까지 낮아진다.

하지만 이는 전통적인 로지스틱 회귀 방식이다. 이제 베이지안 버전으로 실행해 보도록 하겠다.

## 16.3 사전분포

상한과 하한을 선택하는 데 도움이 되도록 앞 절에서 구한 점 추정치를 바탕으로 두 매개변수에 대해 균일분포를 만들어보자.

```
from utils import make_uniform

qs = np.linspace(-5, 1, num=101)
prior_inter = make_uniform(qs, 'Intercept')
```

```
qs = np.linspace(-0.8, 0.1, num=101)
prior_slope = make_uniform(qs, 'Slope')
```

이제 make_joint()를 사용해서 사전결합분포를 만들 수 있다.

```
from utils import make_joint

joint = make_joint(prior_inter, prior_slope)
```

intercept의 값은 열로, slope는 행으로 기록된다.

이 문제에서, 사전분포를 '쌓아서' 매개변수를 멀티인덱스의 단계로 만들면 편리하다.

```
from empiricaldist import Pmf

joint_pmf = Pmf(joint.stack())
joint_pmf.head()
```

| Slope | Intercept | probs |
|---|---|---|
| -0.8 | -5 | 0.000098 |
| | -4.94 | 0.000098 |
| | -4.88 | 0.000098 |

joint_pmf는 각 매개변수 별로 하나씩 총 두 단계의 인덱스를 갖는 Pmf다. 이런 형태의 객체를 사용하면 매개변수의 가능한 쌍 별로 반복문을 실행하기 쉽다. 이에 대해서는 다음 절에서 살펴보자.

## 16.4 가능도

매개변수의 가능한 쌍 각각에 대해 데이터의 가능도를 구해야 갱신을 할 수 있다.

데이터를 온도 x별로 묶은 뒤, 각 온도 별로 발사 및 손상 사고 건수를 구해두면 갱신 과정이 보다 용이해진다.

```
grouped = data.groupby('x')['y'].agg(['count', 'sum'])
grouped.head()
```

| x | count | sum |
|---|---|---|
| -17.0 | 1 | 1 |
| -13.0 | 1 | 1 |
| -12.0 | 1 | 1 |
| -7.0 | 1 | 1 |
| -4.0 | 1 | 0 |

결과는 두 개의 열을 갖는 데이터프레임 형태다. count는 각 온도 별로 발사된 횟수를 나타내고, sum은 손상 사고 횟수다. 이항분포의 매개변수와 동일성을 유지하기 위해, 각 변수명을 ns와 ks로 지정하도록 하자.

```
ns = grouped['count']
ks = grouped['sum']
```

일단 앞서 추정한 매개변수 slope와 inter의 값이 정확하다고 가정한 후 데이터의 가능도를 구해보자.

이 변수의 값을 사용해서 각 발사별 온도에서의 손상 사고 확률을 구할 수 있다.

```
xs = grouped.index
ps = expit(inter + slope * xs)
```

ps에는 모델에 따른 각 발사 시의 온도별 손상 확률값이 들어있다.

이제 각 온도별로 ns, ps, ks 값이 있다. 이 값을 이항분포에 적용해서 데이터의 가능도를 구할 수 있다.

```
from scipy.stats import binom

likes = binom.pmf(ks, ns, ps)
likes
```

```
array([0.93924781, 0.85931657, 0.82884484, 0.60268105, 0.56950687,
       0.24446388, 0.67790595, 0.72637895, 0.18815003, 0.8419509 ,
       0.87045398, 0.15645171, 0.86667894, 0.95545945, 0.96435859,
       0.97729671])
```

likes의 각 원소는 손상 확률이 p인 경우 n회의 발사에서 k회의 손상이 일어날 확률값이다. 전체 데이터셋의 가능도는 이 배열의 내적이다.

```
likes.prod()
```

```
0.0004653644508250066
```

지금까지 매개변수의 특정 쌍에 대한 데이터의 가능도를 구해보았다. 그럼 이제 모든 가능한 쌍에 대한 데이터의 가능도를 구하자.

```
likelihood = joint_pmf.copy()
    for slope, inter in joint_pmf.index:
        ps = expit(inter + slope * xs)
        likes = binom.pmf(ks, ns, ps)
        likelihood[slope, inter] = likes.prod()
```

가능도는 joint_pmf와 동일한 타입, 인덱스, 데이터 타입을 사용할 것이 확실하므로 joint_pmf를 복사해서 가능도를 초기화하면 간단하다.

매개변수마다 반복문을 실행한다. 각 가능한 쌍에 대해 로지스틱 모델을 사용해서 ps를 구하고, 데이터의 가능도를 계산한 후, 결괏값을 likelihood의 행에 할당한다.

## 16.5 갱신

이제 해오던 대로 사후확률을 구한다.

```
posterior_pmf = joint_pmf * likelihood
posterior_pmf.normalize()
```

사후 Pmf의 스택을 풀어 사후결합분포의 등고선을 그릴 수 있다.

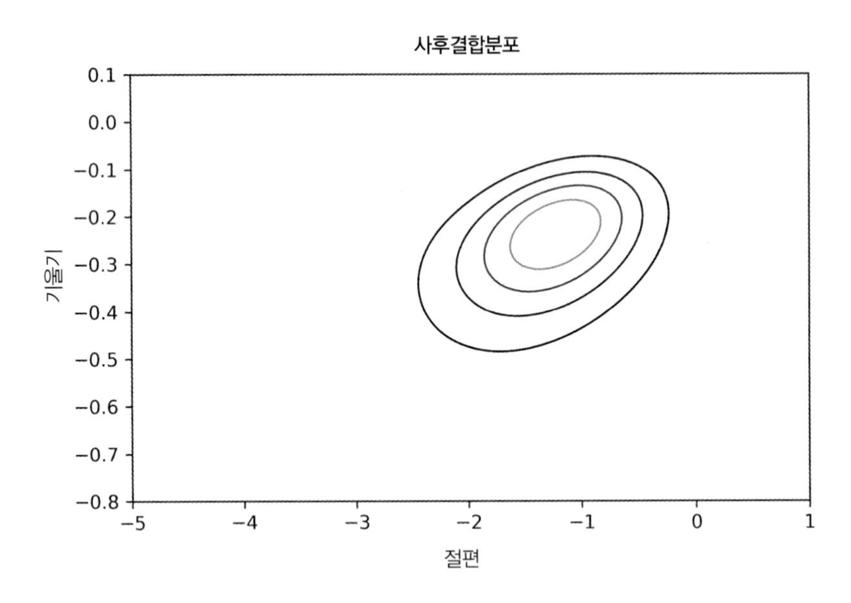


등고선 그래프의 타원은 대각선을 축으로 배열되어 있다. 이는 사후분포의 slope와 inter 간에 어느 정도 상관관계가 있음을 뜻한다.

하지만 x를 구할 때 온도에서 평균 발사 온도를 뺐기 대문에 상관관계는 약할 것이다. 데이터 중심화는 매개변수간 상관관계를 작게 만든다.

### 문제 16-1

왜 이런 현상이 일어나는 지를 살펴보도록 하자. 다시 앞으로 가서 offset=60으로 설정한 후이 분석을 다시 실행하자. 기울기는 동일하겠지만, 절편은 달라질 것이다. 그리고 이 값으로 결합분포를 그래프로 그려보면 타원은 더 가늘고 길어질 것이다. 이는 추정 매개변수 간에 더 강한 상관관계가 있음을 나타낸다.

이론적으로, 이 상관관계는 문제가 안 되지만, 현실에서는 문제가 도리 수 있다. 불확실한 데이터를 사용하는 경우 사후분포는 더 분산되어 있으므로, 사후결합분포에서 이를 다 포함하기란 더욱 어렵다. 데이터 중심화는 추정치의 정확도를 극대화하고, 중심화되어 있지 않은 데이터로 이 정도의 정확도를 얻으려면 더 많은 계산이 필요하다.

## 16.6 주변분포

마지막으로, 주변분포를 추출하자.

```
from utils import marginal

marginal_inter = marginal(joint_posterior, 0)
marginal_slope = marginal(joint_posterior, 1)
```

다음은 inter의 사후분포다.

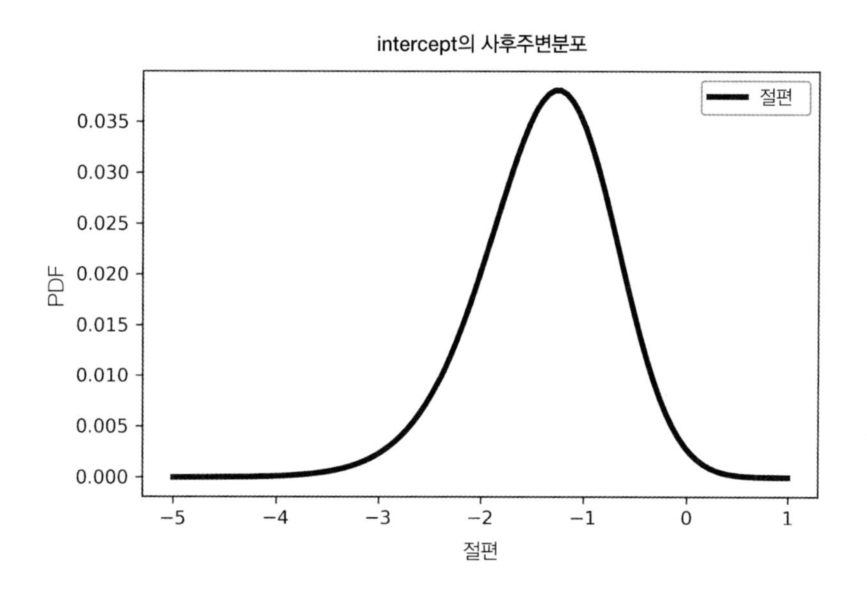

다음은 slope의 사후분포다.

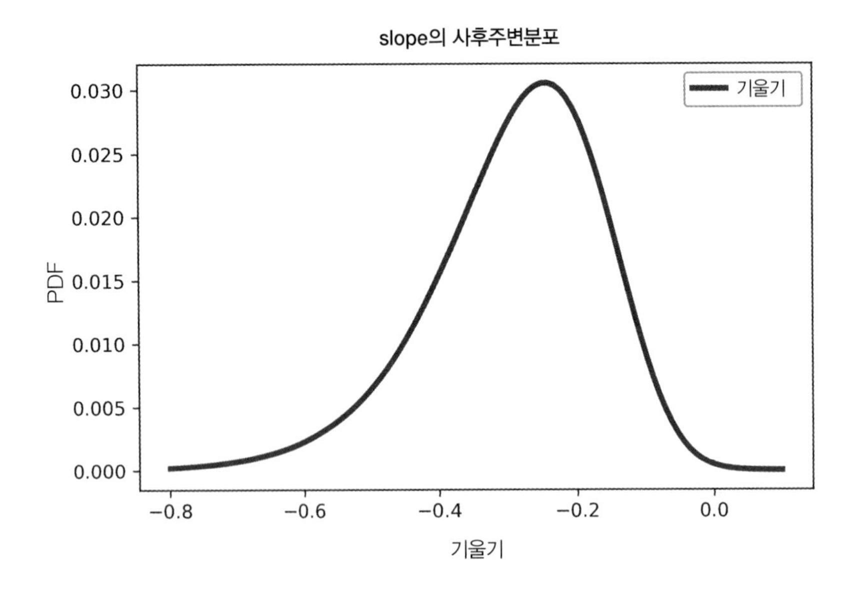


## 16.7 분포변환

매개변수를 해석해보자. 절편은 $x$가 0, 즉 온도가 화씨 70도(offset의 값)인 경우인 가설에 대한 로그 공산이다. 그러므로 marginal_inter의 값도 로그 공산으로 해석할 수 있다.

다음의 Pmf의 값을 변환해주는 함수를 적용해서 이 값을 확률로 바꾸어보자.

```
def transform(pmf, func):
    """Pmf의 값 변환"""
    ps = pmf.ps
    qs = func(pmf.qs)
    return Pmf(ps, qs, copy=True)
```

transform()을 호출한 후 explit을 매개변수로 취하면, marginal_inter에 저장된 로그 공산값을 확률로 변환한 후 확률 형태로 표현된 inter의 사후분포를 반환한다.

```
marginal_probs = transform(marginal_inter, expit)
```

Pmf에는 동일한 일을 하는 transform() 이란 메소드가 있다.

```
marginal_probs = marginal_inter.transform(expit)
```

다음은 화씨 70도에서의 손상 확률에 대한 사후분포다.

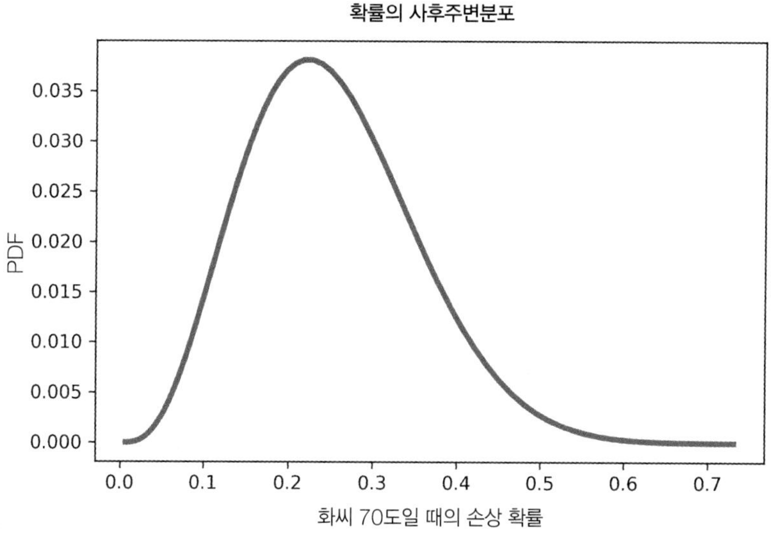


이 모델에 따르면 화씨 70도에서의 손상 확률인, 이 분포의 평균값은 약 22%다.

이 결과를 보면 내가 화씨 70도일 때 x를 0으로 맞춘 것인지에 대한 두 번째 이유를 알 수 있다. 이렇게 하면, 절편값이 화씨 0도일 때보다 손상 확률에 더 잘 대응된다.

이제 추정 기울기를 좀 더 자세히 살펴보자. 로지스틱 모델에서, 매개변수 $\beta_1$는 가능도비의 로그다.

그러면 marginal_slope의 값을 로그 가능도비로 해석할 수 있고, exp()를 사용해서 이 값을 (베이즈 요인이라고도 하는) 가능도비로 바꿀 수 있다.

```
marginal_lr = marginal_slope.transform(np.exp)
```

이 결과는 가능도비의 사후분포다. 형태는 다음과 같다.

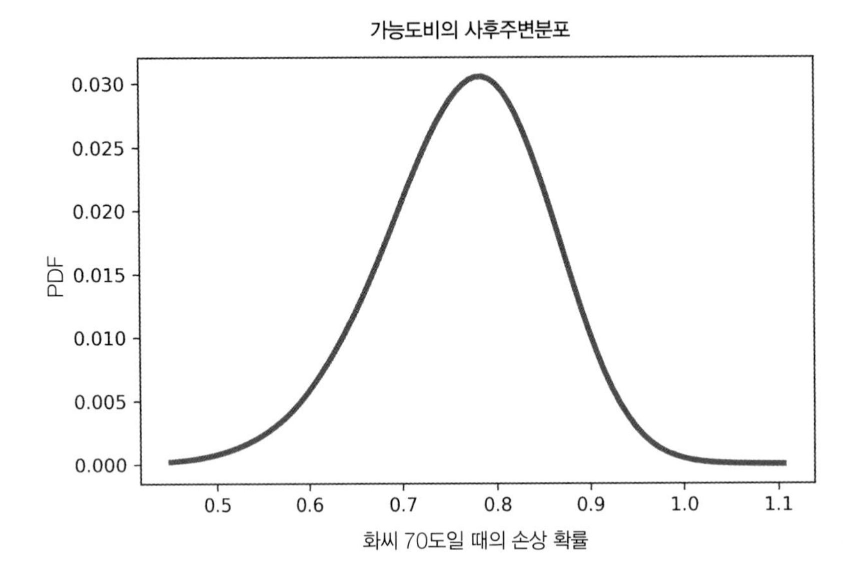


이 분포의 평균은 0.75로, 각각 추가되는 온도는 가능도비(베이즈 요인) 0.75의 가능도로 손상 확률에 대한 증거를 제공할 수 있다는 의미다.

다음을 명심하자.

- 앞서, 절편의 주변분포를 확률의 주변분포로 변환 후 평균을 구하는 방식으로, 화씨 70도일 때의 확률에 대한 사후분포 평균을 구했다.
- 기울기의 주변분포를 가능도비의 주변분포로 변환 후 평균을 구하는 방식으로, 가능도비의 사후분포 평균을 구했다.

사후평균을 먼저 구하고 이를 변환하는 것이 아니라, 앞의 순서가 올바른 방식이다.

## 16.8 예측분포

로지스틱 모델에서, 매개변수는 최소한 변환 후에는 해석 가능하다. 하지만 종종 매개변수가 아니라, 예측에 대해 고민해야 할 때가 있다. 왕복우주선 문제에서 가장 중요한 예측은, "만약 바깥 온도가 화씨 31도일 때 O링의 손상 확률은 얼마일까?"였다.

예측 결과를 만들기 위해, 사후분포에서 매개변수의 쌍을 표본으로 만들어 보겠다.

```
sample = posterior_pmf.choice(101)
```

결과의 형태는 각각의 원소가 가능한 매개변수의 쌍인 101개의 튜플로 이루어진 배열이다. 크기를 101로 잡은 것은 계산을 빠르게 하기 위해서다. 크기를 늘리면 결과가 크게 달라지지는 않겠지만, 조금 더 정확해지기는 할 것이다.

예측값을 구하기 위해, 온도 범위는 화씨 31도(챌린저호가 발사되었을 때의 온도)에서 82도(관측값 중 가장 높은 온도)로 설정한다.

```
temps = np.arange(31, 83)
xs = temps - offset
```

다음의 반복문에서는 xs와 매개변수 표본을 사용해서 예측 확률 배열을 만든다.

```
pred = np.empty((len(sample), len(xs)))

for i, (slope, inter) in enumerate(sample):
    pred[i] = expit(inter + slope * xs)
```

결괏값은 xs의 각 값 별 하나의 열을 가지고 sample의 각 원소별 하나의 행을 가진다.

각 열에 대해 중심 경향성을 수치화하고자 중심값을 구하고, 불확실성을 수량화하고자 90% 신뢰구간을 구할 것이다.

np.percentile()은 주어진 분위수를 구한다. 이 때 axis=0은 각 열에 대해서 구하라는 뜻이다.

```
low, median, high = np.percentile(pred, [5, 50, 95], axis=0)
```

결과는 90% 신뢰구간의 최저값, 중앙값, 최댓값에 대한 예측 확률이 들어있는 배열 형태로 나타난다.

형태는 다음과 같다.

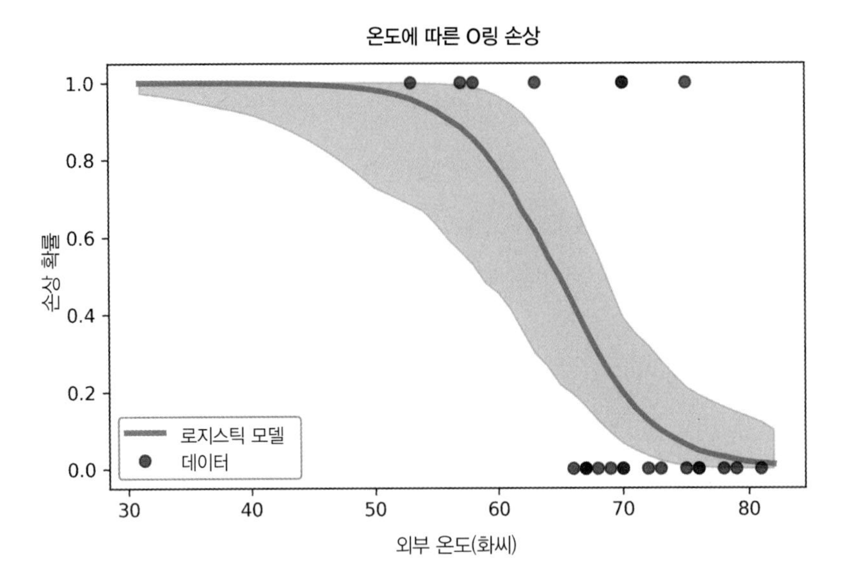


이 결과에 따르면, 화씨 80도에서의 O링의 손상 확률은 약 2%지만, 이 예측은 다소 불확실하다. 신뢰구간의 최댓값은 약 10%다.

화씨 60도에서, 손상 확률은 약 80%지만, 신뢰구간은 48%에서 97%까지로 더 넓다.

하지만 이 모델의 기본적인 목표는 화씨 31도에서의 손상 확률을 예측하는 것이고, 이 값은 최소 97%며, 99%를 넘을 가능성이 더 높다.

우리가 도출할 수 있는 한 가지 결론은 다음과 같다. 만약 챌린저호의 책임자들이 7개의 손상 사고 데이터만이 아닌 모든 데이터를 고려해 보았다면, 화씨 31도에서 사고 확률을 예측할 수 있었을 것이다. 만약 그랬다면, 챌린저호 발사를 연기했을 수도 있다.

동시에, 앞의 그래프를 보았다면, 모델을 사용하면 데이터를 훨씬 넘어서는 범위의 예측값도 발생할 수 있다는 것을 알게 된다. 이런 방식으로 추론할 때는, 우리가 신뢰구간으로 나타낸 모델 결괏값의 불확실성도 염두에 두어야 한다. 또한 모델 자체를 신뢰할 수 없을 가능성 역시 고려해야 한다.

이 예제는 로지스틱 모델을 기반으로 한다. 이 모델은 각각의 온도값이 손상 확률에 대한(혹은 반하는) 증거에 동일한 정도의 영향을 미친다. 매우 좁은 온도 범위에서는, 데이터가 받쳐만 준다면, 이는 충분히 쓸만한 가정이다. 하지만 범위가 넓어지고, 데이터의 범위를 벗어난다면, 현실이 이 모델에 맞춰줄 이유가 전혀 없다.

## 16.9 실증적 베이지안 방법론

이 장에서는 `statsmodels`를 사용해서 데이터의 확률을 최대로 만드는 매개변수를 구하고, 이 추정값을 사용해서 사전균등분포의 범위를 정했다. 이 과정에서는 데이터를 두 번 사용하게 되는데, 한 번은 사전분포를 정할 때고 다른 한 번은 갱신할 때다. 이 과정이 번거롭게 느껴질 수도 있을 것이다. 여기서 사용한 과정은 실증적 베이지안 방법론[5]으로, 나는 이 이름이 적절한지는 잘 모르겠다.

이 예제에서 데이터를 두 번 사용하는 것이 다소 문제가 있는 것처럼 생각될 수도 있겠지만, 그렇지 않다. 다른 대안을 고려해보자. 추정 매개변수로 사전분포의 범위를 정하는 대신, 보다 넓은 범위의 균등분포를 사용한다고 해보자. 이 사례의 경우, 결과는 동일하겠지만, 사후확률이 생략해도 될 정도로 작은 값에서 매개변수의 가능도를 구하는데 더 많은 시간을 쓰게 된다.

그러므로 이 형태의 실증적 베이지안 방법론은 데이터의 가능도를 계산할 가치가 있는 범위에 사전분포를 배치함으로써 계산량을 최소화하는 최적화 방안이라고 생각하면 좋을 것이다. 이 최적화는 결과에는 영향을 미치지 않으므로, 이는 데이터를 '중복 적용'하는 것은 아니다.

## 16.10 요약

지금까지 가설의 신뢰 정도를 표현하는 세 가지 방법인 확률, 공산, 로그 공산에 대해 살펴보았다. 로그 공산 방식으로 베이즈 정리를 풀어가는 선에서는, 베이지안 갱신은 사전확률과 가능도의 합이다. 이 맥락에서, 베이지안 통계는 가설과 증거의 수학이라고 할 수 있다.

베이즈 이론을 이런 형식으로 만드는 것은 매개변수를 추론해서 예측을 하는 로지스틱 회귀의 기본이기도 하다. 우주왕복선 문제에서, 온도와 손상 확률의 관계를 모델링해서, 챌린저호의 비극은 예측 가능한 문제였음을 보였다. 하지만 이 예제는 데이터를 넘어서는 부분을 추론함에 있어서 모델을 사용할 때 발생할 수 있는 위험성을 경고하기도 했다.

다음 연습 문제에서 이 장에서 배운 내용을 활용해 볼 수 있다. 로그 공산을 사용해서 정치 전문가를 평가하고, 로지스틱 회귀를 사용해서 주의력결핍 과잉행동장애(ADHD) 진단 확률을

5 https://en.wikipedia.org/wiki/Empirical_Bayes_method

모델링한다.

다음 장에서는 로지스틱 회귀에서 선형 회귀로 초점을 옮겨볼 것이다. 이 모델을 사용해서 온도와 강설량의 변화와 마라톤 세계 기록을 모델링해보자.

## 16.11 연습 문제

### 문제 16-2

한 정치 전문가가 선거 결과를 예측할 수 있다고 주장했다고 하자. 하지만 당선자를 고르는 대신, 각 후보가 당선될 확률을 내놓았다. 이런 방식의 예측은 맞았는지 틀렸는지의 여부를 말하기 어렵다.

예를 들어, 전문가가 앨리스가 밥을 이길 확률이 70%라고 했으나 밥이 선거에서 당선되었다. 이 때 이 전문가는 틀린 것일까?

이 질문에 답할 수 있는 한 가지 방법은 다음 두 개의 가설을 고려하는 것이다.

- H: 전문가의 알고리즘은 타당하다. 여기서 나온 확률은 후보자의 당선 확률을 정확히 반영한 것으로 틀리지 않았다.
- H에 반대함: 전문가의 알고리즘은 얼토당토않다. 여기서 나온 확률은 평균 50%의 임의의 값이다.

만약 전문가가 앨리스가 70%의 확률로 당선된다고 했고, 실제로 앨리스가 당선되었다면, H에 대해 가능도비 70/50의 증거가 생긴 것이다.

만약 전문가가 앨리스가 70%의 확률로 당선된다고 했는데 낙선했다면, 이는 H에 반하는 가능도비 50/30의 증거가 생긴다.

이 알고리즘에 대해 어느 정도의 신뢰를 가지고 있어서, 사전 공산은 4대 1이다. 이 때 전문가가 세 개의 선거에 대해 다음과 같은 예측을 내놓았다고 하자.

- 첫 번째 선거에서, 전문가는 앨리스가 70%의 확률로 당선될 것이라고 했고 실제로 당선되었다.
- 두 번째 선거에서, 전문가는 밥이 30%의 확률로 당선될 것이라고 했고 실제로 당선되었다.
- 세 번째 선거에서, 전문가는 캐럴이 90%의 확률로 당선될 것이라고 했고 실제로 당선되었다.

각 결과에 대한 로그 가능도비 는 어떻게 되는가? 로그 공산 형식의 베이즈 정리를 사용해서 이 결과 후의 H의 사후 로그 공산을 구해보자. 결과적으로, 이 각각의 결과로 인해 전문가에 대한 신뢰가 상승했는가, 혹은 낮아졌는가?

이 주제에 대해 관심이 있다면, 이 블로그 글[6]을 더 읽어보자.

## 문제 16-3

뉴잉글랜드 의약학 저널의 '주의력결핍 과잉행동장애와 입학월'이라는 글[7]에서 주의력결핍 과잉행동장애(ADHD)의 진단 확률을 태어난 월별로 살펴본 연구 결과를 내놓았다.

저자는 유치원 입학 기준이 9월인 주의 경우 6, 7, 8월에 태어난 어린이들이 9월에 태어난 어린이에 비해 ADHD로 진단받는 경향이 다소 높다는 결과를 찾아냈다. 이런 주에서는, 8월에 태어난 어린이들이 9월에 태어난 어린이들보다 약 1년 먼저 입학하게 된다. 저자는 ADHD의 원인이 '어린이들이 어린 정도보다 ADHD를 유발할 수 있는 행동의 연령 기반 변이'에 의한 것이라고 주장한다.

이 장에서 학습한 기법을 이용해서 탄생 월별 진단 확률을 추정하자. 이 장의 파이썬 노트북에 데이터와 초기 설정이 나와있다.

6 *https://oreil.ly/ZA6GD*

7 *https://oreil.ly/wmdXg*

CHAPTER 17

# 회귀

이전 장에서는 결과의 가능도를 로그 공산의 형태로 나타내면 (연속적 혹은 이산적) 선형 함수 형태가 된다는 가정 하에 로지스틱 회귀의 몇 가지 사례를 살펴보았다.

이 장에서는 두 가지 값의 관계를 모델링하는 단순한 선형 회귀에 대한 몇 가지 예제를 다룰 것이다. 자세히 말하자면, 시간에 따른 강설량의 변화와 마라톤 세계 기록에 대해 살펴보자.

이 장에서 사용할 모델은 세 개의 매개변수를 사용하므로, 15장의 세 매개변수를 사용하는 모델에서 어떤 도구를 사용했는지 다시 살펴보는 것도 좋다.

## 17.1 더 많은 눈이 내렸을까?

이 근방은 예전만큼 많은 눈이 내리지 않는 것 같다는 생각에 잠겼다. '이 근방'이란 내가 태어나고 자랐으며, 지금까지 살고 있는 매사추세츠Massachusetts 주의 노포크 카운티Norfolk County를 말한다. 그리고 '예전만큼'이라고 표현한 것은 1978년경, 내가 어렸을 때는 눈이 27인치만큼 내렸고[1] 2주간 학교에 갈 수 없었던 것과 비교한 것이다.

다행히도, 내 추측을 데이터로 검정해 볼 수 있다. 노포크 카운티에는 북아메리카에서 가장 오

1 https://oreil.ly/3sstj

래된 연속적 기상 기록을 보관하고 있는 블루힐 기상관측소[2]가 있다.

미국 해양대기청 National Oceanic and Atmospheric Administration (NOAA)에서 블루힐 기상관측소와 여러 다른 기상청의 데이터를 가져올 수 있다.[3] 나는 블루힐 관측소의 1967년 3월 11일부터 2020년 5월 11일까지의 데이터를 가져왔다.

판다스를 사용해서 데이터를 데이터프레임으로 읽어들이자.

```
import pandas as pd

df = pd.read_csv('2239075.csv', parse_dates=[2])
```

여기서 사용할 열은 다음과 같다.

- DATE: 관측일
- SNOW: 강설량(인치)

여기에 연도를 나타내는 열을 추가했다.

```
df['YEAR'] = df['DATE'].dt.year
```

그리고 groupby()를 사용해서 연도별로 강설량을 모두 더했다.

```
snow = df.groupby('YEAR')['SNOW'].sum()
```

다음 그림은 내가 살아온 모든 해의 총 강설량을 나타낸 것이다.

2 *https://oreil.ly/uGQhF*

3 *https://oreil.ly/Bes2k*

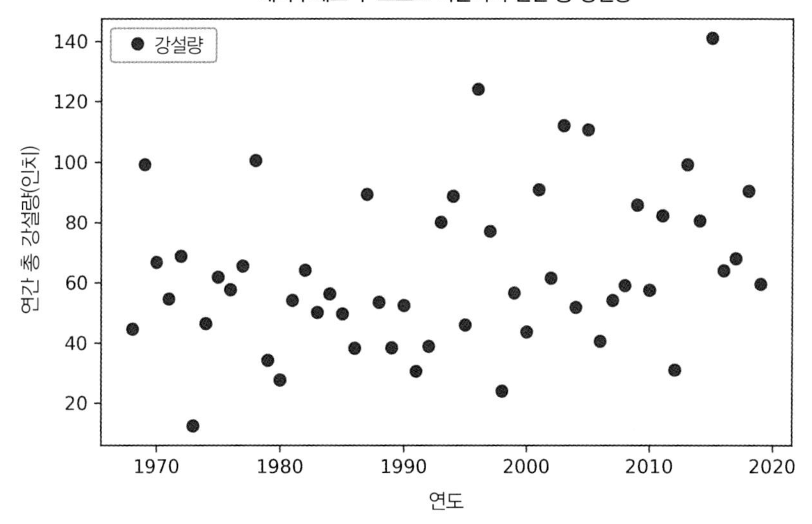


이 그래프를 보면, 눈이 점점 많이 오는지, 적게 오는지, 변화가 없는지 딱 잘라 말하기 어렵다. 지난 10년간은 1978년보다 더 눈이 많이 온 해도 있었다. 2015년의 경우, 보스턴 지역은 총 141인치의 눈이 오면서 현대 역사상 가장 눈이 많이 온 겨울을 보냈다.

어수선한 데이터를 보면서 이 것이 상승 경향성이 있는지 하강 경향성이 있는 지를 판단해야 하는 이런 유형의 문제야말로 베이지안 회귀를 사용해서 해결할 수 있는 문제다.

## 17.2 회귀 모델

회귀(베이지안이든 아니든)의 기본은 다음과 같이 시계열 값이 두 가지 값의 합으로 이루어진다고 가정하는 것이다.

1. 시간의 선형 함수
2. 시간에 따라서 변하지 않는, 특정 분포에서 가져온 임의의 수의 나열

수학적으로, 회귀 모델은 다음과 같이 나타난다.

$$y = ax + b + \epsilon$$

이 때 $y$는 측정값(여기서는 강설량이다)의 수열이고, $x$는 시간(해)의 수열이며, $\epsilon$은 임의의

값의 수열이다.

$a$와 $b$는 데이터에 따른 선의 기울기와 절편이다. 이 값은 알려지지 않은 매개변수이므로, 데이터를 사용해서 이 값을 추정할 것이다.

$\epsilon$의 분포는 알 수 없으므로, 추가로 이 값의 분포는 평균 0에 알려지지 않은 표준편차 $\sigma$의 정규분포를 따른다고 가정하자.

그리고 전체 강설량의 분포와 동일한 평균과 표준편차를 가지는 정규분포 모델을 그려서 이 가정이 설득력이 있는지 살펴보도록 하자.

다음은 강설량의 분포를 나타내는 Pmf 객체다.

```
from empiricaldist import Pmf

pmf_snowfall = Pmf.from_seq(snow)
```

그리고 데이터의 평균과 표준편차는 다음과 같다.

```
mean, std = pmf_snowfall.mean(), pmf_snowfall.std()
mean, std
```

```
(64.19038461538462, 26.288021984395684)
```

사이파이의 norm 객체를 사용해서 동일한 평균과 표준편차를 갖는 정규분포의 CDF를 구해보자.

```
from scipy.stats import norm

dist = norm(mean, std)
qs = pmf_snowfall.qs
ps = dist.cdf(qs)
```

다음은 정규분포 모델과 비교한 데이터 분포 형태다.

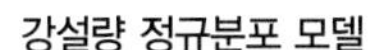


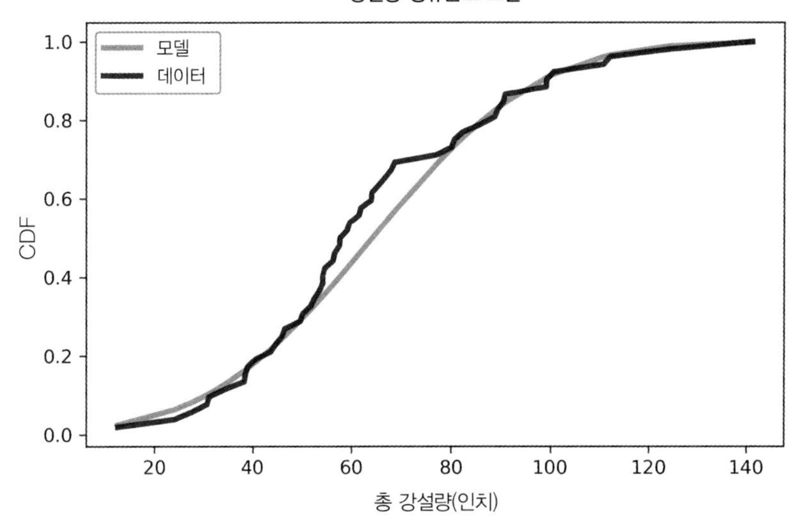


예상했던 것보다 평균 이하의 강설량을 가진 겨울도 많았지만, 전반적으로 설득력있는 모델로 보인다.

## 17.3 최소제곱회귀

여기서 만든 회귀 모델은 기울기, 절편, $\epsilon$의 표준편차까지 세 개의 매개변수를 가진다. 이 값을 추정하기 전에, 사전분포를 골라야 한다. 이 때 참고하기 위해, `statsmodel`의 최소제곱회귀[4]를 사용해서 데이터를 선에 맞춰보도록 하겠다.

우선, `reset_index()`를 사용해서 시리즈 형태의 `snow`를 데이터프레임으로 바꿔보자.

```
data = snow.reset_index()
data.head(3)
```

4 *https://oreil.ly/Xs46r*

| | YEAR | SNOW |
|---|---|---|
| 0 | 1968 | 44.7 |
| 1 | 1969 | 99.2 |
| 2 | 1970 | 66.8 |

결괏값은 statsmodel에서 사용 가능한, YEAR와 SNOW의 두 개의 열을 가진 데이터프레임으로 나타난다.

앞 장에서 했던 것처럼, 데이터 값에서 평균을 빼서 중심화를 해보자다.

```
offset = data['YEAR'].mean().round()
data['x'] = data['YEAR'] - offset
offset
```

```
1994.0
```

그리고 이 열을 data에 더해서 종속변수가 표준적인 이름을 갖도록 한다.

```
data['y'] = data['SNOW']
```

이제 statsmodels를 사용해서 데이터에 대한 최소제곱을 구하고 slope와 intercept을 추정할 수 있다.

```
import statsmodels.formula.api as smf

formula = 'y ~ x'
results = smf.ols(formula, data=data).fit()
results.params
```

```
Intercept 64.446325
x 0.511880
dtype: float64
```

절편값인 약 64인치는 x=0에 해당하는 1994년 초의 예상 강설량이다. 추정 기울기를 통해 연간 총 강설량이 연간 약 0.5인치의 비율로 증가한다는 것을 알 수 있다.

results에는 잔차의 배열인 resid도 포함되어 있다. 이 값은 실제 데이터와 결과 선 간의 차이다. 잔차의 표준 편차는 sigma의 추정값이다.

```
results.resid.std()
```

```
25.385680731210616
```

이 추정값을 사용해서 매개변수의 사전분포를 선택하자.

## 17.4 사전분포

세 매개변수 모두에 균등분포를 적용해 보도록 하자.

```
import numpy as np
from utils import make_uniform

qs = np.linspace(-0.5, 1.5, 51)
prior_slope = make_uniform(qs, 'Slope')
```

```
qs = np.linspace(54, 75, 41)
prior_inter = make_uniform(qs, 'Intercept')
```

```
qs = np.linspace(20, 35, 31)
prior_sigma = make_uniform(qs, 'Sigma')
```

두 가지 이유로 사전분포의 길이를 다 다르게 만들었다. 첫째로, 만약 우리가 실수로 잘못된 분포를 사용했다면, 길이가 다른 경우 이런 오류를 더 쉽게 발견할 수 있다.

둘째로, 이 방식으로 가장 중요한 매개변수인 slope를 보다 정확하게 만들고, 가장 덜 중요한 sigma에 사용하는 연산량을 줄일 수 있다.

15.7절의 '세 개의 매개변수를 사용하는 모델'에서 세 개의 매개변수에 대한 결합분포를 만들어 보았다. 이 과정을 하나의 함수로 정리했다.

```
from utils import make_joint

def make_joint3(pmf1, pmf2, pmf3):
    """세 개의 매개변수에 대한 결합분포 만들기"""
    joint2 = make_joint(pmf2, pmf1).stack()
    joint3 = make_joint(pmf3, joint2).stack()
    return Pmf(joint3)
```

이 함수를 사용해서 이 세 매개변수의 결합분포를 나타내는 Pmf를 만들어 보도록 하자.

```
prior = make_joint3(prior_slope, prior_inter, prior_sigma)
prior.head(3)
```

| Slope | Intercept | Sigma | probs |
|---|---|---|---|
| -0.5 | 54 | 20 | 0.000015 |
| | | 20.5 | 0.000015 |
| | | 21 | 0.000015 |

Pmf의 인덱스는 slope, inter, sigma 순서의 세 열로 이루어져 있다.

이 세 매개변수를 사용하면, 결합분포의 크기는 커지게 된다. 이 크기는 사전분포의 길이의 곱만큼이 된다. 이 예제에서 사전분포의 크기는 51, 41, 31이므로, 사전결합분포의 길이는 64,821이다.

## 17.5 가능도

이제 데이터의 가능도를 구하자. 과정을 하나하나 살펴보기 위해, 매개변수를 알고 있다고 임시로 가정하자.

```
inter = 64
slope = 0.51
sigma = 25
```

데이터에서 xs와 ys를 시리즈 객체로 따로 가져올 것이다.

```
xs = data['x']
ys = data['y']
```

그럼 실제 값 ys와 slope와 inter 를 사용해서 구한 예상값 간의 차이인 '잔차'를 구해보자.

```
expected = slope * xs + inter
resid = ys - expected
```

이 모델에 따르면, 잔차는 평균 0에 표준편차가 sigma인 정규분포를 따르게 된다. 그러므로 사이파이의 norm()을 사용해서 각 잔차값의 가능도를 구할 수 있다.

```
densities = norm(0, sigma).pdf(resid)
```

이 결괏값은 확률 밀도의 배열로 나타난다. 각각의 값은 데이터셋의 각 원소와 대응되고, 내적은 데이터의 가능도가 된다.

```
likelihood = densities.prod()
likelihood
```

```
1.3551948769061074e-105
```

앞 장에서도 설명했지만, 특정 데이터셋의 가능도는 작아지는 경향이 있다. 만약 값이 너무 작다면, 소숫점 자리에 제한을 두어야 할 것이다. 이런 경우, 로그 변환을 통해 가능도를 구하는 식을 적용해 볼 수도 있다. 하지만 이 예제에서는 굳이 그렇게까지 할 필요는 없다.

## 17.6 갱신

이제 갱신을 할 차례다. 우선, 각각의 가능한 매개변수의 조합에 대한 데이터의 가능도를 구해야 한다.

```
likelihood = prior.copy()

for slope, inter, sigma in prior.index:
    expected = slope * xs + inter
    resid = ys - expected
    densities = norm.pdf(resid, 0, sigma)
    likelihood[slope, inter, sigma] = densities.prod()
```

이 계산은 앞의 여러 예제보다 연산에 더 많은 시간이 걸린다. 그리드 연산으로 어디까지 할 수 있는 지를 보는 것 같다. 하지만 일단 일반적인 방식으로 갱신을 해보도록 하겠다.

```
posterior = prior * likelihood
posterior.normalize()
```

결과는 `slope`, `inter`, `sigma`의 값이 들어있는 세 단계의 인덱스를 가진 `Pmf`로 나온다. 사후 결합분포에서 주변분포를 가져올 때는 15.7절의 '세 개의 매개변수를 사용하는 모델'에서 소개한 `Pmf.marginal()`을 사용하면 된다.

```
posterior_slope = posterior.marginal(0)
posterior_inter = posterior.marginal(1)
posterior_sigma = posterior.marginal(2)
```

다음은 sigma의 사후분포다.

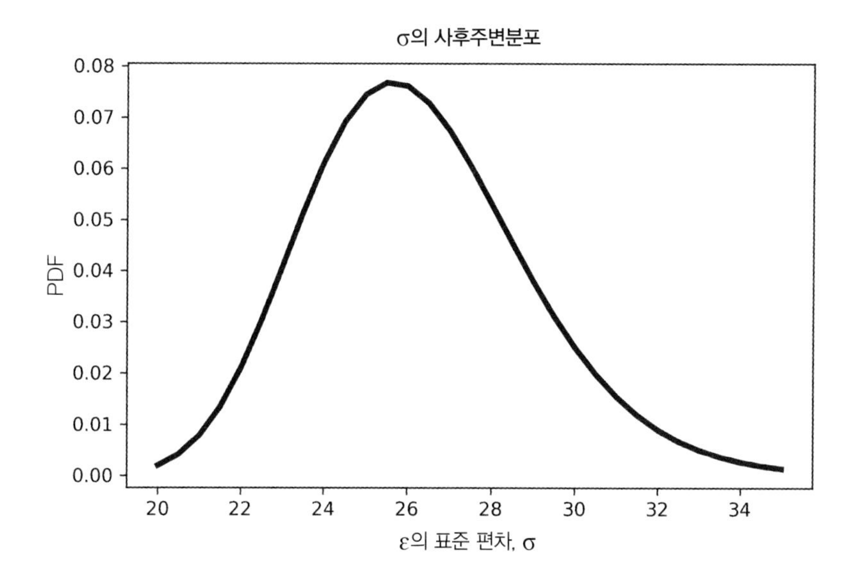


가장 가능성 높은 sigma의 값은 약 26인치로, 이는 데이터의 표준 편차를 기반으로 추정한 값과 일치한다.

하지만, 강설량이 늘었는지 줄었는지를 말할 때, sigma는 솔직히 별로 상관없다. sigma는 '귀찮은 매개변수nuisance parameter'다. 모델의 일부니까 추정은 해야 하지만, 우리가 찾고자 하는 질문의 답과는 상관이 없다.

어쨌든, 주변분포를 확인해서 다음 내용을 확실히 짚어두면 좋다.

- 위치는 우리의 예상과 동일하다.
- 사후확률은 범위의 양 끝에서는 거의 0에 가까우며, 이는 사전확률이 모든 매개변수를 생략하기 어려운 정도의 확률로 포함함을 뜻한다.

이 예제에서, sigma의 사후분포는 이 조건에 합당해 보인다.

다음은 inter의 사후분포다.

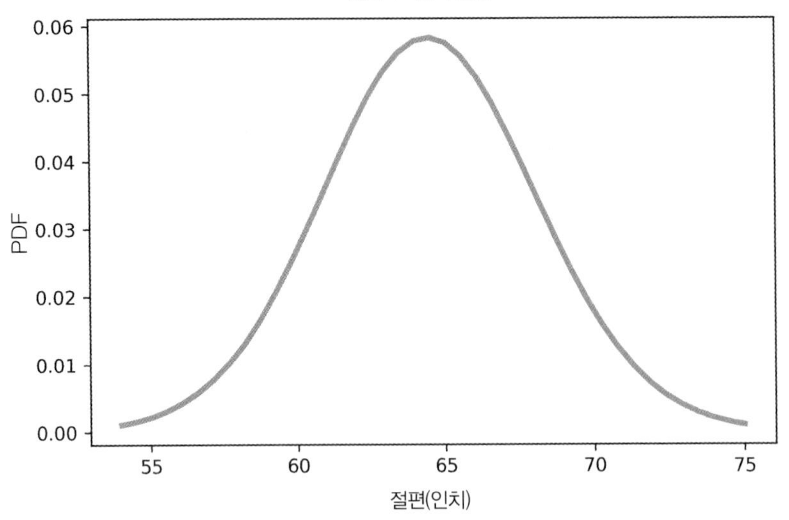


사후평균은 64인치로, 이 값은 1994년 예상 강설량 범위의 중간값이다.

그리고 마지막으로, `slope`의 사후분포는 다음과 같다.

기울기의 사후주변분포

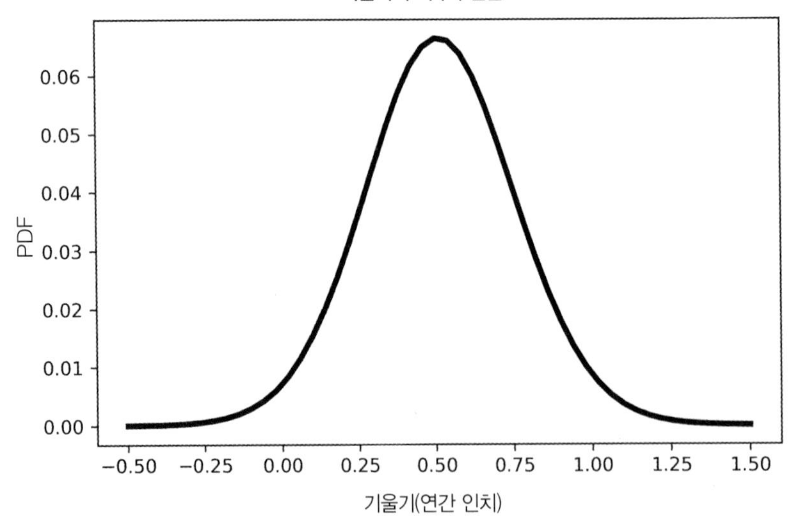


사후평균은 약 0.51인치로, 이는 최소제곱회귀에서 추정한 값과 일치한다.

90% 신뢰구간은 0.1에서 0.9까지로, 이 추정값에 대한 불확실성이 꽤 높다는 것을 알 수 있다. 사실, 아주 약간의 사후확률(약 2%) 상으로는 기울기가 음수일 수도 있다.

하지만 내 짐작은 틀렸을 가능성이 크다. 우리는 실제로 눈이 매년 약 반 인치 정도씩 꾸준히 더 내리고 있다는 것을 알고 있다. 평균적으로, 내가 어렸을 때보다 지금 25인치의 눈이 더 내린다.

이 예제를 통해 느린 추세와 잡음이 낀 데이터는 직관을 흐리게 할 수 있다는 것을 알 수 있다.

이제 내가 어렸을 때 내린 눈의 양을 실제보다 많게 생각하고 있었다는 것을 알게 되었을 것이다. 어렸을 때는 눈을 좋아해서 그랬을 것이고, 지금은 눈을 안 좋아하기 때문에 실제보다 적게 생각했다. 하지만 누구나 이런 실수는 할 수 있다.

1978년에 눈보라가 몰아쳤을 때, 우리는 제설기가 없었고 형과 나는 열심히 눈을 치웠어야 했다. 여동생은 딱히 이유는 없었지만 눈 치우는 일에서 빠졌다. 차로 진입까지는 약 60피트 정도 되었고 차고에는 차 세 대가 서로 떨어져서 서 있었다. 우리는 크로커씨의 진입로까지 눈을 치웠지만 보수를 받지는 못했다. 게다가 이 때 눈을 치우다가 삽으로 형의 머리를 치는 바람에 다쳐서 피가 많이 났었다.

어쨌든, 여기서 중요한 것은 이런 기억들이 소중했어서 어릴 때 왔던 눈의 양을 실제보다 더 많게 추정했다는 것이다.

## 17.7 마라톤 세계 신기록

많은 달리기 행사에서, 시간에 따른 세계 기록을 그래프로 그린다면, 그 결과는 뚜렷한 직선 형태를 나타낼 것이다. 나를 포함한 많은 사람들은 이런 현상이 가능한 이유를 고민해 왔다.[5]

또한 사람들은 가능하다면 언제 마라톤 세계 신기록이 2시간 이내로 줄어들게 될 지에 대해 이야기해 왔다(참고: 2019년 엘리우드 킵초게Eliud Kipchoge가 2시간 이내로 마라톤 거리를 달렸고, 놀라운 기록이라 나 역시 매우 기뻤지만, 여러 가지 이유로 세계 신기록으로 기록되지 못했다).

그래서, 베이지안 회귀의 두 번째 예제로, (남자) 마라톤 세계 신기록의 발전 경향성을 고려해서,

---

5 *https://oreil.ly/ZcDvx*

선형 모델 매개변수를 추정하고, 마라톤 선수가 2시간대의 벽을 언제 깨게 될 지에 대해 예측하는 모델을 만들어 보기로 했다.

이 장에서 사용하는 파이썬 노트북을 보면, 데이터를 로딩하고 정제한 과정을 살펴볼 수 있을 것이다. 이 결과는 다음의 열(과 사용하지 않을 추가 정보)를 포함하는 데이터프레임에 들어 있다.

- `date`: 세계 신기록이 깨진 날을 기록한 판다스 `Timestamp`
- `speed`: 세계 신기록 페이스(mph[6])

이 데이터를 1970년부터 살펴보면 다음과 같다.

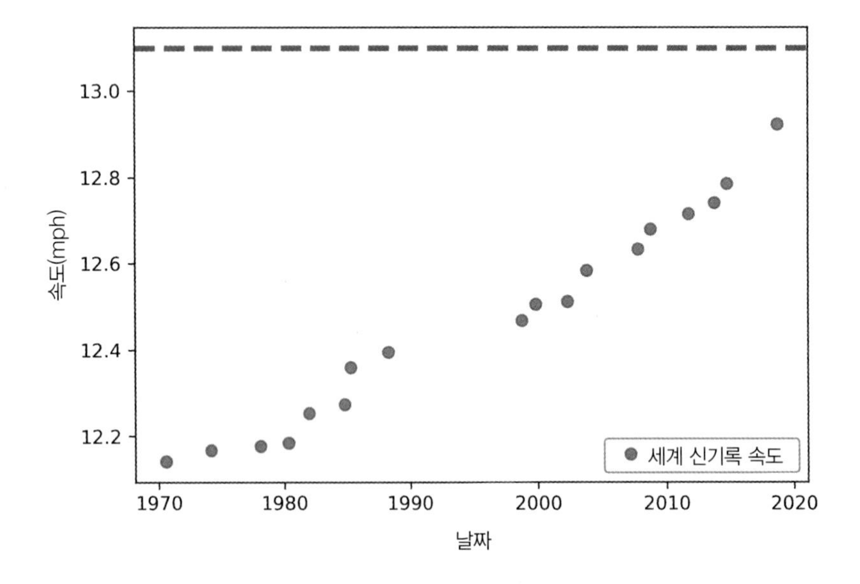


각각의 점은 갈 수록 기울기가 늘어나는 것 같긴 하지만, 대략 직선 형태를 그리고 있다.

데이터를 회귀 분석에 사용할 수 있는 형태로 만들기 위해, 전체 구간 중 중간 지점쯤 되는 1995년의 값을 전체 데이터에서 빼도록 하겠다.

```
offset = pd.to_datetime('1995')
timedelta = table['date'] - offset
```

6 miles per hour(시간당 마일 수)

두 개의 Timestamp 객체끼리 뺄셈을 하면 그 결과는 '시간차' 값으로 나온다. 이 값을 초로 바꾼 후 햇수로 다시 바꿔줘야 한다.

```
data['x'] = timedelta.dt.total_seconds() / 3600 / 24 / 365.24
```

앞의 예제에서는 최소제곱회귀를 사용해서 사전분포를 선택할 때 사용할 매개변수의 점 추정치를 구했다.

```
import statsmodels.formula.api as smf

formula = 'y ~ x'
results = smf.ols(formula, data=data).fit()
results.params
```

```
Intercept 12.460507
x          0.015464
dtype: float64
```

추정 절편은 12.5mph로, 이는 1995년의 세계 신기록 페이스의 보간된 값이다. 추정 기울기는 연간 0.015mph로, 이 모델에 따르면 세계 신기록 페이스가 이에 비례하여 꾸준히 증가하고 있다.

이번에도 sigma의 점 추정값으로 잔차의 표준편차를 사용할 것이다.

```
results.resid.std()
```

```
0.04139961220193225
```

이 매개변수를 사용해서 사전분포에 대한 좋은 아이디어를 얻을 수 있다.

## 17.8 사전분포

다음은 slope, intercept, sigma에 대해 만들어 본 사전분포다.

```
qs = np.linspace(0.012, 0.018, 51)
prior_slope = make_uniform(qs, 'Slope')
```

```
qs = np.linspace(12.4, 12.5, 41)
prior_inter = make_uniform(qs, 'Intercept')
```

```
qs = np.linspace(0.01, 0.21, 31)
prior_sigma = make_uniform(qs, 'Sigma')
```

사전결합분포는 다음과 같다.

```
prior = make_joint3(prior_slope, prior_inter, prior_sigma)
prior.head()
```

| Slope | Intercept | Sigma | probs |
|---|---|---|---|
| 0.012 | 12.4 | 0.01 | 0.000015 |
| | | 0.016667 | 0.000015 |
| | | 0.023333 | 0.000015 |

그럼 앞 예제에서처럼 가능도를 구해보자.

```
xs = data['x']
ys = data['y']
likelihood = prior.copy()

for slope, inter, sigma in prior.index:
    expected = slope * xs + inter
    resid = ys - expected
```

```
    densities = norm.pdf(resid, 0, sigma)
    likelihood[slope, inter, sigma] = densities.prod()
```

그럼 늘 하던대로 갱신도 할 수 있다.

```
posterior = prior * likelihood
posterior.normalize()
```

각각의 값을 떼어보자.

```
posterior_slope = posterior.marginal(0)
posterior_inter = posterior.marginal(1)
posterior_sigma = posterior.marginal(2)
```

결과로 나온 inter의 사후분포는 다음과 같다.

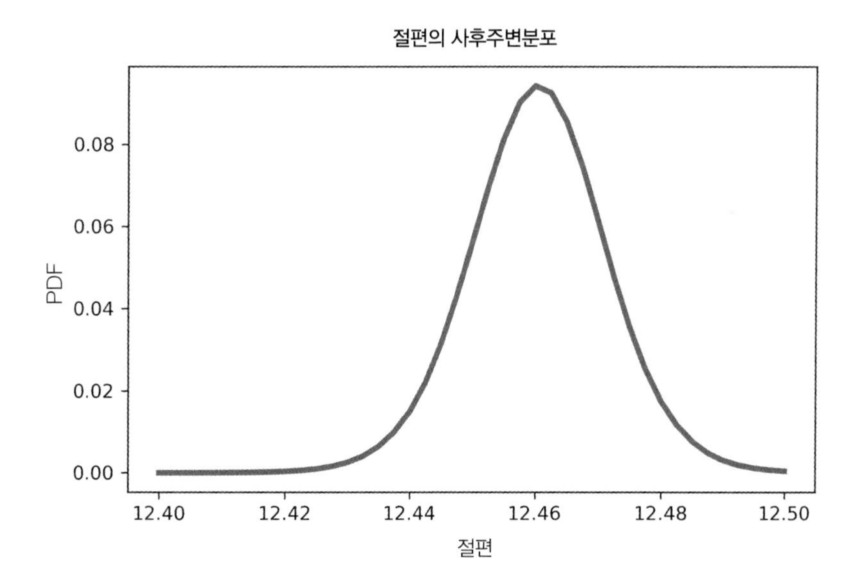


사후평균은 약 12.5mph로, 날짜 범위의 중간쯤인 1994년에 대해 예측한 마라톤 세계 신기록 페이스다.

다음은 slope의 사후분포다.

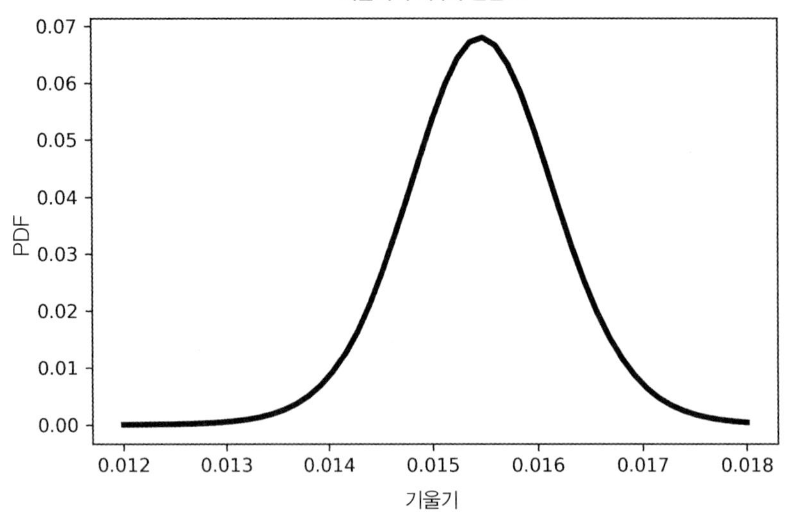


사후평균은 연간 약 0.015mph, 혹은 10년당 0.15mph다.

이는 흥미로운 결과지만, 이 결과가 우리가 알고자 하는 답은 아니다. 2시간대 마라톤은 언제 가능할 것인가? 이를 위해서는 예측을 해야 한다.

## 17.9 예측

매개변수의 사후분포에서 임의의 값을 가져와서, 회귀 방정식을 만들어서 데이터를 대입하는 식으로 예측값을 만들 것이다.

`Pmf`에는 사후확률을 가중치로 사용해서 임의의 표본을 중복 추출할 수 있는 `choice()`라는 메서드가 있다.

```
sample = posterior.choice(101)
```

결과는 튜플의 배열이다. `sample`을 반복문을 통해 탐색하면서, 회귀 방정식을 만들어 `xs`의 범위에 대해 예측값을 구해 볼 수 있다.

```
xs = np.arange(-25, 50, 2)
pred = np.empty((len(sample), len(xs)))

    for i, (slope, inter, sigma) in enumerate(sample):
        epsilon = norm(0, sigma).rvs(len(xs))
        pred[i] = inter + slope * xs + epsilon
```

각 예측값은 xs와 동일한 행 길이의 배열이다. 이 길이는 pred를 처음 만들 때에 행의 길이로 넣었다. 즉 결괏값은 각 표본당 하나의 행, x의 각 값당 하나의 열을 갖는다.

각 열에 대해 percentile()을 사용해서 5%, 50%, 95% 의 값을 구할 수 있다.

```
low, median, high = np.percentile(pred, [5, 50, 95], axis=0)
```

예측값의 중간값을 선으로 그리고 90% 신뢰구간을 색칠한 구간으로 나타내어 그래프를 그려 보면 다음과 같다.

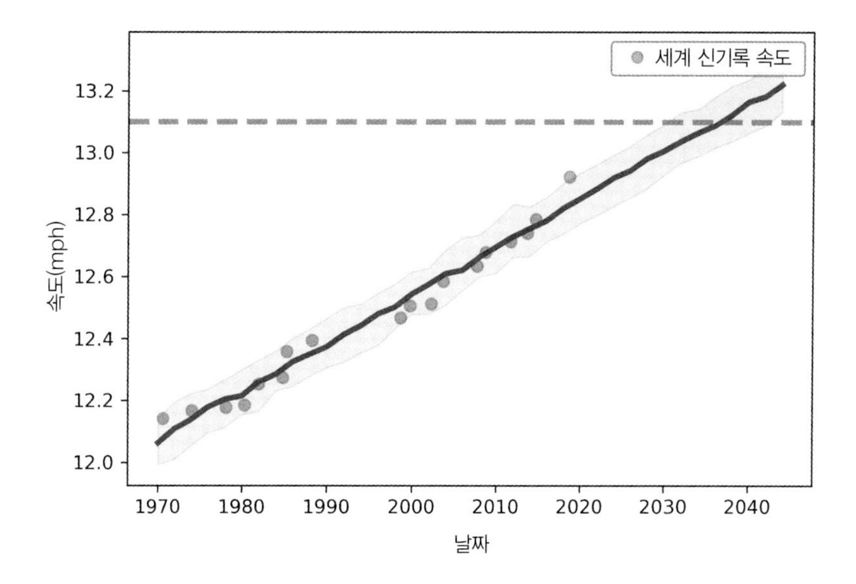


점선은 2시간 마라톤 페이스를 나타내며, 수치로 나타내면 13.1mph다. 눈으로 보았을 때 예측선은 2030년과 2040년 사이에 이 페이스값과 만나게 될 것이라고 추측해 볼 수 있다.

보다 정확한 값을 구하려면, 예측선이 목표 선과 교차하는 지점을 외삽해 보면 된다. 사이파이에는 기본으로 선형 외삽법을 사용하는 interp1d()라는 메소드가 있다.

```
from scipy.interpolate import interp1d

future = np.array([interp1d(high, xs)(13.1),
                   interp1d(median, xs)(13.1),
                   interp1d(low, xs)(13.1)])
```

중간값 예측은 2036으로, 90% 신뢰구간은 2032에서 2043이다. 따라서 2032년 전에 2시간 이내 마라톤 기록을 볼 확률은 5%정도가 된다.

## 17.10 요약

이 장에서는 최소제곱회귀와 동일한 모델을 기반으로 하는 베이지안 회귀에 대해서 다루었다. 이 둘은 베이지안 회귀는 점 추정치 대신 매개변수의 사후분포를 구한다는 차이가 있다.

첫 번째 예제에서는 매사추세츠 주의 노포크 카운티의 강설량 변화를 살펴보고, 내 생각과는 달리 어릴 때보다 현재 강설량이 더 많다는 결론을 얻었다.

두 번째 예제에서는 남자 마라톤에서의 세계 신기록 페이스의 발전을 살펴보았다. 회귀 계수의 사후결합분포를 구한 후 향후 20년간의 예측값을 구했다.

이 예제들은 세 개의 매개변수를 사용하므로, 데이터의 가능도를 구하는데 조금 더 시간이 걸렸다. 세 개가 넘는 매개변수를 사용하 는 경우, 그리드 알고리즘을 사용하는 것은 실용적이지 않다.

다음 몇 개의 장에서는 더 많은 매개변수를 사용할 수 있도록 베이지안 갱신에 필요한 계산량을 줄이는 알고리즘을 살펴보자.

하지만 일단, 지금까지 배운 것을 연습 문제로 복습해보자.

## 17.11 연습 문제

### 문제 17-1

내가 사는 동네는 예전보다 따뜻해진 것 같다는 생각을 늘 하고 있다. 이 예제를 통해 나의 추측을 확인해볼 수 있을 것이다.

강설량과 동일한 데이터셋을 사용할 것이다. 여기에는 매사추세츠 노포크 카운티에서 내가 살아온 동안의 일간 최저온도와 최고온도가 기록되어 있다. 자세한 내용은 이 장에서 사용 하는 파이썬 노트북을 살펴보자.

1. statsmodel을 사용해서 회귀 계수에 대한 점 추정을 하자.
2. 이 추정치에 따라 slope, intercept, sigma의 사전분포를 선택한 후, make_joint3()을 사용해서 사전결합분포를 만들자.
3. 데이터의 가능도를 구하고 이 매개변수의 사후분포를 구하자.
4. slope의 사후분포를 구하자. 기온이 올라가고 있을 가능성은 어느 정도인가?
5. 사후분포로부터 매개변수의 표본을 가져온 후 이를 사용해서 2067년의 기온을 예측해보자.
6. 예측의 중간값을 그래프로 그리고 관측치에 대한 90% 신뢰구간을 나타내 보자.

이 모델은 데이터에 잘 맞는가? 내가 (앞으로) 사는 동안 연간 평균 기온은 얼마나 오를 것 같은가?

CHAPTER 18

# 켤레사전분포

앞서 그리드 근사법을 사용해서 여러 유형의 문제를 풀었다. 나의 목표 중 하나는 이 접근방식이 여러 많은 실제 사례를 해결하기에 충분하다는 것을 보이는 것이었다. 그리고 이 방법론은 동작 방식을 명확하게 설명할 수 있기 때문에 초기 단계에서 다루기에 적당했다.

하지만 앞 장에서 살펴보았던 것처럼, 그리드 방법에는 한계가 있다. 매개변수의 수가 증가할수록, 그리드의 점의 개수도 (말 그대로) 기하급수적으로 늘어난다. 3-4개 이상의 매개변수를 쓰게 되면, 그리드 방법론은 실질적으로 사용하기 어렵다.

그래서 나머지 3개의 장에서는 다음의 세 가지 대안을 살펴 볼 것이다.

1. 이 장에서는 켤레사전분포를 사용해서 이전에 했던 몇 가지 계산을 빠르게 실행해 볼 것이다.
2. 다음 장에서는 마르코프 체인 몬테 카를로Markov chain Monte Carlo(MCMC) 방법론을 소개할 것이다. 이 방법론을 사용하면 수십, 혹은 수백개의 매개변수를 사용하는 문제를 괜찮은 속도로 풀어낼 수 있다.
3. 마지막 장에서는, 근사 베이지안 계산Approximate Bayesian Computation(ABC)을 사용해서 간단한 분포로 모델링하기는 어려운 문제에 적용해 볼 것이다.

일단 월드컵 문제부터 살펴보자.

## 18.1 다시 만난 월드컵 문제

8장에서, 축구 경기에서의 득점을 경기 도중 어떤 시점에서도 동일하게 일어날 수 있는 임의의 사건으로 가정하여, 포아송 프로세스를 사용해서 모델링하여 월드컵 문제를 풀어 보았다. 감마분포를 사용해서 득점률 $\lambda$의 사전분포를 나타냈다. 또한 득점 수 $k$의 확률을 구할 때는 포아송 분포를 사용했다. 다음은 사전분포를 나타내는 감마분포 객체다.

```
from scipy.stats import gamma

alpha = 1.4
dist = gamma(alpha)
```

그리고 그리드 근사법은 다음과 같이 구현했다.

```
import numpy as np
from utils import pmf_from_dist

lams = np.linspace(0, 10, 101)
prior = pmf_from_dist(dist, lams)
```

이 때 lam의 각 가능한 값에 대해 4점 득점을 할 수 있는 가능도는 다음과 같다.

```
from scipy.stats import poisson

k = 4
likelihood = poisson(lams).pmf(k)
```

다음과 같이 갱신한다.

```
posterior = prior * likelihood
posterior.normalize()
```

```
0.05015532557804499
```

여기까지는 익숙하다. 그럼 같은 문제를 켤레사전분포를 사용해서 풀어보자.

## 18.2 켤레사전분포

8.3절의 '감마분포'에서, 사전분포로 감마분포를 사용하는 세 가지 이유에 대해서 설명했고, 네 번째 이유는 나중에 설명할 것이라고 했다. 이제 그 때가 되었다. 감마분포를 사용한 다른 이유는 이는 포아송분포의 '켤레사전분포'기 때문이다. 즉 '켤레'가 의미하는 대로, 두 분포가 연결되어 있거나 한 쌍으로 볼 수 있기 때문이다.

다음 절에서 어떻게 두 분포가 연결되어 있는 지는 설명하겠지만, 우선 이 연결의 결과부터 보여주도록 하겠다. 이 결과로 인해 놀랍도록 간단히 사후분포를 구할 수 있는 것을 알게 된다.

하지만 이를 설명하려면 1개의 매개변수를 사용하는 감마분포 대신 2개의 매개변수를 사용하는 형태를 사용해야 한다. 첫 번째 매개변수는 alpha고, 두 번째 매개변수는 (아마도 예상할 수 있겠지만) beta다. 다음 함수는 alpha와 beta를 사용해서 두 매개변수를 사용하는 감마분포를 나타내는 객체를 만든다.

```
def make_gamma_dist(alpha, beta):
    """감마분포 객체를 만든다."""
    dist = gamma(alpha, scale=1/beta)
    dist.alpha = alpha
    dist.beta = beta
    return dist
```

다음은 다시 alpha=1.4를 사용하고 beta=1일 때의 감마분포다.

```
alpha = 1.4
beta = 1

prior_gamma = make_gamma_dist(alpha, beta)
prior_gamma.mean()
```

```
1.4
```

그럼 alpha+k와 beta+1의 매개변수 에 대한 감마분포를 만드는 것만으로도 k개의 득점에 대한 베이지안 갱신을 할 수 있다. 증명은 생략한다.

```
def update_gamma(prior, data):
    """감마 사전분포를 갱신한다."""
    k, t = data
    alpha = prior.alpha + k
    beta = prior.beta + t
    return make_gamma_dist(alpha, beta)
```

다음은 `k = 4` 득점에 `t = 1` 경기에 대한 값으로 갱신한 것이다.

```
data = 4, 1
posterior_gamma = update_gamma(prior_gamma, data)
```

그리드 방법론에서 사용했던 모든 과정을 마치면, 두 쌍의 수를 더하는 식으로 베이지안 갱신을 하는 것은 다소 말도 안 되는 것처럼 보인다. 그러니 이 것이 실제로 돌아가는 지를 확인하자.

사후분포의 이산 근사값으로 `Pmf`를 만든다.

```
posterior_conjugate = pmf_from_dist(posterior_gamma, lams)
```

다음 그림은 그리드 알고리즘을 사용해서 구한 사후분포에 따른 결괏값을 나타낸다.

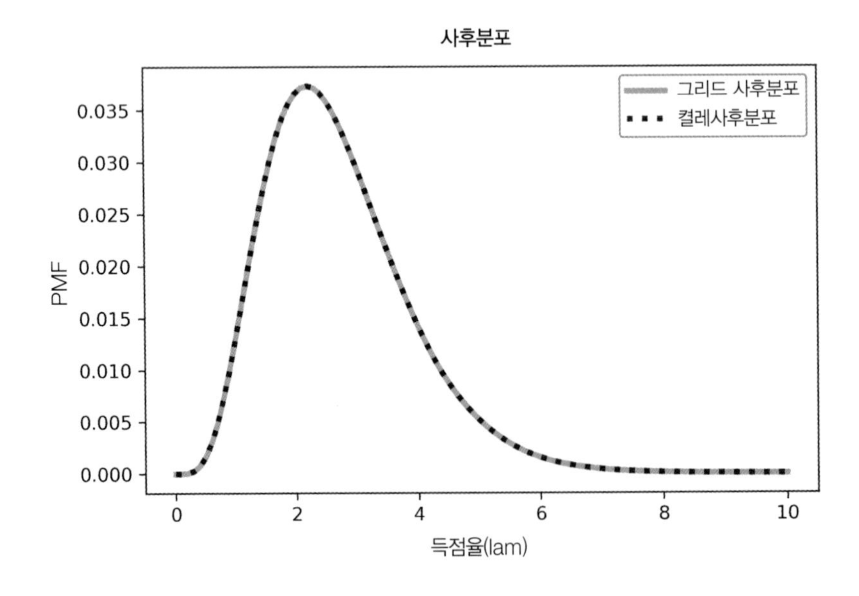

소숫점 근사에 의한 작은 차이 외에는 거의 동일한 결과를 보인다.

## 18.3 실제값은 어떤가?

이 과정을 이해하려면, 감마 사전분포의 PDF 와 포아송 가능도의 PMF를 만든 뒤, 이 둘을 베이지안 갱신 과정처럼 곱해보면 된다. 이 결과는 감마분포가 될 것이며, 여기서 이 분포의 매개변수를 도출할 수 있다.

감마 사전분포의 PDF는 주어진 $\alpha$와 $\beta$에 대해 $\lambda$의 각 값에 대한 확률 밀도다.

$$\lambda^{\alpha-1}e^{-\lambda\beta}$$

정규화 인수는 생략했다. 어쨌든 사후분포를 정규화할 것이므로, 꼭 필요한 값은 아니다.

그럼 한 팀이 $t$ 게임동안 $k$만큼의 득점을 했다고 가정하자. 이 데이터의 확률은 $k$, $\lambda$, $t$ 를 사용하는 포아송분포의 PMF로 주어진다.

$$\lambda^{k}e^{-\lambda t}$$

감마분포와 포아송분포의 함수 형태가 동일한 것이 확실하므로 이번에도 정규화 인수는 생략했다. 이 둘을 곱하려면, 인수 쌍을 맺은 후 관련 항을 더해 줄 것이다. 결과는 정규화되지 않은 사후분포 형태가 된다.

$$\lambda^{\alpha-1+k}e^{-\lambda(\beta+t)}$$

이 형태는 매개변수 $\alpha + k$와 $\beta + t$를 사용하는, 정규화되지 않은 감마분포임을 알 수 있다.

이 도출 과정을 통해 사후 매개변수의 뜻을 이해할 수 있다. $\alpha$는 발생 사건 수를 나타내고, $\beta$는 소요 시간을 뜻한다.

## 18.4 이항가능도

두 번째 예제로, 유로 동전 문제를 다시 보자. 그리드 알고리즘을 사용해서 이 문제를 풀 때는 균등사전분포를 사용했다.

```
from utils import make_uniform

xs = np.linspace(0, 1, 101)
uniform = make_uniform(xs, 'uniform')
```

이항분포를 사용해서 250회의 시도 중 140회 앞면이 나오는 경우에 대한 데이터의 가능도를 구했다.

```
from scipy.stats import binom

k, n = 140, 250
xs = uniform.qs
likelihood = binom.pmf(k, n, xs)
```

그 후 늘 하던대로 사후분포를 구했다.

```
posterior = uniform * likelihood
posterior.normalize()
```

이항분포의 켤레사전분포인 베타분포를 사용해서 이 문제를 보다 효율적으로 풀 수 있다.

베타분포는 0에서 1 사이에서 움직이므로, x의 확률같은 값의 분포를 나타내기에 적절하다. 이 분포에서는 `alpha`와 `beta`라는 두 개의 매개변수를 사용하고, 이 값들로 모양이 조절된다.

사이파이에는 베타분포를 나타내는 `beta`라는 객체가 있다. 다음 함수에서는 `alpha`와 `beta`를 취해서 새로운 `beta` 객체를 만든다.

```
import scipy.stats

def make_beta(alpha, beta):
```

```
    """beta 객체를 만든다."""
    dist = scipy.stats.beta(alpha, beta)
    dist.alpha = alpha
    dist.beta = beta
    return dist
```

우리가 이전에 사전분포로 사용한 균등분포는 alpha=1에 beta=1인 베타분포다. 그러므로 다음과 같이 균등분포를 나타내는 beta 객체를 만들 수 있다.

```
alpha = 1
beta = 1

prior_beta = make_beta(alpha, beta)
```

그럼 이를 사용해서 어떻게 갱신을 하는지 살펴보자. 앞의 예제와 마찬가지로, 사전분포의 PDF와 가능도 함수의 PMF를 작성한 후 이 둘을 곱한다. 곱은 사전분포와 동일한 형태로 나타날 것이고, 여기서 매개변수를 도출할 수 있다.

다음은 베타분포의 PDF로, $x$와 $\alpha$와 $\beta$를 매개변수로 사용한다.

$$x^{\alpha-1}(1-x)^{\beta-1}$$

이번에도 역시 정규화 인수는 생략했다. 갱신 후에 분포 정규화를 할 것이기 때문에 지금 단계에서는 필요없다.

다음은 이항분포의 PMF로, $k$, $n$, $x$를 매개변수로 사용한다.

$$x^{k}(1-x)^{n-k}$$

이번에도 정규화 인수는 생략한다. 베타 사전분포와 이항가능도를 곱하면 다음과 같은 결과가 나온다.

$$x^{\alpha-1+k}(1-x)^{\beta-1+n-k}$$

이 형태는 $\alpha+k$ 와 $\beta+n-k$ 를 사용하는 비정규화 베타분포임을 알 수 있다.

따라서 n회의 시도에서 k번의 성공 경우를 관찰하려면, alpha+k와 beta+n-k를 매개변수로 사용하는 베타분포를 만들어서 갱신을 하면 된다.

```
def update_beta(prior, data):
    """베타분포를 갱신한다."""
    k, n = data
    alpha = prior.alpha + k
    beta = prior.beta + n - k
    return make_beta(alpha, beta)
```

다시 한 번 말하지만, 켤레사전분포를 사용하면 매개변수의 뜻을 더 잘 이해할 수 있다. $\alpha$는 관측한 성공 횟수와 관련이 있다. $\beta$는 실패 횟수와 관련있다. 다음은 관측한 데이터를 사용해서 갱신하는 방법이다.

```
data = 140, 250
posterior_beta = update_beta(prior_beta, data)
```

이게 제대로 결과가 나오는지 확인하고 싶다면, $xs$의 가능한 값에 대한 사후분포를 구한 후 결과를 Pmf에 넣어보자.

```
posterior_conjugate = pmf_from_dist(posterior_beta, xs)
```

그리고 이 사후분포를 그리드 알고리즘으로 구한 결과와 비교해보자.

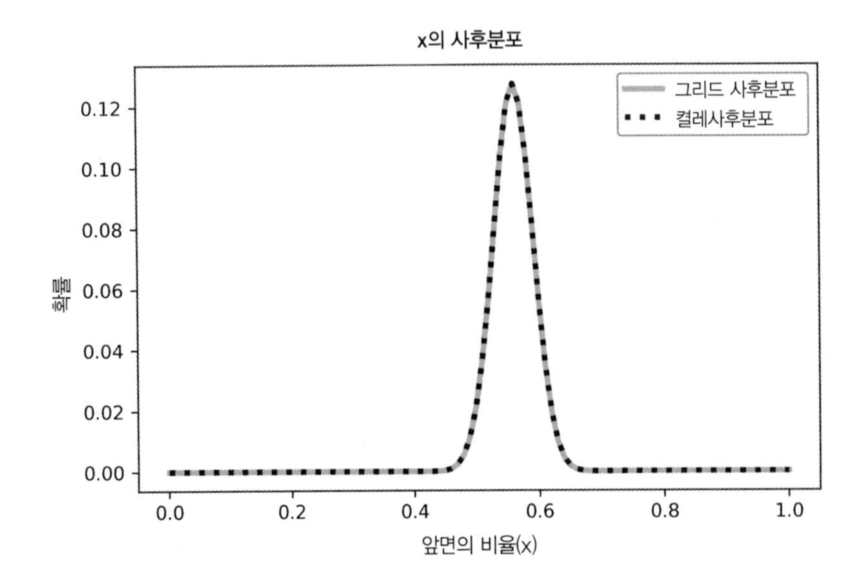

소숫점 근사로 인해 발생한 약간의 차이만 제외하면 값이 동일함을 알 수 있다.

지금까지의 예제는 이전에 이미 살펴봤던 예제니, 이제 새로운 문제를 살펴보자.

## 18.5 사자, 호랑이 그리고 곰

사자, 호랑이, 곰만 있는 야생동물 보호구역을 방문했다고 하자. 하지만 여기에 각각의 동물이 몇 마리나 있는 지는 모른다. 관광 도중 사자 3마리, 호랑이 2마리, 곰 1마리를 보았다. 각 동물이 우리가 둘러본 지역에서 동일한 확률로 나타난다고 가정하면, 다음에 볼 동물이 곰일 확률은 얼마인가?

이 질문에 대한 답을 찾으려면, 각 종이 얼마나 있는 지를 추정해야 한다. 즉, 이 곳의 동물 중 각 종의 비율이 어떻게 되는 지를 알아야 한다는 것이다. 만약 우리가 종별 비율을 안다면, 다항분포를 사용해서 데이터의 확률을 구해보자.

예를 들어, 사자, 호랑이, 곰의 비율이 상대적으로 0.4, 0.3, 0.3이라는 것을 안다고 해보자.

이 때 이 데이터의 확률은 다음과 같다.

```
from scipy.stats import multinomial

data = 3, 2, 1
n = np.sum(data)
ps = 0.4, 0.3, 0.3

multinomial.pmf(data, n, ps)
```

```
0.10368
```

이제 동물의 비율에 대한 사전분포를 선택한 후, 다항분포를 적용한 베이지안 갱신을 통해 데이터에 대한 확률을 구할 수 있다.

하지만 더 쉬운 방법이 있다. 다항분포는 켤레사전분포로 디리클레 분포를 가진다는 것을 활용하는 것이다.

## 18.6 디리클레 분포

디리클레 분포는 12.6절의 '다변량 정규분포'에서 펭귄 관련 수치 분포에서 사용했던 다변량 정규분포같은 다변량 분포다.

이 예제에서는, 분포의 값은 날개 길이와 부리 길이의 쌍이었고, 분포의 매개변수는 평균 벡터와 공분산행렬이었다.

디리클레 분포의 경우, 분포값은 확률 $x$의 벡터고, 매개변수는 벡터 $\alpha$다.

예제를 살펴보면 개념이 좀 더 명확해진다. 사이파이에는 디리클레 분포를 나타내는 dirichlet 객체가 있다. 다음은 $\alpha = 1,\ 2,\ 3$인 객체다.

```
from scipy.stats import dirichlet

alpha = 1, 2, 3
dist = dirichlet(alpha)
```

세 매개변수 값을 넣었으므로, 결과는 세 변수에 대한 분포로 나타난다. 이 분포에서 임의의 값을 가져오려면 다음과 같이 하면 된다.

```
dist.rvs()
```

```
array([[0.46414019, 0.16853117, 0.36732863]])
```

결과는 세 개의 값이 들어있는 배열이다. 이 값의 범위는 0과 1 사이이며, 이 값의 합은 1이다. 이 값은 상호 배타적이며 전체 포괄적인 결과 집합이므로 확률로 해석할 수 있다.

이 값의 분포가 어떻게 생겼는지 살펴보자. 이 분포에서 다음과 같이 1,000개의 임의의 벡터를 가져온다.

```
sample = dist.rvs(1000)
```

결과는 1,000개의 행과 3개의 열을 가진 배열이 된다. 각 열의 값에 대한 Cdf를 구해보자.

```
from empiricaldist import Cdf

cdfs = [Cdf.from_seq(col)
        for col in sample.transpose()]
```

결과는 세 변수의 주변분포를 나타내는 `Cdf` 객체의 리스트가 된다. 이 값은 다음과 같다.

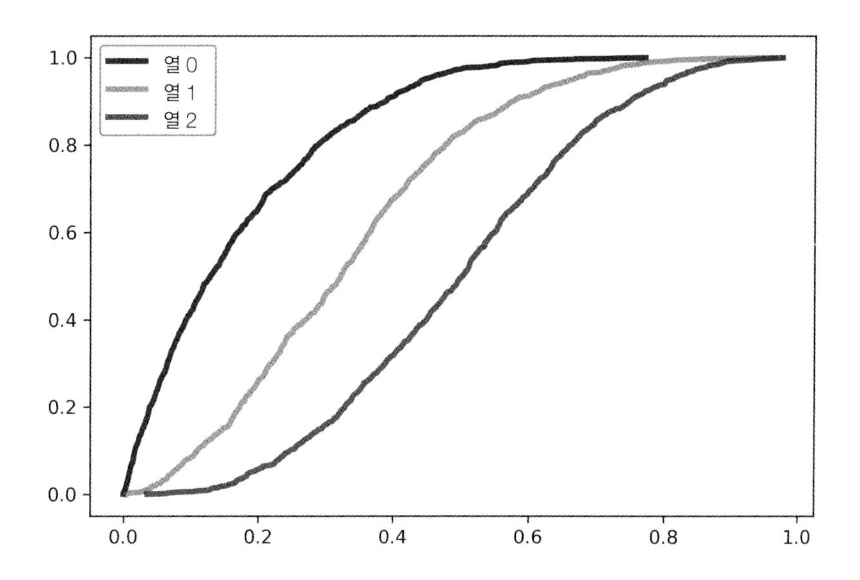


열 0은 가장 값이 작은 매개변수에 대응하고, 가장 낮은 확률값을 가진다.

열 2는 가장 값이 큰 매개변수에 대응하고, 가장 높은 확률값을 가진다.

보다시피, 이 주변분포는 베타분포다. 다음 함수는 매개변수 `alpha`의 수열을 취해서 변수 `i`의 주변분포를 구한다.

```
def marginal_beta(alpha, i):
    """디리클레 분포의 i번째 주변분포를 구한다."""
    total = np.sum(alpha)
    return make_beta(alpha[i], total-alpha[i])
```

이 값을 사용해서 세 변수의 주변분포를 구할 수 있다.

```
marginals = [marginal_beta(alpha, i)
             for i in range(len(alpha))]
```

다음 그래프는 이 분포의 CDF를 회색 선으로 나타내고 이 값을 표본의 CDF와 비교한다.

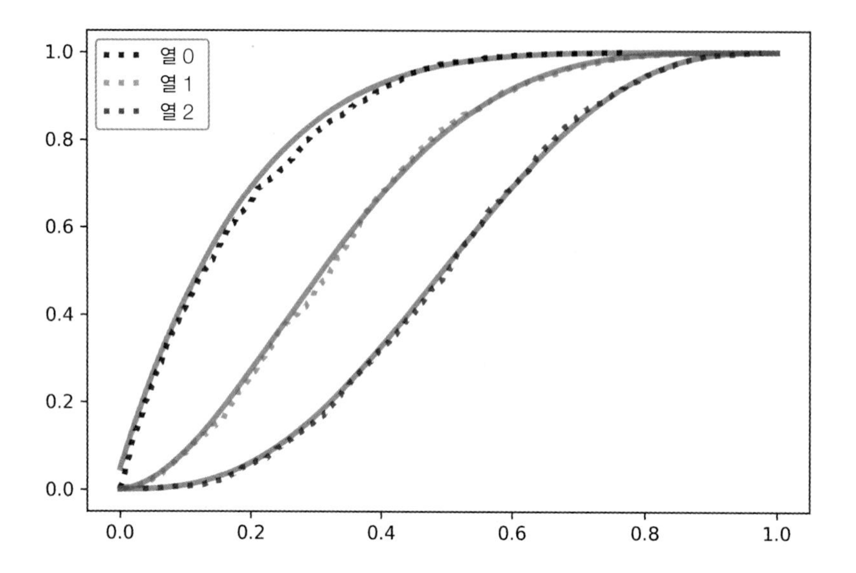


이 그래프를 보면 디리클레 분포의 주변분포는 베타분포임을 확인할 수 있다. 디리클레 분포는 다항 가능도 함수의 켤레사전분포이므로 이 특성은 문제 해결에 매우 유용하다.

사전분포가 벡터 `alpha`에 대한 디리클레 분포고 관측값 벡터 `data`가 데이터인 경우, 사후분포는 벡터 `alpha + data`에 대한 디리클레 분포가 된다.

이 장 끝의 연습 문제에서, 이 방법을 사용해서 사자와 호랑이와 곰에 대한 문제를 풀게 된다.

## 18.7 요약

이 장을 읽고 나서, 뭔가 속은 것같은 기분이 든다고 해도, 이해할 수 있다. 이 책에서 풀었던 많은 문제들이 몇 가지 수학 연산만으로도 풀 수 있는 것임이 드러났으니까 말이다. 그동안 앞에서 왜 그리드 알고리즘을 사용해서 그 고생을 했을까?

슬프게도, 켤레사전분포를 사용해서 풀 수 있는 문제는 그다지 많지 않다. 사실, 이 장에서는 실제로 쓸만한 대부분의 문제를 다뤘다.

다양한 많은 문제의 경우, 켤레사전분포가 없고 사후분포를 구할 수 있는 지름길도 없다. 그래서 그리드 알고리즘과 다음 두 장에서 다룰 근사 베이지안 계산(ABC)와 마르코프 체인 몬테카를로 방식(MCMC)이 필요한 것이다.

## 18.8 연습 문제

### 문제 18-1

월드컵 문제의 두 번째 버전으로, 갱신에 사용할 데이터는 경기에서의 득점 수가 아니라, 첫 득점까지 걸린 시간이다. 따라서 데이터의 확률은 포아송분포가 아니라 지수분포로 나타난다.

하지만 감마분포가 지수분포의 켤레사전분포이므로, 이 갱신 역시 보다 간단하게 할 수 있다. 지수분포의 PDF는 $\lambda$를 매개변수로 사용하는 $t$에 대한 함수다.

$$\lambda e^{-\lambda t}$$

이 가능도와 감마 사전분포의 PDF를 곱하고, 이 결과가 비정규화 감마분포임을 확인하자. 그리고 여기서 매개변수를 도출할 수 있는지 살펴보자.

이 버전의 문제 에서 사용하는 데이터를 사용할 수 있는 형태로 `prior_gamma()` 함수를 몇 줄 수정하자. 첫 번째 골은 11분 후에 들어가고 두 번째 골은 그 이후 12분 후에 들어간다.

### 문제 18-2

유로 동전 문제같이 가능도 함수가 이항분포인 문제의 경우, 몇 개의 수학 연산으로 베이지안 갱신을 할 수 있지만, 이는 사전분포가 베타분포인 경우에 한해서다.

만약 균등사전분포를 사용한다면, `alpha=1`이고 `beta=1`인 베타분포를 사용할 수 있다. 하지만 사전분포가 베타분포가 아니라면 어떻게 해야 할까? 예를 들어, 4.4절의 '삼각사전분포'에서도 삼각분포로 유로 동전 문제를 풀었었다. 이 분포는 베타분포가 아니다.

이런 경우, 사용하는 사전분포를 충분히 근사해서 가까운 베타분포를 찾을 수도 있다. 만약 삼각분포에 맞는 베타분포를 찾는다면, `update_beta()`를 사용해서 갱신할 수 있다.

`pmf_from_dist()`를 사용해서 사후분포를 근사하는 `Pmf`를 만들고 이 값을 그리드 알고리즘으로 구한 값과 비교해보자. 이 두 값 간의 차이 가 가장 큰 경우는 어느 정도인가?

## 문제 18-3

3블루1브라운3Blue1Brown[1]은 유튜 브의 수학 채널이다. 아직 본 적이 없다면, 매우 추천한다. 이 비디오[2]에서 진행자는 다음 문제를 설명한다.

> 인터넷에서 물건 하나를 사려고 찾아보니 세 판매자가 동일한 제품을 동일한 가격으로 팔고 있었다. 한 판매자는 100% 긍정적 평점이 있었지만 후기 수가 10개뿐이었다. 다른 판매자는 96% 긍정적 평점이었고 총 후기는 50개였다. 나머지 한 판매자는 93%의 긍정적 평점을 받았고, 총 후기는 200개였다. 이 때 어느 판매자에게서 물건을 살 것인가?

이 시나리오를 어떻게 모델링할지 생각해보자. 각 판매자별 만족스러운 서비스를 한 후 긍정적 평점을 받을 확률 x가 있고, 우리는 이 중 x가 가장 높은 판매자를 고르고자 한다.

이 시나리오에 대한 모델은 하나가 아니며, 꼭 모델이 최상의 결과를 낼 필요도 없다. 판매자가 만족스러운 서비스를 제공하는 방법은 다양하고, 고객의 만족 정도 역시 다양하므로, 문항 반응 이론[3]같은 대안을 사용할 수도 있다.

하지만 첫 번째 모델은 단순하면 좋으므로, 다음의 내용을 따라보자.

1. 사전분포로는 `alpha=8`에 `beta=2`인 베타분포를 추천한다. 이 사전분포의 형태는 어떠하며 이는 판매자들에 대해서 무엇을 알게 해주는가?
2. 데이터를 사용해서 세 판매자에 대한 사전분포를 갱신하고 사후분포를 그려보자. 어떤 판매자의 사후평균이 가장 큰가?

---

1 *https://oreil.ly/UsGcp*

2 *https://oreil.ly/k5Fsq*

3 옮긴이_ 문항 반응 이론(item response theory)은 심리측정학에서 사용되는 이론으로, 평가 문항들에 대한 응답에 근거하여, 피험자의 특성(인지 능력, 물리적 능력, 기술, 지식, 태도, 인격 특징 등)이나 평가문항의 난이도, 변별도를 측정하기 위한 검사 이론

3. 이 선택에 대한 신뢰 정도는 어떻게 되는가? 가장 높은 사후평균을 가진 판매자의 x가 실제로 가장 높을 확률은 얼마인가?
4. `alpha=0.7`이고 `beta=0.5`인 베타 사전분포를 사용해보자. 사전분포의 형태는 어떠하며 이는 판매자들에 대해서 무엇을 알게 해주는가?
5. 이 사전분포로 다시 분석을 해서 결과가 어떻게 달라졌는지 살펴보자.

## 문제 18-4

벡터 `alpha = [1, 1, 1]`을 매개변수로 하는 디리클레 사전분포를 사용해서 사자, 호랑이, 곰 문제를 풀어보자.

> 사자, 호랑이, 곰만 있는 야생동물 보호구역을 방문했다고 하자. 하지만 여기에 각각의 동물이 몇 마리나 있는 지는 모른다. 관광 도중 사자 3마리, 호랑이 2마리, 곰 1마리를 보았다. 각 동물이 우리가 둘러본 지역에서 동일한 확률로 나타난다고 가정한다.이 때, 다음에 볼 동물이 곰일 확률은 얼마인가?

CHAPTER 19

# MCMC

이 책의 대부분에 걸쳐 그리드 방법을 사용해서 사후분포를 근사했었다. 1~2개의 매개변수를 사용하는 경우, 그리드 알고리즘은 실제 활용 가능할 정도로 빠르고 정확했다. 세 개의 매개변수를 사용하는 경우 좀 느려지기 시작하고, 3개가 넘는 매개변수를 사용하게 되면 보통 실생활에 활용하기에는 부적절하다.

앞 장에서는 켤레사전분포를 사용해서 몇 가지 문제를 풀어보았다. 하지만 이런 식으로 풀 수 있는 문제는 그리드 알고리즘으로도 풀 수 있을 것 같아 보인다.

이 이상의 매개변수를 사용하는 경우, 우리가 사용할 수 있는 가장 강력한 도구는 '마르코프 체인 몬테 카를로'의 약자인 MCMC다. 여기서 '몬테 카를로'는 분포에서 임의의 표본을 만드는 방법이다. 그리드 방법과는 달리, MCMC 방법에서는 사후분포를 구하지 않는다. 대신 여기서 표본을 가져온다.

분포를 구하지 않고 표본을 생성하는 게 다소 생소할 수도 있겠지만, 이 것이 MCMC의 마법이다.

이를 설명하기 위해, 월드컵 문제를 풀어보도록 하자. 맞다, 앞에서 풀었던 그 문제다.

## 19.1 월드컵 문제

8장에서, 축구 경기의 득점률을 $\lambda$로 나타낸 후 이를 반영한 포아송 프로세스로 축구에서의 득점을 모델링했다.

$\lambda$의 사전분포를 나타내는 데 감마분포를 사용하고, 경기 결과를 데이터로 해서 각 팀의 사후분포를 구한다.

첫 번째 질문의 답에 답하려면, 사후확률을 사용해서 프랑스가 '이길 확률'을 구해야 한다.

두 번째 질문에 답하려면, 각 팀별 사후예측분포를 구한다. 즉, 재경기를 했을 때의 예상 득점 분포를 말한다.

이 장에서는 여러 MCMC 방법이 구현되어 있는 파이썬 라이브러리 PyMC3을 사용해서 이 문제를 다시 풀 것이다. 하지만 우선 사전분포와 사전예측분포에 대한 그리드 근사값을 다시 살펴보자.

## 19.2 그리드 근사

8.3절의 '감마분포'에서 했던 것처럼, $\alpha = 1.4$ 를 매개변수로 사용하는 감마분포로 사전분포를 나타내자.

```
from scipy.stats import gamma

alpha = 1.4
prior_dist = gamma(alpha)
```

`linspace()`를 사용해서 $\lambda$의 가능한 값을 만든 후, `pmf_from_dist()`를 사용해서 사전분포의 이산 근사치를 구하자.

```
import numpy as np
from utils import pmf_from_dist
```

```
lams = np.linspace(0, 10, 101)
prior_pmf = pmf_from_dist(prior_dist, lams)
```

포아송분포를 사용해서 데이터의 가능도를 구하자. 예를 들어서 4개의 골을 넣은 경우는 다음과 같다.

```
from scipy.stats import poisson

data = 4
likelihood = poisson.pmf(data, lams)
```

해오던 방법대로 갱신을 한다.

```
posterior = prior_pmf * likelihood
posterior.normalize()
```

```
0.05015532557804499
```

곧 동일한 문제를 PyMC3을 써서 풀어보자. 하지만 그 전에 일단 새로운 개념인 사전예측분포를 소개할까 한다.

## 19.3 사전예측분포

앞 장에서 사후예측분포에 대해서 살펴보았다. 사전예측분포는 (아마도 예상했듯이) 사전분포를 기반으로 한다는 점만 제외하면 이와 비슷하다.

사전예측분포를 추정하려면, 우선 사전분포에서 임의의 표본을 추출해야 한다.

```
sample_prior = prior_dist.rvs(1000)
```

결과는 득점률 $\lambda$의 가능한 값의 배열이다. `sample_prior`의 각각의 값에 대해, 포아송분포에서 하나의 값을 생성한다.

```
from scipy.stats import poisson

sample_prior_pred = poisson.rvs(sample_prior)
```

sample_prior_pred는 사전예측분포의 표본이다. 이 변수가 어떻게 생겼는지 살펴보려면, 표본의 PMF를 구해야 한다.

```
from empiricaldist import Pmf

pmf_prior_pred = Pmf.from_seq(sample_prior_pred)
```

결과는 다음과 같다.

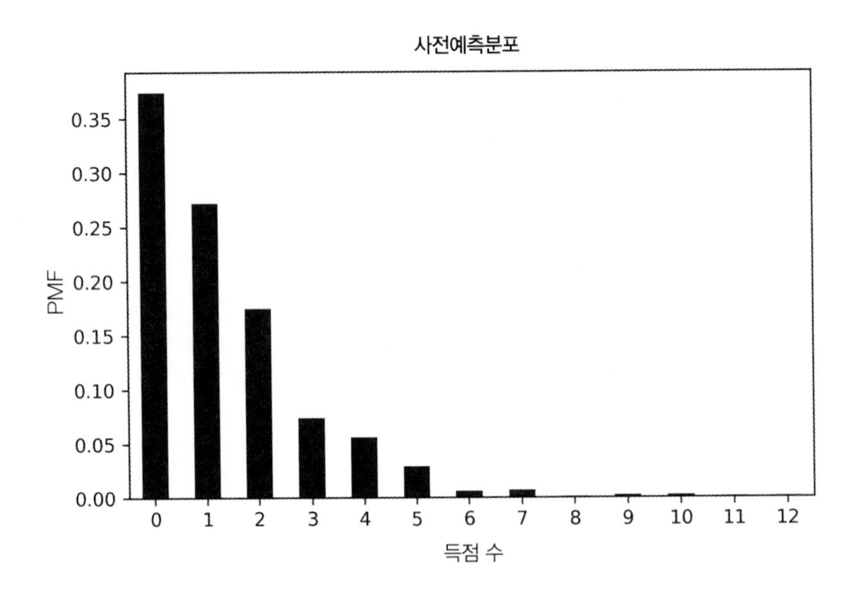


사전예측분포를 구하는 한 가지 이유는 시스템에 대한 모델이 쓸만한지 확인하기 위함이다. 이 경우, 득점 분포는 우리가 월드컵 축구 경기에 대해서 예상하는 형태와 일치한다.

하지만 이 장에서 사전예측분포를 구하는 데는 또 다른 이유도 있다. 사전예측분포를 구하는 것은 MCMC를 사용하는 첫 번째 단계기 때문이다.

## 19.4 PyMC3 소개

PyMC3은 다양한 MCMC 방법을 제공하는 파이썬 라이브러리다. PyMC3을 사용하려면, 데이터를 생성하는 과정에 대한 모델을 정의해야 한다. 이 예제에서, 모델은 두 단계를 거친다.

- 우선 사전분포의 득점률을 구한다.
- 그 후 포아송분포에서 득점 수를 가져온다.

이 모델을 PyMC3으로 구현하는 과정은 다음과 같다.

```
import pymc3 as pm

with pm.Model() as model:
    lam = pm.Gamma('lam', alpha=1.4, beta=1.0)
    goals = pm.Poisson('goals', lam)
```

pymp3을 불러온 후, model이라는 Model 객체를 만들었다.

파이썬의 with 절에 익숙치 않은 사람이라면, 이 구분은 명령문과 객체를 연결하는 방법이라고 생각하면 편하다. 이 예제에서, 두 줄의 들여쓴 명령문은 새 Model 객체와 연결되어 있다. 이 결과, Gamma와 Poisson 분포 객체를 생성하면서, 이 객체는 Model 객체에 추가된다.

with 절 내부에서는 다음과 같은 일이 일어난다.

- 첫 줄에서는 주어진 매개변수에 대한 감마분포인 사전분포를 생성한다.
- 두 번째 줄에서는 매개변수 lam을 가지는 포아송분포인 사전예측분포를 생성한다.

Gamma()와 Poisson()의 첫 번째 매개변수는 변수명인 문자열이다.

## 19.5 사전분포 표본 추출

PyMC3에는 사전분포나 사전예측분포에서 표본을 추출하는 함수가 있다. with 절을 사용해서 모델 내에서 이 절이 실행되도록 할 수 있다.

```
with model:
    trace = pm.sample_prior_predictive(1000)
```

결과는 변수 lam과 goals를 표본과 연결하는 딕셔너리같은 객체다. 다음과 같이 lam의 표본을 가져올 수 있다.

```
sample_prior_pymc = trace['lam']
sample_prior_pymc.shape
```

```
(1000,)
```

다음 그림은 이 표본의 CDF와 사이파이의 gamma 객체에서 생성한 표본의 CDF를 비교한 것이다.

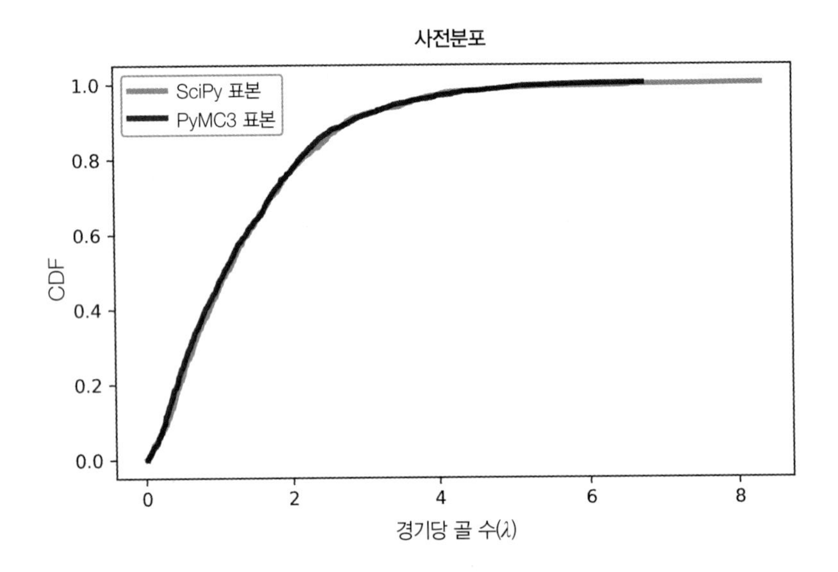


결과는 비슷하다. 즉 이 모델은 정의가 제대로 되었고 표본 추출 방법은 쓸 만하다고 볼 수 있다.

goals를 추출하는 과정에서는 사전예측분포로부터 표본을 가져온다.

```
sample_prior_pred_pymc = trace['goals']
sample_prior_pred_pymc.shape
```

```
(1000,)
```

이 결과를 사이파이의 `poisson` 객체에서 생성한 표본과 비교해보자. 사후예측분포의 값은 이산형(득점 넣은 골의 수)이므로 CDF를 계단 함수로 나타냈다.

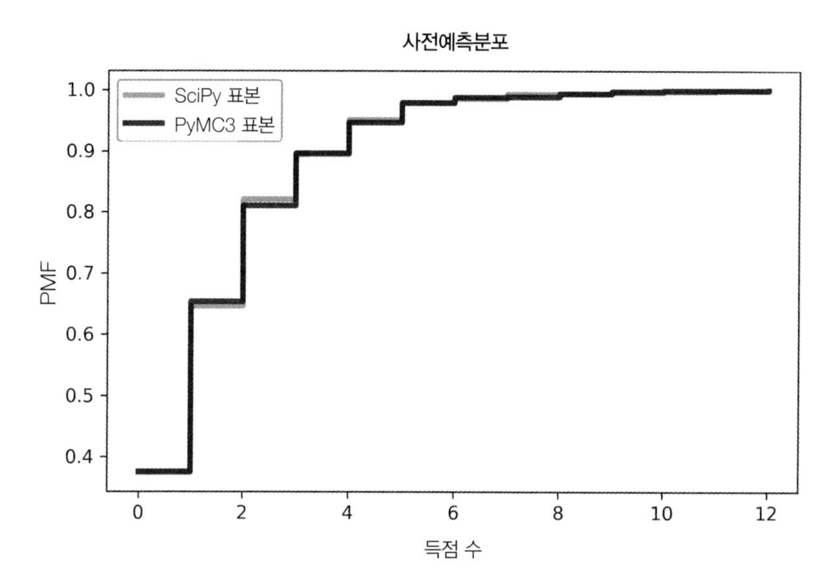


이번에도 결과는 비슷하므로, PyMC3을 어느 정도 잘 사용하고 있다는 믿음을 가질 수 있다.

## 19.6 언제 추론에 다다를 수 있을까?

마지막으로, 실제 추론을 해보자. 한 가지 작은 변화만 주면 된다. 다음은 사전예측분포를 만들었던 모델이다.

```
with pm.Model() as model:
    lam = pm.Gamma('lam', alpha=1.4, beta=1.0)
    goals = pm.Poisson('goals', lam)
```

그리고 사후분포를 구하는 모델이다.

```
with pm.Model() as model2:
    lam = pm.Gamma('lam', alpha=1.4, beta=1.0)
    goals = pm.Poisson('goals', lam, observed=4)
```

이 모델과 전자의 차이는 목적값을 observed로 놓고 관측 데이터인 4를 넣어준 것뿐이다.

sample_prior_predictive()를 호출하는 대신, lam의 사후분포로부터 표본을 가져오는 sample()을 호출해보자.

```
options = dict(return_inferencedata=False)

with model2:
    trace2 = pm.sample(500, **options)
```

이 모델의 세부 내역은 동일하지만, 표본 추출 과정은 매우 다르다. PyMC3의 동작 원리까지 자세히 설명하지는 않겠지만, 다음의 몇 가지 사항은 염두에 두도록 하자.

- 모델에 따라, PyMC3은 여러 MCMC 기법을 사용한다. 이 예제에서는 이 라이브러리에서 가장 효율적이고 믿을 만한 방법 중 하나인 노 유턴 표본 추출기No U-Turn Sampler(NUTS)[1]를 사용한다.
- 표본 추출이 시작되면, 처음 생성되는 값은 보통 사후분포를 대표하는 값이 아니므로 대개는 버려진다. 이 과정을 '튜닝'이라고 한다.
- PyMC3에서는 단일 마르코프 체인 대신 여러 체인을 사용한다. 그 후 여러 체인의 결과를 비교하여 이 값이 동일한 지를 확인할 수 있다.

우리가 표본 500개를 지정했지만, PyMC3에서는 1,000개의 표본에 대한 두 개의 값을 만든 후, 각각의 값에서 반을 버리고, 남은 1,000개를 반환한다. trace2에서 사후분포의 표본 하나를 다음과 같이 가져올 수 있다.

```
sample_post_pymc = trace2['lam']
```

그리고 이 표본의 CDF를 그리드 근사법으로 구한 사후분포와 비교하면 다음과 같다.

1 *https://oreil.ly/8LrA2*

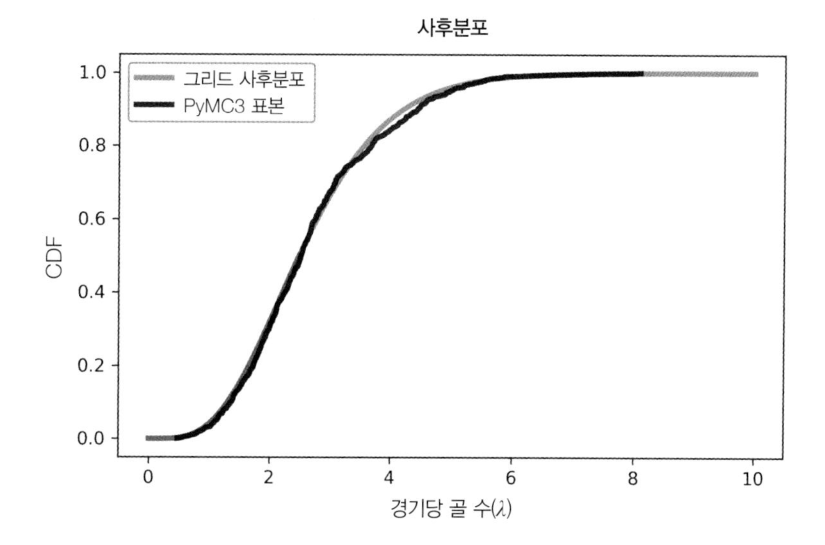


PyMC3의 결과는 그리드 근사 결과와 일치한다.

## 19.7 사후예측분포

마지막으로, `sample_posterior_predictive()`를 사용해서 사후예측분포에서 표본을 추출하도록 하자.

```
with model2:
    post_pred = pm.sample_posterior_predictive(trace2)
```

결과는 득점 수의 표본이 기록된 딕셔너리다.

```
sample_post_pred_pymc = post_pred['goals']
```

그리드 근사에서 구한 사후분포에서도 표본을 가져올 수 있다.

```
sample_post = posterior.sample(1000)
sample_post_pred = poisson(sample_post).rvs()
```

두 군데서 가져온 표본을 비교해보자.

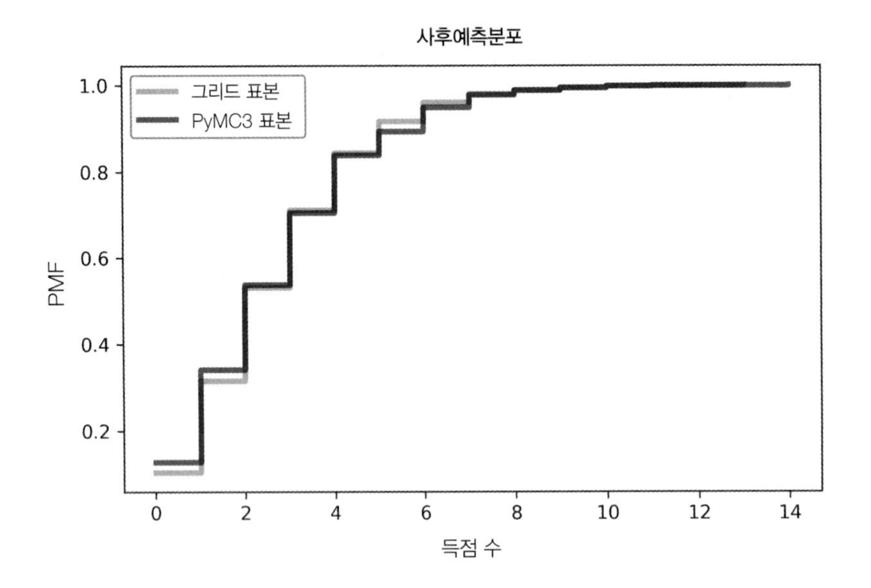


이번에도, 결과는 동일하다. 그러므로 이제는 그리드 근사를 사용하든 PyMC3를 사용하든 동일한 결과를 얻을 수 있음을 확신할 수 있다.

하지만 왜 그런지는 명확하지 않다. 이 예제의 경우, 그리드 알고리즘의 계산량은 MCMC보다 적고, 결과는 표본 추출보다 사후분포를 좀 더 잘 추정한다. 하지만, 이 예제는 하나의 매개변수만을 사용하는 단순한 모델이다. 사실 이 문제는 켤레사전분포를 사용하면 계산량을 더 적게 할 수 있다. PyMC3의 진가는 보다 복잡한 모델에서 나타난다.

## 19.8 행복

최근 나는 에스테반 오르티즈-오스피나Esteban Ortiz-Ospina와 막스 로저Max Roser의 '행복과 삶의 만족도[2]'라는 글을 읽었다. 이 글에서는 (여러 많은 요소 중) 수입과 행복 간의 관계를 국가별, 지역별, 연도별로 살펴보았다. 이 글은 행복과 다음 6가지의 가능한 예측 요인과의 관계를 탐색

2 https://oreil.ly/LL9PW

한 여러 회귀 분석 결과[3]가 실린 '세계 행복 보고서[4]'를 참고한다.

- 1인당 GDP로 나타낸 수입
- 사회 복지
- 건강 기대수명
- 선택의 자유
- 관용
- 부패에 대한 관점

종속변수는 갤럽 월드 폴Gallup World Poll에서 사용한 '캔트릴 사다리 질문'에 대한 응답의 국가 평균이다.[5]

> 계단 맨 아래에 0이 있고 제일 끝에 10이 있는 사다리를 상상해보자. 사다리 꼭대기는 당신이 누릴 수 있는 최상의 삶을 나타내고 바닥은 가능한 최악의 삶을 나타낸다. 그렇다면 당신은 본인이 생각하기에 사다리의 몇 번 계단에 있는 것 같은가?

나는 '행복'이라고 응답하지만, 이 값은 삶의 만족 정도에 대한 척도라고 보는 게 더 정확하다.

다음 몇 절에 걸쳐 이 내용에 대한 분석을 베이지안 회귀를 사용해서 살펴보자.

일단 데이터를 판다스의 데이터프레임으로 읽어오자.

```
import pandas as pd

filename = 'WHR20_DataForFigure2.1xls'
df = pd.read_excel(filename)
```

데이터프레임에는 153개국이 각각 하나의 행을 차지하고 20개의 변수 별로 하나씩 열이 있다. 'Ladder score'라는 열에는 예측하고자 하는 행복 척도값이 있다.

```
score = df['Ladder score']
```

3 https://oreil.ly/lDSXe

4 https://worldhappiness.report

5 https://oreil.ly/CG7TB

# 19.9 단순회귀

우선 1인당 국내총생산(GDP)로 나타난 수입과 행복과의 관계를 살펴보자.

Logged GDP per capita 열은 구매력 평가purchasing power parity(PPP)[6]기준 각 국가별 GDP를 인구 수로 나눈 후로 보정한 후 자연로그를 취한 값이다.

```
log_gdp = df['Logged GDP per capita']
```

다음 그림은 log_gdp 대 score를 산점도로 나타냈으며, 각 점은 각 국가를 나타낸다.

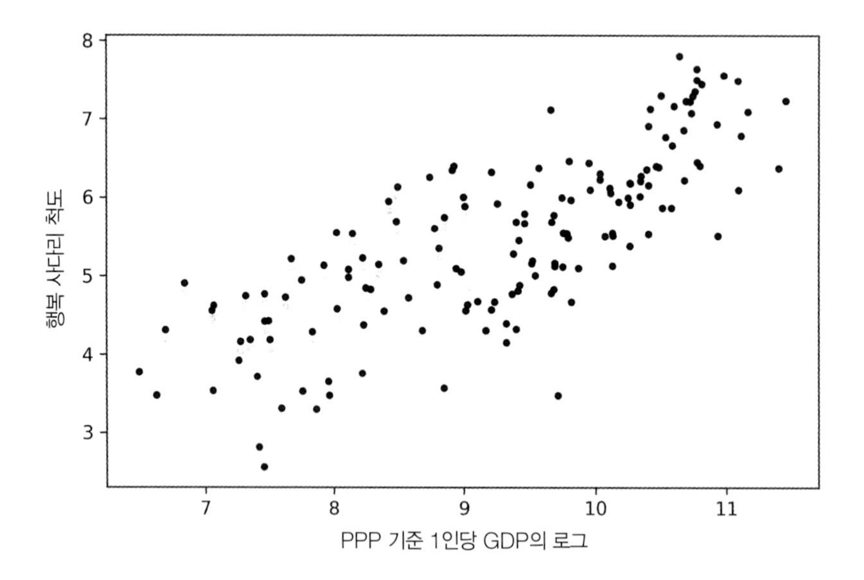


두 변수 간에는 상관관계가 있는 것 같다. 높은 GDP를 가진 국가는 보통 행복 단계도 높다.

사이파이의 linregress()를 사용해서 이 변수 간의 단순회귀를 식을 구해보자.

```
from scipy.stats import linregress

result = linregress(log_gdp, score)
```

6 *https://oreil.ly/95fTi*

결과는 다음과 같다.

| Slope | 0.717738 |
|---|---|
| Intercept | -1.198646 |

추정 기울기는 약 0.72로, 이는 1 로그 GDP당 0.72만큼 늘어난다는 것이고, $e \approx 2.7$ 이라는 것을 고려해야 한다.

그럼 이제 PyMC3을 사용해서 동일한 매개변수를 구해보자. 17.2절의 '회귀 모델'에서와 동일한 회귀 모델을 사용한다.

$$y = ax + b + \epsilon$$

이 때 $y$는 종속변수(사다리 점수)고, $x$는 예측변수(로그 GDP)며, $\epsilon$은 표준편차 $\sigma$의 정규분포에서 가져온 값의 수열이다.

$a$와 $b$는 데이터에 따른 선의 기울기와 절편이다. 이 값은 알려지지 않은 매개변수이므로, 데이터를 사용해서 이 값을 추정한다.

다음은 PyMC3으로 이 모델을 정의하였다.

```
x_data = log_gdp
y_data = score

with pm.Model() as model3:
    a = pm.Uniform('a', 0, 4)
    b = pm.Uniform('b', -4, 4)
    sigma = pm.Uniform('sigma', 0, 2)

    y_est = a * x_data + b
    y = pm.Normal('y',
                  mu=y_est, sd=sigma,
                  observed=y_data)
```

매개변수 a, b, sigma의 사전분포는 사후분포를 담을 만큼 충분히 넓은 범위의 균등분포다.

y_est는 회귀식 기반의 종속변수의 추정값이다. y는 평균 y_est에 표준편차 sigma의 정규분포다.

데이터가 어떻게 모델에 들어가는 지는 다음과 같다.

- 예측변수의 값 x_data는 y_est를 구하는 데 쓰인다.
- 종속변수의 값 y_data는 y의 관측값이다.

그럼 이제 다음과 같이 이 모델을 사용해서 사후분포로부터 표본을 추출할 수 있다.

```
with model3:
    trace3 = pm.sample(500, **options)
```

표본 추출 코드를 실행하면, '발산divergences'과 '수용 확률acceptance probability' 관련 경고 문구를 보게 된다. 지금은 무시해도 된다.

결과는 a, b, sigma의 사후결합분포에서 가져온 표본이 들어있는 객체다.

ArviZ 라이브러리의 plot_posterior()를 사용하면 매개변수의 사후분포 그래프를 그릴 수 있다. 다음은 기울기 a와 절편 b의 사후분포다.

```
import arviz as az

with model3:
    az.plot_posterior(trace3, var_names=['a', 'b']);
```

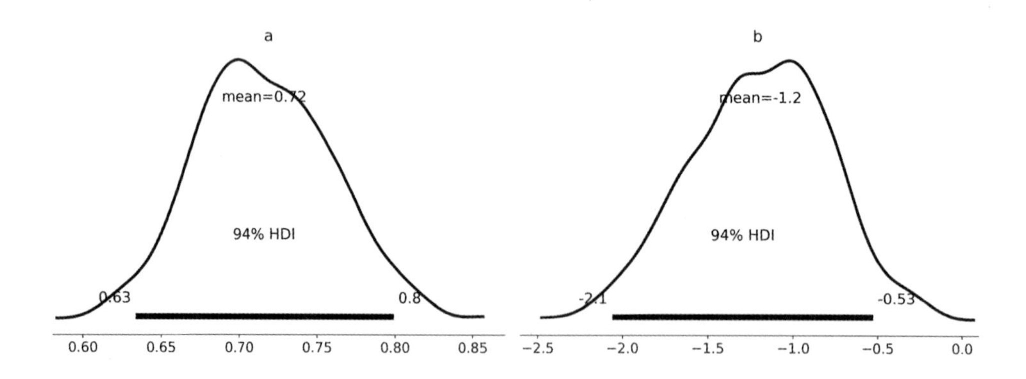


이 그래프는 KDE로 추정한 표본의 분포와 94% 신뢰구간을 나타낸다. 이 그래프에서 HDI는

'최고밀도구간highest-density interval'이라는 뜻이다.[7]

이 표본의 평균은 `linregress()`로 추정했던 매개변수와 동일하다.

단순회귀 모델에서는 세 개의 매개변수만을 사용하므로, 그리드 알고리즘을 사용해도 되었다. 하지만 행복 보고서의 회귀 모델에서는 6개의 예측변수를 사용하므로, 절편과 `sigma`까지 하면 총 8개의 매개변수를 사용하게 된다.

8개의 매개변수를 사용하는 모델을 그리드 근사로 구하는 것은 현실적이지 않다. 각 차원당 20개의 점만을 사용하는 성긴 그리드라고 해도, 250억 개의 점이 생긴다. 게다가 153개의 국가라면, 4조 가량의 가능도를 구해야 한다. 하지만 PyMC3은 8개의 매개변수를 간단히 처리할 수 있다. 이는 다음 절에서 살펴보자.

## 19.10 다중회귀

다중회귀를 구현하기 전에, 데이터프레임에서 실제로 사용할 열만 골라내 보겠다.

```
columns = ['Ladder score',
           'Logged GDP per capita',
           'Social support',
           'Healthy life expectancy',
           'Freedom to make life choices',
           'Generosity',
           'Perceptions of corruption']

subset = df[columns]
```

예측변수의 단위는 모두 다르다. 로그 GDP는 로그-달러, 기대수명은 나이, 다른 변수 역시 각각의 단위가 있다. 이 요인을 비교 가능하게 하기 위해, 데이터를 표준화해서 모든 변수의 평균이 0이고 표준편차를 1로 만들 것이다.

```
standardized = (subset - subset.mean()) / subset.std()
```

7 *https://oreil.ly/dEqMw*

그럼 이제 모델을 만들어보자. 우선 종속변수를 분리하도록 한다.

```
y_data = standardized['Ladder score']
```

종속변수는 다음과 같다.

```
x1 = standardized[columns[1]]
x2 = standardized[columns[2]]
x3 = standardized[columns[3]]
x4 = standardized[columns[4]]
x5 = standardized[columns[5]]
x6 = standardized[columns[6]]
```

다음은 모델이다. b0은 절편이고 b1부터 b6까지가 예측변수와 관련된 매개변수다.

```
with pm.Model() as model4:
    b0 = pm.Uniform('b0', -4, 4)
    b1 = pm.Uniform('b1', -4, 4)
    b2 = pm.Uniform('b2', -4, 4)
    b3 = pm.Uniform('b3', -4, 4)
    b4 = pm.Uniform('b4', -4, 4)
    b5 = pm.Uniform('b5', -4, 4)
    b6 = pm.Uniform('b6', -4, 4)
    sigma = pm.Uniform('sigma', 0, 2)

    y_est = b0 + b1*x1 + b2*x2 + b3*x3 + b4*x4 + b5*x5 + b6*x6
    y = pm.Normal('y',
                  mu=y_est, sd=sigma,
                  observed=y_data)
```

예측변수 벡터와 매개변수 벡터를 사용해서 이 모델을 보다 상세하게 나타낼 수도 있지만, 여기서는 최소한 간단하게 하기로 했다.

그럼 사후결합분포에서 표본을 추출하자.

```
with model4:
    trace4 = pm.sample(500, **options)
```

trace4에서 매개변수의 사후분포의 표본을 추출한 후 평균을 구한다.

```
param_names = ['b1', 'b3', 'b3', 'b4', 'b5', 'b6']

means = [trace4[name].mean()
         for name in param_names]
```

94% 신뢰구간(3%와 97% 분위 사이)도 다음과 같이 구할 수 있다.

```
def credible_interval(sample):
    """94% 신뢰구간을 구함."""
    ci = np.percentile(sample, [3, 97])
    return np.round(ci, 3)

cis = [credible_interval(trace4[name])
       for name in param_names]
```

결과는 다음 표와 같다.

| | 사후평균 | 94% CI |
|---|---|---|
| 로그-1인당 GDP | 0.246 | [0.077, 0.417] |
| 사회 복지 | 0.224 | [0.064, 0.384] |
| 건강 기대수명 | 0.224 | [0.064, 0.384] |
| 선택의 자유 | 0.19 | [0.094, 0.291] |
| 관용 | 0.055 | [-0.032, 0.139] |
| 부패에 대한 관점 | -0.098 | [-0.194, -0.002] |

결과를 보면 행복(혹은 삶의 만족)은 GDP와 가장 강한 연관성이 있는 것 같고, 그 다음으로 사회 복지, 기대수명, 자유 순이다.

나머지 요인은 상대적으로 이에 비해 연관성이 약해 보이고, 심지어 관용의 CI는 0을 포함하므로, 관용은 이 연구에서 조사하기는 했으나 실제로 행복과 상관이 없다고 볼 수도 있다.

이 예제에서는 MCMC가 어느 정도 이상의 매개변수를 사용하는 모델을 다루는 능력을 살펴볼 수 있었다. 하지만 진정한 베이지안 회귀의 능력은 아직 들여다보지 않았다. 만약 회귀 모델의 목적이 매개변수 측정이라면, 베이지안 회귀가 전통적인 최소제곱회귀에 비해서 딱히 큰 장점은 없다.

베이지안 방법론은 의사결정 과정에서 매개변수의 사후분포를 사용할 때 더 유용하다.

## 19.11 요약

이 장에서는 PyMC3을 사용해서 앞서 살펴보았던 축구에서의 득점 포아송 모델과 단순회귀 모델의 두 모델을 구현해 보았다. 그 후 그리드 근사로 구하기는 불가능한 다중회귀 모델을 구현했다.

MCMC는 그리드 방법론에 비해 더 강력하지만, 그 능력에는 다음과 같은 단점이 따른다.

- MCMC알고리즘은 귀찮다. 동일한 모델도 어떤 사전분포에서는 더 잘 작동하고 어떤 분포에서는 성능이 떨어진다. 또한 표본 추출 과정 단계 중 튜닝, 발산, 'r-hat 통계량', 채택률, 효과적 표본 등의 경고가 발생한다. 이를 조사하고 원인을 수정하려면 다소 전문적인 지식이 필요하다.
- 중간에 결과를 확인해가며 점진적으로 모델을 개선하는 과정이 그리드 알고리즘에서 더 쉽다. PyMC3에서는 모델을 올바르게 정의했는지 확인하기가 그리드 알고리즘만큼 쉽지 않다.

이런 이유로, 그리드 알고리즘으로 모델을 개발한 후, 필요시 MCMC를 사용하는 것을 추천한다. 앞서 살펴봤던 것처럼, 그리드 방법론으로도 많은 실생활의 문제를 해결할 수 있다. 하지만 MCMC가 필요하다면, (더 단순한 모델 기반이라고 하더라도) 그리드 알고리즘으로 만든 것과 비교해보는 것도 도움이 된다.

이 책에서 사용한 모든 모델은 PyMC3을 사용했지만, 몇 가지는 다른 라이브러리를 사용하면 더 만들기 쉬울 수도 있다. 연습 문제에서 이를 살펴볼 수 있을 것이다.

## 19.12 연습 문제

### 문제 19-1

우선 몸을 풀 겸, PyMC3을 사용해서 유로 동전 문제를 풀어보자. 동전을 250회 돌렸을 때 앞면이 140회 나왔다. 이 때 앞면이 나올 확률 $x$의 사후분포는 어떻게 되는가?

사전분포로는 $\alpha = 1$이고 $\beta = 1$인 베타분포를 사용하자.

연속형 분포의 목록은 PyMC3 문서[8]를 참고하자.

### 문제 19-2

이번에는 PyMC3을 사용해서 15.1절의 '그리즐리 곰 문제'에서 나온 그리즐리 곰 문제의 답을 똑같이 만들어보자. 이 문제에서는 초기하분포를 사용한다.

PyMC3에서도 동일하게 사용할 수 있도록, 사용하는 기호를 조금 바꾸었다.

첫 번째 실험에서, `k=23`마리의 곰을 확인했다. 두 번째 실험에서, `n=19`마리의 곰을 식별했고, `x=4`마리의 곰이 확인되었다.

이 때 이 곳에 있는 곰 `N`의 사후분포를 추정하자.

사전분포로는 50부터 500까지의 이산균등분포를 사용한다.

이산형 분포의 목록은 PyMC3 문서[9]를 참고하자.

> **NOTE_** PyMC3 버전 3.8 이후에 `HyperGeometric()`이 추가되어 있으므로, 이 문제를 풀려면 PyMC3을 3.8이후 버전으로 업데이트해야 한다.

8 *https://oreil.ly/lzqYU*

9 *https://oreil.ly/ESTCO*

## 문제 19-3

14.1절 '와이불분포'에서 $\lambda = 3$과 $k = 0.8$을 사용하는 와이불분포의 표본을 생성했다. 그리고 이 데이터를 사용해서 해당 매개변수를 사용하는 사후분포의 그리드 근사를 구했다.

동일한 과정을 PyMC3을 사용해서 실행해보자.

사전분포로는 14장에서 했던대로 균등분포를 사용하거나, PyMC3에서 제공하는 `HalfNormal()` 분포를 사용해도 된다.

> **NOTE_** PyMC3의 `Weibull()` 클래스는 사이파이와 다른 매개변수를 사용한다. PyMC3의 `alpha`는 k에 대응하고, `beta`는 λ에 대응한다.

```
data = [0.80497283, 2.11577082, 0.43308797, 0.10862644, 5.17334866,
        3.25745053, 3.05555883, 2.47401062, 0.05340806, 1.08386395]
```

## 문제 19-4

13.1절 '독해 능력 향상'에서 읽기 시험에서 얻은 데이터를 사용해서 정규분포의 매개변수를 추정했다.

이 때 `mu`와 `sigma`에 대해 사전균등분포를 정의한 후 이 데이터를 사용해서 각각의 사후분포를 추정하는 모델을 만들어 보자.

## 문제 19-5

15.6절 '링컨 지수 문제'에서는 존 D. 쿡이 제시한 링컨 지수 문제를 푸는 데 그리드 알고리즘을 사용했다.

> 한 검수자가 프로그램에서 20개의 버그를 발견했다고 하자. 이 때 실제로 프로그램에는 몇 개의 버그가 있는지 추정해야 한다. 프로그램에 최소한 20개의 버그가 있다는 것은 알고 있고, 검수자에 대해 돈독한 신뢰가 있다면, 대략 버그의 수는 20개 내외일 것이라고 볼 것이다. 하지만 검수자

의 능력이 그다지 좋지 않다면 수백개의 버그가 있을 지도 모를 일이다. 이 때 버그가 어느 정도인지를 파악할 만한 방안이 있을까? 한 명의 검수자로는 알 도리가 없다. 하지만 검수자가 두 명이라면, 해당 검수자들의 능력치를 알지 않고도 이를 추정할 방안이 있다.

첫 번째 검수자가 20개의 버그를 찾고, 두 번째 검수자가 15개의 버그를 찾았으며, 두 검수자가 동시에 찾은 버그는 3개다. 이 경우 총 버그의 수는 몇 개일 지 PyMC3을 사용해서 구해보자.

**NOTE_** 이 예제는 앞의 다른 예제보다 어려울 수 있다. 어려운 점 중 하나는 데이터가 N에 따라 다른 k00을 포함하고 있다는 점이다.

```
k00 = N - num_seen
```

따라서 데이터를 모델의 일부로 만들어야 한다. 이 때 다음과 같이 배열을 만드는 pm.math.stack()을 사용할 수 있다.

```
data = pm.math.stack((k00, k01, k10, k11))
```

마지막으로, pm.Multinomial()을 사용하면 도움이 된다.

CHAPTER 20

# 근사 베이지안 계산

이 장에서는 가장 복잡한 문제들에 사용하는 최후의 보루인 근사 베이지안 계산Approximate Bayesian Computation (ABC) 방법론을 소개한다. 이 방법론이 최후의 보루라고 소개한 까닭은 이 방법론은 보통 다른 방법론에 비해 더 많은 연산을 필요로 하므로, 다른 방법으로 풀 수 있는 문제라면 그렇게 푸는 게 좋기 때문이다. 하지만, 예를 들어 이 장에서 소개하는 예제의 경우, ABC는 구현하기 쉬울 뿐 아니라 효율적이기도 하다.

첫 번째 예제는 신장 종양 환자가 제기한 문제에 대한 나의 해답이다. 의학 저널에서 가져온 데이터를 사용해서 종양성장 속도를 모델링한 후, 종양의 크기를 기반으로 종양이 얼마나 오래되었는지를 추정하는 시뮬레이션을 한다. 두 번째 예제는 생물학, 의학, 맥주 양조학에서 활용 가능한, 세포 수 측정 모델이다. 희석된 표본으로부터 세포 수를 측정해서, 세포의 집중도를 추정한다. 마지막으로, 연습 문제로, 재미있는 양말 세기 문제를 만나볼 수 있을 것이다.

## 20.1 신장 종양 문제

나는 온라인 통계 포럼[1]을 즐겨 읽고, 때때로 글을 쓰기도 한다. 2011년 11월, 이 포럼에서 다음과 같은 글을 읽었다.

1 *http://reddit.com/r/statistics*

> 나는 현재 신장암 4기인데, 이 암이 퇴역 전에 생긴 것인지 알고 싶습니다. 암 발견일자와 퇴역 일자를 알고 있다면, 이 병이 군에서 커졌을 확률이 50/50인지 알 수 있을까요? 퇴역일 기준으로 이 확률을 계산한다는 게 가능한가요? 발견시 암 2기 진단을 받았고, 이 때 종양의 크기는 15.5cm x 15cm 크기였습니다.

이 글을 올린 사람에게 연락해서 정보를 좀 더 얻었다. 재향군인들은 (다른 경우보다) 군에 있는 동안 종양이 형성되었을 가능성이 군 밖에서 종양이 형성된 경우보다 '더 높을 때' 특혜를 얻는다는 것을 알았다. 그래서 이 질문의 답을 찾는 것을 돕기로 했다.

신장 종양은 천천히 자라고, 종종 무증상이어서 치료하지 않고 놔두는 경우도 있다. 그래서 의사는 종양을 치료하지 않는 경우 환자의 종양을 여러 번 촬영한 후 성장 정도를 관측한다. 이렇게 관측된 종양의 성장률을 다룬 논문이 여럿 발표되었다.

장 외 공저Zhang et al. 논문[2]에서 수집한 데이터를 사용했다. 이 논문에서는 두 가지 형태로 성장률을 다루고 있다.

- 부피 배가 시간Volumetric doubling time(VDT): 종양이 크기가 두 배가 되는 데 걸리는 시간
- 상호 배가 시간Reciprocal doubling time(RDT): 연간 종양 크기 배수

다음 절에서는 이 성장률을 어떻게 사용하는지 살펴볼 것이다.

## 20.2 단순성장 모델

우선 다음의 두 가지 가정을 기반으로 종양의 성장에 대한 단순한 모델을 만들어보자.

- 종양의 배가 시간은 일정한 상수다.
- 종양은 대략 구형을 띈다.

또한 다음의 두 시각을 정의한다.

- t1: 질문자가 전역한 때
- t2: 종양이 발견된 때

---

2 *https://oreil.ly/KemRG*

t1과 t2 사이의 시간은 약 9.0년이었다. 예제에서는, 종양의 지름은 t1 때 1cm였고, t2 때의 크기를 추정하고자 한다고 하자.

다음 함수를 사용해서 지름이 주어졌을 때 구의 부피를 구할 수 있다.

```
import numpy as np

def calc_volume(diameter):
    ""지름을 부피로 변환"""
    factor = 4 * np.pi / 3
    return factor * (diameter/2.0)**3
```

종양은 구형이라고 가정하므로, t1 시기의 부피를 구할 수 있다.

```
d1 = 1
v1 = calc_volume(d1)
v1
```

```
0.5235987755982988
```

장 외 공저 논문에서 확인한 부피 배가 시간의 중간값은 811이며, 이 값은 연간 배가 정도로 대응해 보면 0.45 RDT다.

```
median_doubling_time = 811
rdt = 365 / median_doubling_time
rdt
```

```
0.45006165228113443
```

t1과 t2 사이의 시간동안 일어난 배수를 구해 볼 수 있다.

```
interval = 9.0
doublings = interval * rdt
doublings
```

```
4.05055487053021
```

v1과 배수가 주어졌으므로, t2 때의 부피를 구할 수 있다.

```
v2 = v1 * 2**doublings
v2
```

```
8.676351488087187
```

다음 함수는 주어진 부피에 대해 구의 지름을 구한다.

```
def calc_diameter(volume):
    """부피를 지름으로 변환"""
    factor = 3 / np.pi / 4
    return 2 * (factor * volume)**(1/3)
```

이 함수를 사용해서 t2 때의 종양의 지름을 구한다.

```
d2 = calc_diameter(v2)
d2
```

```
2.5494480788327483
```

t1 때의 종양의 지름이 1cm였고, 중간값 성장률을 따라 커졌다면, t2 때의 종양 지름은 2.5cm가 된다. 이 예제에서는 종양성장 모델을 살펴보았지만, 아직 질문자가 제기한 질문에는 대답하지 않았다.

## 20.3 보다 일반적인 모델

진단 시점의 종양 크기가 주어졌을 때, 이 크기가 연령대별로 어떻게 다른지 궁금할 수 있다. 이를 확인하기 위해, 연령대별로 종양의 크기 분포를 통해 종양이 커지는 정도를 시뮬레이션해 볼 수 있다. 그 후 크기에 따른 연령대 분포를 구한다.

시뮬레이션은 작은 종양에서부터 시작하고 다음의 단계로 진행된다.

1. 성장률 분포로부터 값을 가져온다.
2. 구간의 끝에 있는 종양의 크기를 구한다.
3. 종양이 특정 최고치를 초과할 때까지 이 과정을 반복한다.

이 때 가장 먼저 필요한 것은 성장률 분포다.

장 외 공저 논문 그림을 사용해서 rdt_sample이라는 배열을 만들었다. 이 배열에는 연구에서 사용한 53명의 환자에 대한 RDT 추정값이 들어있다.

다시 한 번 설명하면, RDT는 '상호 배가 시간'이란 뜻으로, 1년간 몇 배가 되는 지를 나타내는 수치다. 만약 rdt=1이라면, 종양은 1년에 부피가 두 배가 된다. rdt=2라면, 두 배가 두 번 된 것이므로, 부피는 4배가 된다. rdt=-1인 경우는, 부피가 반으로 줄어든 것이다.

RDT 표본을 사용해서 분포의 PDF를 추정해보자.

```
from utils import kde_from_sample

qs = np.linspace(-2, 6, num=201)
pmf_rdt = kde_from_sample(rdt_sample, qs)
```

결과는 다음과 같다.

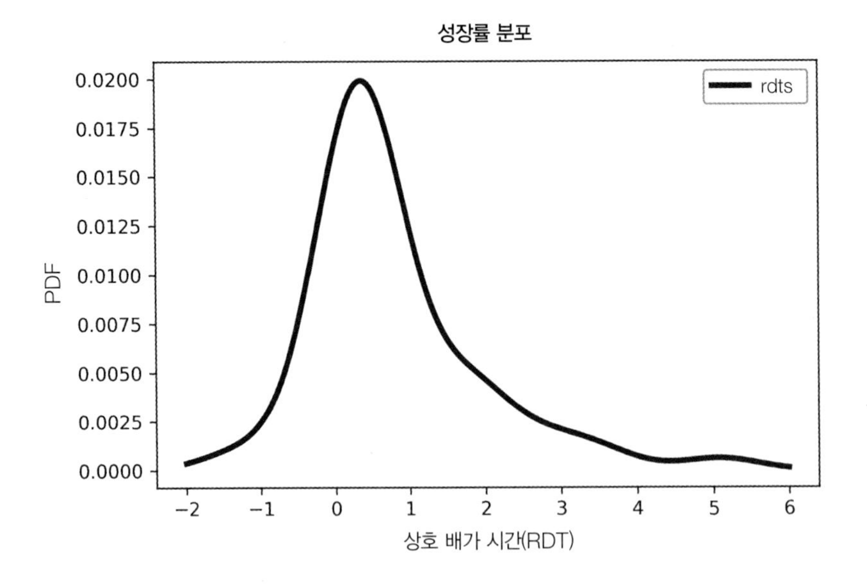


다음 절에서는 이 분포를 사용해서 종양성장을 시뮬레이션한다.

## 20.4 시뮬레이션

이제 시뮬레이션 할 준비가 끝났다. 작은 종양에서부터, 종양이 최대 크기가 될 때까지 여러 시간 구간에 대해 시뮬레이션을 한다.

각 시간 구간의 시작점에, 성장률 분포에서 값을 하나 가져와서 시간 구간이 끝날 때의 종양 크기를 구한다.

나는 245일로 구간을 나눴다(약 8개월). 이 구간이 원 데이터에서 사용한 시간 중 중간값이었기 때문이다.

초기 지름은 0.3cm로 했다. 이보다 암종이 더 작으면 외과적으로 수술할 일이 거의 없고 성장으로 인한 혈액 소모가 거의 발생하지 않는다(웹사이트[3] 참고). 종양의 최고 크기는 20cm로 잡았다.

3 *https://oreil.ly/MPAk1*

```
interval = 245 / 365   # 년
min_diameter = 0.3     # cm
max_diameter = 20      # cm
```

calc_volume()을 사용해서 초기 및 최대 부피를 구한다.

```
v0 = calc_volume(min_diameter)
vmax = calc_volume(max_diameter)
v0, vmax
```

```
(0.014137166941154066, 4188.790204786391)
```

다음 함수로 시뮬레이션을 실행한다.

```
import pandas as pd

def simulate_growth(pmf_rdt):
    """종양성장을 시뮬레이션함."""
    age = 0
    volume = v0
    res = []

    while True:
        res.append((age, volume))
        if volume > vmax:
            break

        rdt = pmf_rdt.choice()
        age += interval
        doublings = rdt * interval
        volume *= 2**doublings

    columns = ['age', 'volume']
    sim = pd.DataFrame(res, columns=columns)
    sim['diameter'] = calc_diameter(sim['volume'])
    return sim
```

simulate_growth()는 RDT의 분포를 나타내는 Pmf를 매개변수로 사용한다. 이 함수는 종양의 나이와 부피를 초기화한 후, 하나의 시간구간을 시뮬레이션하는 반복문을 실행한다.

매 반복문에서는종양의 부피를 확인한 후 부피가 vmax를 초과하면 반복문에서 빠져나간다.

그렇지 않으면 pdf_rdt에서 값을 가져와서 age와 volume을 갱신한다. rdt가 연간 배수이므로, 시간 구간을 매 시간 단위별 배수로 구하기 위해 시간 구간 값을 곱한다.

반복문 끝에서 simulate_growth()는 결과를 데이터프레임에 넣고, 각 부피에 대응하는 지름을 구한다.

다음은 이 함수를 호출한 것이다.

```
sim = simulate_growth(pmf_rdt)
```

처음 몇 구간의 결과는 다음과 같다.

```
sim.head(3)
```

| | age | volume | diameter |
|---|---|---|---|
| 0 | 0 | 0.014137 | 0.3 |
| 1 | 0.671233 | 0.014949 | 0.305635 |
| 2 | 1.342466 | 0.019763 | 0.335441 |

마지막 몇 구간의 결과는 다음과 같다.

```
sim.tail(3)
```

| | age | volume | diameter |
|---|---|---|---|
| 43 | 28.863014 | 1882.067427 | 15.318357 |
| 44 | 29.534247 | 2887.563277 | 17.667603 |
| 45 | 30.205479 | 4953.618273 | 21.149883 |

결과를 시각화하기 위해, 시뮬레이션을 101회 실행했다.

```
sims = [simulate_growth(pmf_rdt) for _ in range(101)]
```

그리고 그래프를 그려보았다.

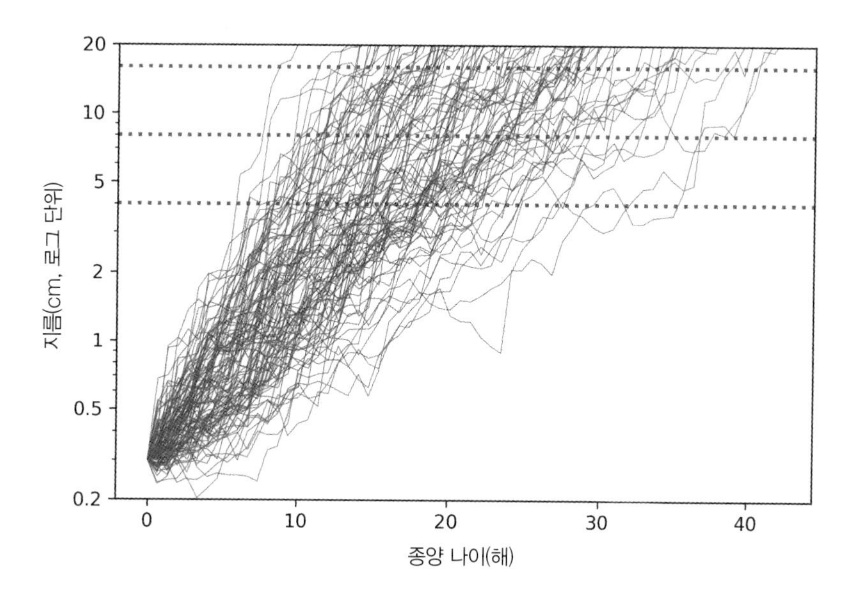


이 그래프에서, 각 가는 직선은 종양이 시간에 따라 성장하는 시뮬레이션 결과를 지름의 로그 단위로 나타낸 것이다. 점선은 4cm, 8cm, 16cm를 표시한 것이다.

점선을 따라 살펴보면, 각 크기별 연도 분포에 대해 감을 잡을 수 있다. 예를 들어 가장 상단의 선을 살펴보자. 16cm의 종양의 나이는 최소 10살, 최대 40살이고, 보통 15에서 30살일 가능성이 높다.

이 분포를 보다 자세히 구하려면, 성장 곡선을 보간하여 각 종양이 주어진 크기를 넘을 때를 확인할 수 있다. 다음 함수는 이 시뮬레이션 결과를 사용해서 각 종양이 주어진 지름에 도달할 때의 나이를 구한다.

```
from scipy.interpolate import interp1d

    def interpolate_ages(sims, diameter):
        """각 종양이 주어진 크기에 도달할 때의 나이를 추정함."""
        ages = []
```

```
    for sim in sims:
        interp = interp1d(sim['diameter'], sim['age'])
        age = interp(diameter)
        ages.append(float(age))
    return ages
```

이 함수는 다음과 같이 호출할 수 있다.

```
from empiricaldist import Cdf

ages = interpolate_ages(sims, 15)
cdf = Cdf.from_seq(ages)
print(cdf.median(), cdf.credible_interval(0.9))
```

```
22.31854530374061 [13.47056554 34.49632276]
```

지름 15cm의 종양의 경우, 나이의 중간값은 약 22살이고, 90% 신뢰구간은 13에서 34세며, 이 종양이 생긴지 9년이 안 되었을 경우는 1% 미만이다.

```
1 - cdf(9.0)
```

```
0.9900990099009901
```

하지만 이 결과는 문제가 있을 수 있는 두 가지 모델링을 위한 판단에 기초한다.

- 이 시뮬레이션에서, 각 시간 구간에서의 성장률은 이전 성장률과 독립적이다. 하지만 실제로는 이전에 빠르게 자란 종양은 이후에도 빠르게 자라는 경우가 많다. 달리 말해, 성장률에는 시간에 따른 상관관계가 나타날 수 있다.
- 선형 수치를 부피로 변환하는 과정에서, 여기서는 종양이 거의 구형을 띈다고 가정했다.

추가 실험을 통해, 시간에 따른 상관관계를 가지는 성장률을 선택하는 시뮬레이션을 구현했다. 여기서는 빨리 자라는 종양은 더 빨리 자라고, 늦게 자라는 종양은 더 늦게 자란다. 하지만, 보통의 상관관계(0.5)에서, 15cm 종양이 9년도 안 되었을 가능성은 1%뿐이었다.

종양이 구형이라는 가정은 몇 cm밖에 안되는 종양의 경우 무난하게 쓸 수 있지만, 크기가

15.5 x 15 cm에 달하는 종양에 사용하기는 어렵다. 이 크기의 종양이 상대적으로 편평한 경우 약 6cm의 구와 동일한 부피일 것이다. 하지만 부피가 더 작고 상관계수가 0.5라고 해도, 이 종양이 9년도 안 되었을 확률은 약 5%다. 따라서 모델링 오차를 고려한다고 해도, 이렇게 큰 종양이 질문자가 전역한 후 생겨났을 것 같지는 않다.

## 20.5 근사 베이지안 계산

이 시점에서 이 예제가 굳이 왜 베이지안 통계 책에 실렸는지 궁금할 수 있다. 여기서는 사전분포를 정의하지도, 베이지안 갱신을 사용하지도 않았다. 왜일까? 그럴 필요가 없었기 때문이다.

대신 시뮬레이션을 사용해서 여러 가설 상의 종양의 나이와 크기를 구했다. 그리고 암시적으로, 이 시뮬레이션 결과를 사용해서 나이와 크기에 대한 결합분포를 만들었다. 만약 이 결합분포에서 하나의 열을 가지고 온다면, 나이 조건에 따른 크기의 분포를 구할 수 있을 것이다. 하나의 행을 가지고 오면, 크기별 나이 분포를 구할 수 있다.

그러므로 이 예제는 1장에서 봤던 것과 비슷하다. 데이터가 모두 확보되어 있다면, 굳이 베이즈 정리를 사용할 필요가 없다. 직접 세서 확률을 구하면 된다.

이 예제는 근사 베이지안 계산(ABC)로 가기 위한 첫 번째 걸음이다. 그리고 다음 예제가 두 번째 걸음이 된다.

## 20.6 세포 수 측정

이 예제는 캐머런 데이비슨 필론의 블로그 포스트[4]에서 가져왔다. 이 글에서, 저자는 생물학자가 액체 표본에서 세포 집중도를 추정할 때 사용하는 과정을 모델링했다. 이 예제에서는 맥주 양조 과정에 사용되는 물과 효모의 혼합물인 '효모 슬러리'에서의 세포 수 측정 과정을 사용했다.

이 과정은 다음의 두 단계로 이루어진다.

4 https://oreil.ly/4sqI1

- 우선, 세포 수를 실제로 측정 가능한 수준이 될 정도의 낮은 집중도를 보일 때까지 슬러리를 희석한다.
- 그 후 적은 양의 표본을 직사각형 격자에 고정된 양의 액체를 담는 특수 현미경 슬라이드인 혈구계산판에 올린다.

세포와 격자는 현미경으로 볼 수 있으며, 이를 통해 세포를 정확하게 셀 수 있다.

예를 들어, 세포 집중도를 알 수 없는 효모 슬러리가 있다고 하자. 셰이커에 1ml의 표본을 넣고 9ml의 물을 더한 후 잘 섞어서 희석시킨다. 그리고 다시 희석시키고, 또 희석시킨다. 매번 희석할 때마다 10배씩 집중도가 낮아진다고 하면, 세 번 희석시키면 집중도가 1,000배 낮아진다.

그 후 이렇게 희석된 표본을 5 x 5 격자에 0.0001ml를 담을 수 있는 혈구계산판에 올린다. 이 격자에는 15개의 사각형이 있지만, 이 중 일부인 5개 정도만 조사한 후, 조사한 사각형의 총 세포 수를 결과로 사용한다.

이 과정은 매우 단순하지만, 각 단계마다 오차가 발생할 소지가 있다.

- 희석 과정에서, 액체는 측정 오차가 발생할 수 있는 피펫을 사용한다.
- 혈구계산판의 액체 양은 사양에 따라 달라질 수 있다.
- 표본 추출 과정의 각 단계에서, 무작위 변동성에 따라 세포의 수가 평균 이상일 수도, 이하일 수도 있다.

데이비드슨-필론은 이런 오차를 나타내는 PyMC 모델을 만들었다. 우선 이 모델을 복사한 것부터 살펴본 후, 여기에 ABC를 적용해 보도록 하자.

격자에는 25개의 사각형이 있고, 이 중 5개의 사각형에 대해서 세포 수를 측정했다. 이 때 총 세포 수는 49였다.

```
total_squares = 25
squares_counted = 5
yeast_counted = 49
```

다음은 추정하고자 하는 값인 효모의 집중도 year_conc에 대한 사전분포를 정의하는, 모델의 첫 번째 부분이다.

shaker1_vol은 처음 셰이커에 넣은 물의 실제 부피로, 9ml여야 한다. 하지만 실제 값은 표준편차 0.05ml 정도로 더 많거나 적을 수 있다. shaker2_vol과 shaker3_vol은 두 번째와 세 번째에 넣은 물의 부피다.

```
import pymc3 as pm
billion = 1e9

with pm.Model() as model:
    yeast_conc = pm.Normal("yeast conc",
                           mu=2 * billion, sd=0.4 * billion)
    shaker1_vol = pm.Normal("shaker1 vol",
                            mu=9.0, sd=0.05)
    shaker2_vol = pm.Normal("shaker2 vol",
                            mu=9.0, sd=0.05)
    shaker3_vol = pm.Normal("shaker3 vol",
                            mu=9.0, sd=0.05)
```

다음으로, 효모 슬러리에서 가져온 표본은 약 1ml로 예상하지만, 더 많거나 적을 수 있다. 첫 번째 셰이커에서 가져온 표본과 두 번째 셰이커에서 가져온 표본에도 역시 비슷한 경우가 발생할 수 있다. 이 변수들은 다음과 같이 모델링된다.

```
with model:
    yeast_slurry_vol = pm.Normal("yeast slurry vol",
                                 mu=1.0, sd=0.01)
    shaker1_to_shaker2_vol = pm.Normal("shaker1 to shaker2",
                                 mu=1.0, sd=0.01)
    shaker2_to_shaker3_vol = pm.Normal("shaker2 to shaker3",
                                 mu=1.0, sd=0.01)
```

주어진 표본과 셰이커의 실제 부피를 사용해서, 효과적인 희석 정도인 final_dilution을 구한다. 이 값은 1,000이어야 하지만, 역시 더 높거나 낮을 수 있다.

```
with model:
    dilution_shaker1 = (yeast_slurry_vol /
                        (yeast_slurry_vol + shaker1_vol))
    dilution_shaker2 = (shaker1_to_shaker2_vol /
                        (shaker1_to_shaker2_vol + shaker2_vol))
    dilution_shaker3 = (shaker2_to_shaker3_vol /
                        (shaker2_to_shaker3_vol + shaker3_vol))

    final_dilution = (dilution_shaker1 *
                      dilution_shaker2 *
                      dilution_shaker3)
```

다음 단계는 세 번째 셰이커에서 가져온 표본을 혈구계산판 격자에 넣는 것이다. 이 기기의 용량은 0.0001ml여야 하지만, 이 역시도 다를 수 있다. 이 분산 정도를 나타내는 데는 음의 값을 만들지 않는 감마분포를 사용했다.

```
with model:
    chamber_vol = pm.Gamma("chamber_vol",
                           mu=0.0001, sd=0.0001 / 20)
```

평균적으로, 격자 안의 세포 수는 실제 집중도와 최종 희석도와 격자 부피의 곱으로 나타난다. 하지만 실제 값은 역시 다를 수 있다. 이 분산을 나타내는 데는 포아송분포를 사용한다.

```
with model:
    yeast_in_chamber = pm.Poisson("yeast in chamber",
        mu=yeast_conc * final_dilution * chamber_vol)
```

마지막으로, 격자 안의 각 세포는 p=squares_counted/total_squares의 확률로 우리가 측정할 사각형에 들어갈 것이다. 그러므로 실제 측정값은 이항분포를 따른다.

```
with model:
    count = pm.Binomial("count",
                        n=yeast_in_chamber,
                        p=squares_counted/total_squares,
                        observed=yeast_counted)
```

정의한 모델에 따라, sample()을 사용해서 사후분포로부터 표본을 가져올 수 있다.

```
options = dict(return_inferencedata=False)

with model:
    trace = pm.sample(1000, **options)
```

이 표본을 사용해서 yeast_conc의 사후분포를 추정하고 요약통계량을 구한다.

```
posterior_sample = trace['yeast conc'] / billion
cdf_pymc = Cdf.from_seq(posterior_sample)
print(cdf_pymc.mean(), cdf_pymc.credible_interval(0.9))
```

```
2.26789764737366 [1.84164524 2.70290741]
```

사후평균은 ml당 약 23억개 가량이고, 90% 신뢰구간은 18억에서 27억이다.

지금까지 데이비드슨-필론이 구한 과정을 따라왔다. 그리고 이 문제의 경우 MCMC를 사용한 해법으로도 충분하다. 하지만 이 문제를 통해 ABC를 살펴볼 수 있다.

## 20.7 ABC를 사용한 세포 수 측정

ABC의 기본 개념은 사전분포를 사용해서 매개변수의 표본을 생성하고, 표본의 각 매개변수 쌍에 대한 시스템을 시뮬레이션하는 것이다.

이 문제의 경우, 이미 PyMC 모델이 있으므로, 샘플링과 시뮬레이션에 `sample_prior_predictive()`를 사용할 수 있다.

```
with model:
    prior_sample = pm.sample_prior_predictive(10000)
```

결과는 매개변수의 사전분포에서 가져온 표본과 `count`의 사전예측분포의 딕셔너리 형태다.

```
count = prior_sample['count']
print(count.mean())
```

```
39.9847
```

사후분포로부터 표본을 생성하려면, 사전분포의 표본에서 시뮬레이션의 결과인 `count`가 관측값인 49와 같은 원소만 골라야 한다.

```
mask = (count == 49)
mask.sum()
```

```
251
```

mask를 사용해서 관측 데이터를 생성하는 시뮬레이션에 대해 yeast_conc의 값을 선택할 수 있다.

```
posterior_sample2 = prior_sample['yeast conc'][mask] / billion
```

또한 사후 표본을 사용해서 사후분포의 CDF를 추정한다.

```
cdf_abc = Cdf.from_seq(posterior_sample2)
print(cdf_abc.mean(), cdf_abc.credible_interval(0.9))
```

```
2.2635057237709755 [1.85861977 2.68665897]
```

사후평균과 신뢰구간은 MCMC로 했을 때 얻은 결괏값과 유사하다. 이 때 분포는 다음과 같다.

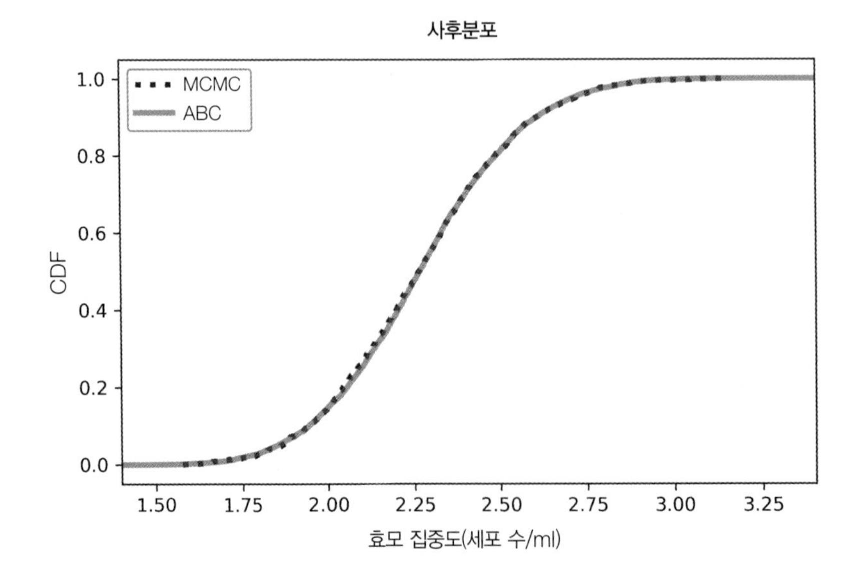

분포는 비슷하지만, 표본 크기가 더 작다보니 ABC의 결과에 잡음이 더 많다.

## 20.8 추정하는 부분은 언제 구할까?

지금까지 한 예제는 근사 베이지안 계산과 비슷하지만, 어떤 예제도 ABC의 모든 부분을 다 나타내지는 못했다. 일반적으로 ABC는 다음의 특성을 가진다.

1. 매개변수의 사전분포
2. 데이터를 생성하는 시스템 시뮬레이션
3. 시뮬레이션의 결괏값이 데이터와 일치하는 것을 받아들여야 하는 경우에 대한 기준

신장 종양 문제는 나이에 대한 사전분포를 명시적으로 구하지 않았으므로 다소 이례적이다. 시뮬레이션이 나이와 종양 크기에 대한 결합분포를 생성하기 때문에, 이 결과에서 나이의 사후주변분포를 구할 수 있다.

효모 문제는 매개변수의 분포를 명시적으로 나타냈다는 점에서 보다 일반적이다. 하지만 결과와 데이터가 정확히 일치하는 경우의 시뮬레이션만을 허용했다.

사후분포 그 자체보다 사후분포에서 표본을 가져온다는 점에서 결과는 보다 근사적이다. 하지만 일반적으로 결괏값이 데이터와 대략적으로만 일치하는 시뮬레이션을 허용하는 근사 베이지안 계산에서는 이는 근사적인 게 아니다. 효모 문제를 근사적 비교 기준을 사용하는 방식으로 확장해서 이게 어떻게 돌아가는지 살펴보자.

앞 절에서, 결괏값이 정확히 49인 시뮬레이션만 받아들이고 나머지는 기각했다. 이 결과, 10,000개의 시뮬레이션 중 몇 백개의 표본만이 남았다. 이는 매우 비효율적이다.

결괏값이 49에 가까운 경우 '부분 점수'를 준다면, 시뮬레이션을 보다 더 잘 활용할 수 있을 것이다. 하지만 얼마나 가까워야 할까? 그리고 점수는 얼마나 주어야 하는가?

한 가지 답변은 격자 안의 세포 수를 알고 있는 상태에서 이항분포를 사용해서 최종 세포 수를 생성하는 데까지의, 시뮬레이션의 두 번째부터 마지막 단계까지를 백업해 두는 것이다.

격자 안에 n개의 세포가 있다면, 각 세포는 측정되는 사각형 중 하나에 들어갈 것인가 아닌가에 따른 측정될 확률 p를 가진다.

사전 표본에서 다음과 같이 n을 구한다.

```
n = prior_sample['yeast in chamber']
n.shape
```

```
(10000,)
```

p는 다음과 같이 구한다.

```
p = squares_counted/total_squares
p
```

```
0.2
```

여기서 아이디어가 있다. 각 n의 값과 고정된 p값에 대해, yeast_counted의 데이터의 가능도를 구하는 데 이항분포를 사용한다.

```
from scipy.stats import binom

likelihood = binom(n, p).pmf(yeast_counted).flatten()
```

예상 측정치 n * p가 실제값과 가까워지면 likelihood는 상대적으로 커지고, 이 값이 실제와 멀어지면, likelihood는 작아질 것이다.

다음은 이 가능도대비 예상 측정치를 산점도로 나타낸 것이다.

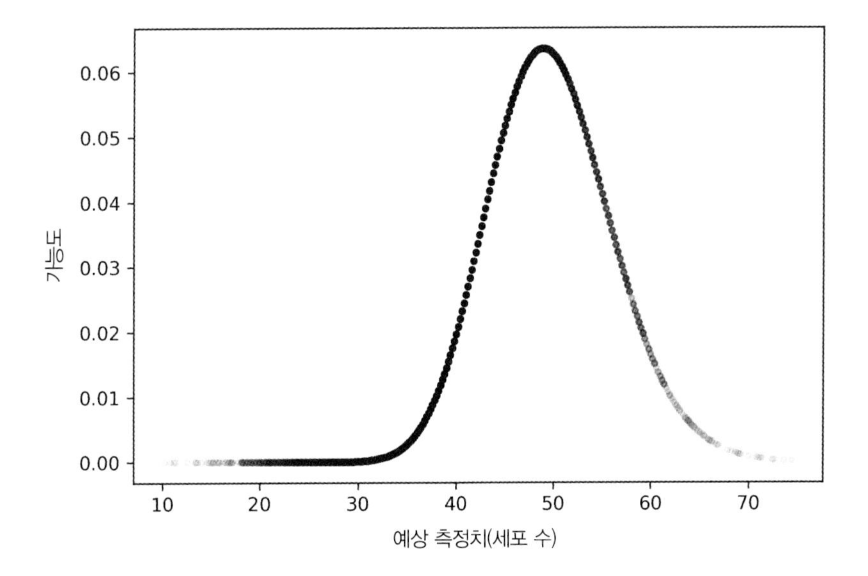


이 가능도는 아직 불완전하므로 베이지안 갱신에 사용할 수 없다. 각 가능도는 단일 시뮬레이션 결과인 n에 대한 데이터의 확률이기 때문이다.

하지만 이를 사용해서 시뮬레이션의 결과에 가중치를 줄 수 있다. 데이터와 정확하게 들어맞는 시뮬레이션 결과만을 찾는 대신, 결괏값이 비슷한 경우에 가능도를 활용해서 부분점수를 줄 수 있다. 이 과정은 다음과 같다. 효모 집중도를 값으로 하고 가능도를 정규화되지 않은 확률로 사용하는 Pmf를 만든다.

```
qs = prior_sample['yeast conc'] / billion
ps = likelihood
posterior_pmf = Pmf(ps, qs)
```

이 Pmf에서, 데이터에 가까운 결괏값을 보이는 yeast_conc의 값은 더 높은 확률과 연결된다. 값을 정렬하고 확률을 정규화하면, 결과는 사후분포의 추정치가 된다.

```
posterior_pmf.sort_index(inplace=True)
posterior_pmf.normalize()

print(posterior_pmf.mean(), posterior_pmf.credible_interval(0.9))
```

```
2.271401984584812 [1.85333758 2.71299385]
```

사후평균과 신뢰구간은 MCMC에서 구했던 값과 유사하다. 그리고 사후분포는 다음과 같다.

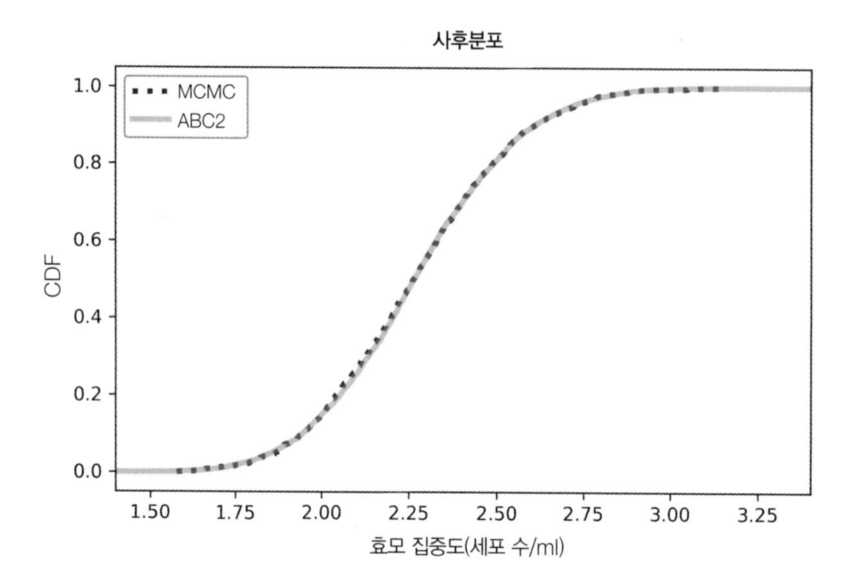


분포는 비슷하지만, MCMC의 결과에 잡음이 좀 더 많다. 이 예제에서, ABC는 MCMC보다 사후분포의 추정치를 더 낫게 구하는데 더 적은 계산량을 사용하므로 더 효율적이다. 하지만 이는 일반적인 경우는 아니다. 보통 ABC는 계산량이 많다. 그래서 보통 이 방법은 최후의 보루다.

## 20.9 요약

이 장에서, 근사 베이지안 계산(ABC)의 두 가지 예제인 종양성장과 세포 수 측정에 대한 시뮬레이션을 살펴보았다.

ABC의 결정 요소는 다음과 같다.

1. 매개변수의 사전분포
2. 데이터를 생성하는 시스템 시뮬레이션
3. 시뮬레이션의 결괏값이 데이터와 일치하는 것을 받아들여야 하는 경우에 대한 기준

ABC는 시스템이 PyMC같은 도구를 사용해서 모델링하기에는 너무 복잡한 경우 간혹 유용할 수 있다. 예를 들자면, 미분 방정식 기반의 물리 시뮬레이션에 활용할 수 있다. 이 경우, 각 시뮬레이션에는 하위 연산이 들어가고, 많은 시뮬레이션에서는 사후분포를 추정하는 게 필요하다.

그럼, 한 가지 예제를 더 살펴보도록 하자.

## 20.10 연습 문제

### 문제 20-1

이 예제는 라스무스 보트Rasmus Bååh의 블로그[5]에서 가져왔다. 이 글은 칼 브로만Karl Broman이 쓴 트윗으로부터 시작되었다.

> 세탁기에서 꺼낸 처음 11개의 양말이 구별된다면 이는 양말이 많다는 뜻이다.

세탁기에서 11개의 양말을 꺼내서 이 중 어떤 두 양말도 쌍을 이루지 못한다는 걸 알게 되었다고 하자. 이 때 세탁기 안의 양말의 수를 구하자.

보트가 다음의 가정을 기반으로 제안한 모델을 사용해서 이 문제를 풀어볼 것이다.

- 세탁기에는 n_pairs개의 양말 쌍에 n_odd개의 짝이 없는 양말이 있다.
- 양말 쌍의 모양은 각각 다르고 한 짝만 있는 양말과도 서로 다르다. 달리 말해서, 각 모양의 양말은 1개 혹은 2개만 있다.

보트가 제안한 사전분포는 다음과 같다.

- 양말 수는 평균 30에 표준편차 15인 음의 이항분포를 따른다.
- 양말 쌍의 비율은 alpha=15이고 beta=2인 베타분포를 따른다.

이 장의 파이썬 노트북을 보면, 이 사전분포가 정의되어 있다. 여기에 표본 추출 과정을 시뮬레이션하고 ABC를 사용해서 사후분포를 추정해보자.

---

5 https://oreil.ly/74FXm

# INDEX

ㄹ



ㅁ



ㅂ

## INDEX